Ansioso, e agora?

Ellen Vora

Ansioso, e agora?

Um guia rápido para lidar com a ansiedade no dia a dia

Tradução: Laura Folgueira

principium

Este livro contém conselhos e informações sobre saúde. Deve ser usado para complementar, não substituir, o aconselhamento de seu médico ou outro profissional qualificado. Se você sabe ou suspeita que tem um problema de saúde, recomenda-se procurar orientação médica antes de iniciar qualquer programa ou tratamento. Todos os esforços foram empreendidos para garantir a precisão das informações contidas neste livro até a data da publicação. A editora e a autora não se responsabilizam por qualquer resultado clínico que possa advir da aplicação dos métodos sugeridos neste livro. Todas as informações que pudessem identificar alguém, incluindo nomes e outros detalhes, foram alteradas para proteger a privacidade das pessoas. Qualquer semelhança com indivíduos ou famílias reais é pura coincidência.

Texto fixado conforme as regras do Acordo Ortográfico da Língua Portuguesa
(Decreto Legislativo nº 54, de 1995).

Título original: *The Anatomy of Anxiety*

Editora responsável: Amanda Orlando
Assistente editorial: Isis Batista
Preparação: Marcela Isensee de Barros
Revisão: Claudia Ribeiro Mesquita e Mariana Donner
Diagramação: Alfredo Rodrigues
Capa: Isabel W. de Nonno

1ª edição, 2023

CIP-BRASIL. CATALOGAÇÃO NA PUBLICAÇÃO
SINDICATO NACIONAL DOS EDITORES DE LIVROS, RJ

V923a
Vora, Ellen
Ansioso, e agora?: um guia rápido para lidar com a ansiedade no dia a dia / Ellen Vora; tradução Laura Folgueira. - 1. ed. - Rio de Janeiro: Principium, 2023.
368 p.; 21 cm.

Tradução de: The anatomy of anxiety
ISBN 978-65-88132-25-8

1. Ansiedade - Tratamento. 2. Mente e corpo. 3 Técnicas de autoajuda. I. Folgueira, Laura. II. Título.

22-81715 CDD: 152.46
CDU: 159.942.2

Gabriela Faray Ferreira Lopes - Bibliotecária - CRB-7/6643
20/12/2022 26/12/2022

Direitos exclusivos de edição em língua portuguesa para o Brasil
adquiridos por Editora Globo S. A.
Rua Marquês de Pombal, 25 — 20230-240 — Rio de Janeiro — RJ
www.globolivros.com.br

Sumário

Parte III
Ansiedade verdadeira

Para minha mãe

Introdução

Estamos à beira de uma mudança significativa na maneira de enxergar e tratar nossa saúde mental. Nas últimas décadas, os campos emergentes de medicina funcional e integrativa, psiquiatria nutricional e até terapia psicodélica jogaram luz em novos caminhos para uma saúde mental melhor. Essas disciplinas demonstraram que questões que antes considerávamos de natureza puramente psiquiátrica podem ser mais bem compreendidas como resultado de uma interação entre corpo e mente, que é delicada e tem diversas consequências.

Em meu próprio trabalho como psiquiatra holística, por exemplo, examino todo o cenário da vida de meus pacientes — desde o que eles comem até como dormem; à qualidade de seus relacionamentos; a onde encontram significado, propósito e refúgio na vida. Fazendo isso, descobri que a ansiedade que atormenta tantos de nós é causada cada vez mais pelos hábitos agora intrínsecos à vida moderna, como privação de sono crônica, má alimentação e até acesso às redes sociais sem parar madrugada adentro. Embora essas questões pareçam benignas demais para afetar a mente de forma significativa, são capazes de criar uma reação de estresse no *corpo*, o que leva à liberação de hormônios como cortisol e adrenalina — sinalizando um estado de emergência para o cérebro, que, por sua vez, pode nos deixar ansiosos. Em outras palavras: saúde física *é* saúde mental. E a ansiedade — aquela sensação de hipervigilância que progride rapidamente para uma sensação de catástrofe e desgraça — fica tão enraizada no corpo quanto na mente.

Essa mudança de paradigma é, em minha visão, tão revolucionária quanto o momento em que inibidores seletivos da receptação de serotonina (ISRS), uma classe de antidepressivos que incluem fluoxetina e escitalopram, foram lançados há algumas décadas. Quando essas medicações se tornaram o principal tratamento para depressão e ansiedade, foi apresentado um modelo terapêutico claro das doenças psiquiátricas, e a consciência pública sobre saúde mental aumentou. Após séculos de estigma e vergonha, foi um alívio enorme; trouxe a noção de que nossas dificuldades relacionadas à saúde mental não são baseadas em nossos fracassos pessoais, mas são essencialmente uma expressão da química do cérebro. Agora, porém, dado nosso crescente entendimento da profunda conexão mente-corpo, temos ainda mais possibilidades a explorar, além dos medicamentos, para lidar com a saúde mental. E, ao compreender que o corpo é tão capaz de influenciar nossos humores quanto o cérebro, passamos também a perceber que a ansiedade é bem mais *evitável* do que antes achávamos. Isto é, com ajustes relativamente simples em nossa dieta e estilo de vida, podemos evitar reações de estresse desnecessárias e impedir que a ansiedade se instale.

Existe, claro, uma ansiedade mais profunda além da fisiológica — e essa sensação de incerteza e desconforto não pode ser administrada com tanta facilidade. Percebi, porém, que trabalhar com meus pacientes para eliminar a primeira camada da ansiedade física abre caminho para entrarmos em sofrimentos mais penetrantes. Quando meus pacientes conseguem discernir a mensagem dessa ansiedade profundamente arraigada, com frequência descobrem que é sua sabedoria interior mandando um alerta de que há algo desalinhado em sua vida, ou com os relacionamentos, ou com o trabalho, ou com o mundo em geral. Às vezes, tem relação com nosso isolamento da comunidade ou da natureza; outras, aponta para uma falta de autoaceitação ou uma consciência aguda das graves injustiças ao nosso redor. Explorar essa ansiedade nos permite escavar nossas verdades íntimas. E, na maioria dos casos, essas revelações oferecem um chamado para a ação, além de uma oportunidade de transformar um sentimento de profundo desconforto em algo cheio de propósito.

Nesse sentido, seja a consequência de nossos hábitos, seja uma missiva de nossa psique interna, a ansiedade não é o diagnóstico final, mas o início de nossa investigação, isto é: a ansiedade não é o que há de errado com você — é seu corpo e sua mente o alertando ferozmente para o fato de que tem *alguma outra coisa* errada. É uma evidência de que há algo desequilibrado em seu corpo, mente, vida ou arredores — e, com curiosidade e experimentação, você pode trabalhar para reequilibrar esses elementos. O caminho começa na identificação da causa-raiz, seja ela o resultado de um hábito diário, de uma inquietação profunda ou ambos.

Cheguei a essas revelações de forma honesta. Meus anos na faculdade de medicina da Universidade Columbia e minha residência em psiquiatria no hospital Mount Sinai não foram, para mim, tempos tranquilos, principalmente porque meu treinamento árduo foi complicado devido a problemas próprios, mentais e físicos. Tive problemas de humor, digestivos, hormonais e inflamatórios — problemas que hoje sei que a medicina convencional é fundamentalmente mal-equipada para resolver.

Levei anos para recuperar o equilíbrio em meu corpo e minha vida. Por fim, no último ano da residência em psiquiatria, desesperada para dar mais sentido a meu trabalho e descobrir uma forma de me curar, comecei a estudar abordagens alternativas à saúde, além de fazer minhas residências no hospital. Quando não estava virando a noite no plantão, ia à escola de acupuntura e depois fazia turnos administrando acupuntura em pacientes em uma clínica para dependentes no Bronx; usei meu tempo eletivo para completar o treinamento em medicina integrativa no centro Andrew Weil, na Universidade do Arizona, e depois fiz uma mentoria com um psiquiatra integrativo em Nova York; fui aprendiz de um hipnoterapeuta; iniciei um treinamento de ioga intensivo em Bali, onde também fui apresentada à Ayurveda; e, com o tempo, passei a estudar medicina funcional e explorar a medicina psicodélica e suas potenciais implicações para a psiquiatria.

Se eu não tivesse lutado para criar esse caminho único para mim, não teria aprendido essas outras abordagens de cura. Em nove anos de faculdade de medicina, *fellowship* de pesquisa e residência, nem uma única aula foi dedicada ao debate dessas modalidades de outras culturas e tradições. No entanto, quando estava imersa no treinamento alternativo, eu sentia que estava expandindo minha perspectiva médica de uma forma crítica. Experimentando essas práticas em minha própria vida, não apenas vi uma forma de ajudar meus pacientes a prosperarem no futuro, mas também me senti fisicamente mais saudável do que jamais me sentira na vida adulta. Os benefícios de que desfrutei pareciam sobrepujar quaisquer melhorias vindas de uma série de intervenções convencionais. E esses aprendizados se fundiram em uma abordagem multifacetada, holística da saúde mental que eu oferecia na minha prática — e que orienta cada página deste livro.

Na última década, vi pacientes em circunstâncias e com graus de ansiedade variados; a maioria conseguiu melhorar sua saúde mental, primeiro, olhando seus hábitos diários e depois, se necessário, mergulhando mais fundo em sua vida emocional. Há também aqueles com quem trabalhei apenas brevemente, como a mulher de 25 anos que chegou até mim com um histórico de ansiedade, problemas digestivos e uma alergia misteriosa. Esquadrinhamos a dieta dela, identificamos e removemos alimentos inflamatórios; dentro de um mês, a digestão dela melhorou, a alergia sumiu e a ansiedade diminuiu. Do outro lado do espectro, trabalhei por vários anos com uma mulher que chamarei de Janelle, que chegou até mim com trinta e poucos anos depois de ter sido involuntariamente hospitalizada por um episódio de mania; ela foi diagnosticada com transtorno bipolar e estava fortemente medicada. Juntas, Janelle e eu descobrimos que, na realidade, ela sofria de tireoidite de Hashimoto, uma doença na qual seu sistema imunológico ataca a tireoide e que pode se apresentar como estados alternados de depressão e ansiedade ativada — lembrando o transtorno bipolar. Trabalhamos para mudar a dieta e o estilo de vida dela e curar sua tireoide, além de desmamá-la aos poucos dos estabilizadores de humor. A ansiedade de Janelle diminuiu notavelmente, e ela nunca mais teve um episódio de mania. Também tratei um jovem que começou a terapia para explorar sua infância traumática; no fim, porém, acabamos indo na direção de explorar o dom da sensibilidade dele, que desde então mudou de carreira para ajudar outros a lidar com traumas. Aprendendo a diferenciar entre a ansiedade que começa no corpo e a ansiedade que age como uma estrela-guia, meus pacientes conseguem seguir em frente e ter uma vida mais expansiva.

Este livro oferecerá passos práticos e úteis para ajudar a mitigar a ansiedade. Visto que os desafios de acesso social e financeiro aos cuidados de saúde mental persistem, faço todos os esforços para oferecer ferramentas que estejam ao alcance de todos. Embora seja sempre recomendado buscar o apoio de um profissional para tratar questões sérias de saúde mental, muitas das soluções que proponho aqui são baratas e podem ser feitas por conta própria (bem como com o apoio de um profissional da área, caso você deseje). Apesar disso, só porque há muitas coisas que você *pode* fazer, não significa que haja muitas coisas que você *deva* fazer. Expus o que acredito serem as intervenções mais eficazes e impactantes em meu consultório — mas escolha as estratégias que lhe pareçam apropriadas. O que parece ser mais acessível e adequado a suas necessidades? Sinta-se livre para pular uma seção se ela parecer opressiva, e talvez voltar a ela mais tarde. Comece com algo que pareça, se não fácil, pelo menos factível por agora. A cada mudança que você adotar, sua ansiedade aos poucos melhorará, tornando o próximo ajuste mais fácil. Em outras palavras, eu o convido a agir com este livro como você faria em um bufê: sirva-se daquilo que o atrair, e não vai ter erro.

Mais importante: eu o encorajo a considerar a ansiedade como um convite a explorar o que pode estar sutilmente desequilibrado em seu corpo e sua vida. Minha esperança é que este livro lhe permita ficar mais sintonizado com o que sua ansiedade tem tentado lhe dizer. Não estou falando que vai ser simples — corpos e vidas são coisas complicadas, e mudar pode ser difícil. Mas, hoje, há mais oportunidades do que nunca para aliviar questões de saúde mental, e tenho a esperança de que, entre elas, haja um caminho para você se curar e ficar bem.

PARTE I

NÃO ESTÁ TUDO NA SUA CABEÇA

I

A era da ansiedade

> "Se um problema permanece persistentemente insolúvel, sempre se deve suspeitar de que há uma pergunta feita da maneira errada."
> — Alan Watts, *Tabu: o que o impede de saber quem você é?*

Estamos em uma crise global sem precedentes no que diz respeito à saúde mental. Estima-se que uma em cada nove pessoas, ou um total de 800 milhões, sofra de algum transtorno mental, sendo o mais comum a ansiedade. De fato, quase 300 milhões de pessoas no mundo inteiro sofrem de um transtorno de ansiedade.[1] E os Estados Unidos estão entre os países mais ansiosos de todos: até 33,7% dos americanos serão afetados por um transtorno de ansiedade durante a vida.[2] Aliás, de 2008 a 2018, a incidência de ansiedade nos Estados Unidos aumentou em 30%, incluindo um salto de incríveis 84% entre jovens de 18 a 25 anos.[3] Isso sem falar que a recente pandemia de Covid-19 serviu para piorar drasticamente circunstâncias já complicadas. O número de pessoas relatando sintomas de ansiedade e depressão disparou em extraordinários 270%, como descobriram pesquisadores da Kaiser Family Foundation ao comparar 2019 e 2021.[4]

Embora essas estatísticas criem uma imagem cruel, também nos oferecem motivo para esperança. Essas taxas não teriam crescido tão bruscamente se esses transtornos tivessem uma base predominantemente genética — que foi nosso entendimento corrente nas últimas várias décadas. Nossos genes não conseguem se adaptar de forma tão rápida e capaz de explicar o fato de termos sido recentemente catapultados para a ansiedade. Logo, é possível pensar que estamos cada vez mais ansiosos por causa de novas pressões e exposições da vida moderna — como estresse crônico, irritação e isolamento social. Então, por mais estranho que possa parecer, essa recente aceleração, na verdade, é uma *boa* notícia, porque há mudanças claras que podemos fazer — de uma adaptação na dieta e rotina de sono até uma melhor administração do relacionamento com o celular — para ter um impacto poderoso no humor coletivo. Aumentando a lente de compreensão para englobar não apenas os aspectos da ansiedade que ocorrem no cérebro, mas também aqueles que se originam *no corpo*, podemos lidar de modo mais eficaz com a atual, e vasta, epidemia de saúde mental.

O QUE QUEREMOS DIZER COM "ANSIEDADE"?

A ansiedade é conhecida desde 45 a.C., quando o filósofo romano Marco Túlio Cícero escreveu, nas *Discussões tusculanas*, como traduzido do latim: "Aflição, preocupação e ansiedade são chamadas de transtornos devido à analogia entre uma mente perturbada e um corpo doente".[5] É interessante ele mencionar o corpo, dado que a ansiedade, desde então, foi abrindo caminho na história sendo entendida primariamente como um problema da mente; só agora, vinte séculos mais tarde, estamos voltando à noção de que o corpo tem um papel crítico em determinar nossa saúde mental. A palavra *ansiedade* deriva da palavra latina *angor* e seu verbo *ango*, que significa "estreitar, oprimir, apertar"; inclusive, em conformidade com isso, na Bíblia, Jó descreve sua ansiedade como "a estreiteza de meu espírito". Com o passar do tempo, o termo ansiedade ficou mais associado a uma sensação de catástrofe iminente, ou, como descreveu Joseph Lévy-Valensi, historiador da psiquiatria francês, "uma sensação sombria e perturbadora de expectativa".[6] Essa definição continuou basicamente intocada durante a história moderna, embora sua descrição tenha se tornado cada vez mais clínica depois de o transtorno ser inserido no DSM-*1*, o *Manual diagnóstico e estatístico de transtornos mentais*, publicado em 1952. O DSM-5, sua configuração mais recente, descreve *ansiedade* de modo familiar como "a antecipação de uma ameaça futura", mas o transtorno também é dividido em uma série de classificações, como transtorno de ansiedade generalizada, ansiedade social, transtorno do pânico, transtorno obsessivo-compulsivo (TOC) e transtorno do estresse pós-traumático (TEPT).[7] A psiquiatria moderna convencional usa essa multiplicidade de classificações para direcionar o tratamento.

Em meu consultório, porém, não uso designações tão específicas para nomear as ansiedades de meus pacientes. Embora alguns acreditem que o termo "ansiedade" se tornou algo diluído ou abrangente demais — indicando quase qualquer sensação de desconforto —, penso que *não dá* para usar o termo de forma ampla demais. Se você está fazendo a pergunta "Será que eu tenho ansiedade clínica?", acredito que esteja sofrendo de forma significativa. Quero que confie em sua experiência subjetiva de desconforto mais do que se preocupe em relação a se qualificar ou não para um diagnóstico. Ao longo dos anos, vi a ansiedade ser expressa em tal miríade de formas por meus pacientes que passei a aceitar que ela pode ser sentida como uma série de sintomas vastos e que vivem mudando. Tenho pacientes que relatam que, no geral, sua vida é ok — eles são felizes, saudáveis, têm relacionamentos dinâmicos e compreensivos —, mas que ficam paralisados ao sentir pressão no trabalho. Para eles, a ansiedade — seja apresentada como "síndrome do impostor", seja como incapacidade de impedir que a mente gire em direções demais de uma vez só — funciona como uma barreira para se sentar e se concentrar. Trabalho com outros que só têm ansiedade em relação à vida social; alguns que *nunca* se sentem relaxados, são importunados o tempo todo por algum tipo de temor ou ruminação; outros que experimentam ataques de pânico do nada; e outros ainda que só têm sensações físicas — tontura, vertigem, aperto no peito ou tensão nos músculos. Todas essas sensações são expressões válidas da ansiedade.

Mas há outra razão crítica para não enfatizar o diagnóstico em meu trabalho. Percebi que colocar um rótulo diagnóstico — embora possa oferecer alívio imediato como interpretação sucinta de uma circunstância razoavelmente caótica — pode logo virar uma espécie de camisa de força, definindo as pessoas de forma estreita demais e moldando profundamente a narrativa de sua vida. Os pacientes às vezes começam a adequar suas histórias *na direção* de um diagnóstico, tornando-se menores, em vez de se abrir à vida mais expansiva que podiam estar levando. Então, por fim, fico menos preocupada que uma pessoa sofra de *transtorno do pânico com agorafobia*, TOC ou *transtorno de ansiedade generalizada* e mais interessada em explorar as particularidades da vida e dos hábitos de cada paciente para começar a colocá-los no caminho da recuperação.

ANSIEDADE FALSA E ANSIEDADE VERDADEIRA

Mas *existe* uma distinção que faço dentro do reino da ansiedade para ajudar a esclarecer o que o seu corpo está comunicando a você: é a de ansiedade *falsa* e *verdadeira*. Não é um diagnóstico, mas uma interpretação que descobri que ajuda meus pacientes a identificar a fonte de seu desconforto e a identificar mais rapidamente os passos que precisam ser dados para um maior conforto e felicidade. Julia Ross, pioneira em terapia nutricional, foi a primeira a abrir meus olhos em relação a esse conceito em seu livro, *The Mood Cure* [A cura do humor]. Ross propõe que temos emoções verdadeiras e humores falsos. Emoções verdadeiras ocorrem quando algo extremamente desafiador acontece: um familiar falece e você está em luto; você perde o emprego e fica estressado; você está passando por um término de relacionamento e sente-se triste. Essas "reações genuínas às dificuldades reais que encontramos na vida podem ser difíceis de aceitar", escreve Ross, "mas também podem ser de importância vital".[8] Um humor falso, por sua vez, é mais como um "impostor emocional", como coloca Ross, quando parecemos simplesmente acordar com o pé esquerdo ou, como que do nada, nos flagramos irritados, tristes, nervosos ou ansiosos com coisas que, em geral, não nos incomodariam. Nesses momentos, a mente adora buscar por uma explicação. O cérebro diz: *Talvez eu esteja ansioso porque o e-mail frio do meu chefe parece sugerir que não estou tendo bom desempenho no trabalho*. Ou então: *Algo naquela mensagem de um velho amigo não está me soando bem*. A mente é uma criadora de significados. Dê-nos uma imagem de dois pontos e uma linha, e nossa mente vê um rosto; dê-nos uma ressaca e um café gelado em vez do café da manhã, e achamos que estamos encrencados no trabalho, que nosso relacionamento está desmoronando ou que o mundo está condenado, porque a mente gosta de nos contar histórias que explicam as sensações físicas. E muito de nossa preocupação é apenas isto: a mente tentando justificar uma reação de estresse físico.

O paradigma de Ross também pode ser aplicado exclusivamente à ansiedade. A ansiedade falsa é o corpo comunicando que há um desequilíbrio fisiológico, em geral por meio de uma reação de estresse, enquanto a ansiedade verdadeira é o corpo comunicando uma mensagem essencial sobre nossa vida. Na ansiedade falsa, a reação de estresse transmite sinais ao cérebro, dizendo: *tem algo errado*. E o cérebro, por sua vez, oferece um relato da razão de nos sentirmos desconfortáveis. Ele diz que estamos ansiosos por causa do trabalho, ou da saúde, ou do estado do mundo. Mas a verdade é que sempre há *algo* que causa desconforto. E o motivo para estarmos presos na ansiedade *neste momento,* na verdade, não tem nada a ver com o escritório e tudo a ver com um estado de desequilíbrio fisiológico do corpo — algo tão simples quanto uma queda brusca na glicemia ou um surto de inflamação intestinal. Muito de nossa ansiedade, nesse sentido, não está relacionado com aquilo que pensamos.

Mas deixe-me fazer um esclarecimento importante: o fato de me referir a essas sensações como ansiedade falsa *não* faz com que a dor ou o sofrimento sejam menos reais. Mesmo que um determinado humor seja resultado direto de uma reação fisiológica de estresse, ainda pode doer pra caramba. Esse termo não é usado para invalidar a experiência desses humores. O motivo de achar importante identificar esses estados como falsos é que nos permite ver uma saída clara e imediata. Esse tipo de ansiedade não está aqui para lhe dizer algo significativo sobre seu eu mais profundo; em vez disso, está dando uma mensagem mais fundamental sobre seu corpo. E, quando reconhecemos que estamos experimentando ansiedade precipitada por uma reação fisiológica de estresse, podemos lidar com o problema no nível do corpo, alterando a dieta, tomando mais sol ou dormindo mais. Em outras palavras, a falsa ansiedade é comum, causa imenso sofrimento e é quase sempre evitável.

Quando conseguimos identificar e eliminar essa fonte fisiológica de desconforto, podemos, então, lidar mais diretamente com a ansiedade mais profunda — a ansiedade verdadeira —, cuja origem é termos nos afastado de um senso vital de propósito e significado. Fundamentalmente, essa ansiedade é o que significa ser humano — conhecer a inerente vulnerabilidade de caminhar nesta terra, o fato de podermos perder as pessoas que amamos e de que nós, também, vamos morrer um dia. Ou, como descreveu o filósofo existencialista dinamarquês do século XIX Søren Kierkegaard, "a vertigem da liberdade". Essa ansiedade também, de algumas formas, nos mantém seguros. Estamos todos aqui, afinal, porque nossos ancestrais foram vigilantes o suficiente para sobreviver: essa ansiedade pode nos estimular a proteger-nos e a manter a vida em movimento. Mas ela frequentemente chega com uma mensagem — com intuição e sabedoria bem lá do fundo — sobre o que precisamos fazer para alinhar mais a vida com habilidades e propósitos particulares; é essencialmente um guia de como tornar a vida tão plena quanto ela pode ser.

2

Ansiedade evitável

"Não é desrespeitoso à complexidade da existência sugerir que o desespero, às vezes, é só hipoglicemia e exaustão."
— Alain de Botton

Quando estamos ansiosos, pode parecer que tudo está conspirando para nos oprimir: nossos relacionamentos nos desconcertam, o trabalho nos pressiona e provoca, o mundo parece estar rolando na direção do desastre certo. Mas muitos dos sentimentos terríveis e pensamentos aterrorizantes que chamamos de ansiedade são apenas a interpretação do cérebro de um processo fisiológico relativamente simples que forma a reação de estresse. E, apesar disso, na psiquiatria tradicional, os médicos são treinados para lidar com problemas de saúde mental tratando apenas da mente, com medicações para alterar a química cerebral e terapias direcionadas a pensamentos e comportamentos. O resultado é que a maioria dos psiquiatras implicitamente aprendeu a não ultrapassar seus limites e se envolver com questões do corpo físico. Acredito, porém, que essa abordagem impediu o avanço da área, limitando as opções de tratamento oferecidas por esses profissionais, sendo que há um rol muito extenso de formas de tratar a mente *por meio* do corpo.

Com a ascensão da medicina integrativa e funcional — e o campo nascente da psiquiatria holística —, começamos a compreender de uma forma nova os transtornos de saúde mental. De fato, as evidências, para não mencionar a demanda dos pacientes, a favor de uma abordagem mais holística da saúde mental só crescem. Por exemplo, em 2017, um estudo conhecido como ensaio *Smiles* (sigla em inglês para Apoiando a Modificação de Estilo de Vida em Estados Emocionais Reduzidos), liderado por Felice Jacka, professora associada de nutrição e psiquiatria epidemiológica na Universidade Deakin, na Austrália, investigou o impacto de uma nutrição melhor em comparação com o apoio social em pessoas com depressão moderada a severa, cujas dietas eram compostas primariamente por alimentos processados; no fim, os pesquisadores descobriram que 32% daqueles que tiveram apoio nutricional conseguiram a remissão, contra 8% no grupo de apoio social.[1] De forma similar, em uma série de diferentes estudos, o tempero cúrcuma — usado por séculos na medicina Ayurvédica, antigas práticas de cura do subcontinente indiano — mostrou ter capacidade de diminuir a inflamação e, assim, modular concentrações de neurotransmissores envolvidos na fisiopatologia da depressão e da ansiedade.[2] (As inflamações ocorrem quando o sistema imunológico é mobilizado para lidar com uma ameaça, como de ferimento ou infecção, e podem sinalizar diretamente que o corpo precisa contra-atacar, o que nos deixa ansiosos.) Então, embora a química cerebral e os padrões de pensamento *tenham* um papel na ansiedade, eu argumentaria que, muitas vezes, se trata de um efeito derivado — ou seja, boa parte do tempo, nossa química cerebral muda *como resultado* de um desequilíbrio do corpo. Em outras palavras, a raiz da ansiedade falsa está no corpo e deve também ser tratada nele.

A ciência da falsa ansiedade

A compreensão geral da psiquiatria convencional é que a ansiedade é, em grande parte, resultado de um desequilíbrio químico genético no cérebro. Mas não há consenso sobre os mecanismos que *causam* a ansiedade, exceto pelo foco consistente no neurotransmissor serotonina. Há, porém, outro neurotransmissor, Gaba (sigla em inglês para ácido gama-aminobutírico), que serve como principal mensageiro químico inibidor do sistema nervoso central — e isso também tem um papel crítico em tranqüilizar nossos nervos. Em minha opinião, o Gaba não recebe a atenção que merece, pelo menos no discurso público, considerando que é um recurso natural essencial para combater a ansiedade. O efeito desse neurotransmissor é criar uma sensação de calma e tranquilidade, portanto ele tem o poder de inibir uma espiral de ansiedade. Então, quando começamos a fantasiar todos os cenários mais trágicos que podem ocorrer em nossa vida, o Gaba pode sussurrar-nos: "Shhh, não precisa se preocupar, isso não é provável; vai ficar tudo bem". A psiquiatria convencional, como resultado, frequentemente deduz que uma pessoa que está sofrendo de ansiedade tem baixa serotonina ou sinalização de Gaba, e, no fim das contas, não está recebendo uma quantidade suficiente da segurança que esses neurotransmissores têm a oferecer. Eu acredito, porém, que a ansiedade falsa tem menos a ver com destino genético e mais a ver com as circunstâncias apresentadas por nosso estilo de vida moderno — desde tomar um ciclo de antibióticos ao estresse crônico e incessante a que tantos de nós estamos submetidos. Não só esses ataques ao corpo diminuem a produção de Gaba — como explorarei em breve —, mas há também outros caminhos pelos quais o corpo comunica ao cérebro que *as coisas não estão indo bem*. Dois dos principais processos fisiológicos que provocam ansiedade são a reação de estresse — a reação do sistema nervoso a uma percepção de ameaça — e a inflamação sistêmica relacionada ao intestino.

A REAÇÃO DE ESTRESSE

Costumamos pensar na reação de estresse como sendo automática a eventos externos — como más notícias ou uma ameaça física —, mas ela também pode ser causada por vários estados internos de desequilíbrio no corpo, como privação de sono[3] ou simplesmente até uma xícara de café forte (que pode levar o corpo a liberar cortisol, o principal hormônio do estresse[4]). Essa revelação pareceria decepcionante se não fosse uma notícia tão boa, porque essas causas físicas de estresse e ansiedade são *evitáveis*. A reação de estresse foi programada em nosso corpo durante milhões de anos de evolução para nos ajudar a ficar seguros frente a situações de vida ou morte, como a presença de um predador ameaçador, que costumava ser uma ocorrência cotidiana. Essa reação começa com uma cascata hormonal que hoje é bem conhecida como "reação de luta ou fuga". O corpo antecipa a necessidade de imediatamente se envolver em um ataque ou, alternativamente, correr. Para permitir que isso aconteça, ele desvia o fluxo sanguíneo de lugares como o trato gastrointestinal (GI) e a genitália e o dirige, em vez disso, para os músculos, coração, pulmões, olhos e cérebro, tornando possível lutar com mais força, correr mais rápido, enxergar melhor e, em geral, superar qualquer que seja a ameaça iminente. A reação de estresse consegue isso bombeando, intensamente, hormônios como epinefrina — também conhecida como adrenalina — e norepinefrina — ou noradrenalina —, que dilatam as pupilas e os vasos sanguíneos dos músculos, ao mesmo tempo que contraem os vasos sanguíneos do intestino e da pele, além de cortisol, que nos deixa alerta e nos faz mobilizar a glicemia para disponibilizar energia. Enquanto isso, a amígdala, que é um subconjunto do sistema límbico — a parte do cérebro envolvida com o processamento de emoções, memória e comportamento necessário para a sobrevivência —, também começa a trabalhar, fazendo nosso ambiente parecer ainda mais ameaçador.

Embora hoje tenhamos o mesmo equipamento fisiológico para lidar com o estresse, temos um mundo muito diferente *com o qual* lidar. Encontramos estressores crônicos de baixo nível em vez de estressores agudos, de vida ou morte, como alimentos inflamatórios, sono inadequado e um influxo de informações por e-mail, mensagens de texto e chamadas de vídeo. E, embora esses estressores não sejam tão graves quanto enfrentar um leopardo, ainda assim iniciam a reação de estresse. Independentemente de o perigo percebido ser grande ou pequeno, o corpo só continua seu trabalho de nos preparar para enfrentar uma ameaça. Portanto, com a dieta e os hábitos modernos — que frequentemente disparam reações de estresse no corpo —, muitos de nós vivem em um estado quase constante de se sentir atacado. Sua glicemia cai bruscamente depois de comer algo doce? O corpo interpreta isso como uma leve ameaça à sobrevivência. Você ficou acordado até de madrugada vendo coisas inúteis no celular? O corpo se sente cercado por ameaças. Privação de sono, inflamação crônica por comer alimentos que você não tolera e a seção de comentários do Twitter: tudo isso, da perspectiva do seu corpo, são indicativos de que seu meio ambiente não é seguro. Então, o corpo libera hormônios de estresse na corrente sanguínea, e essa cascata química invisível se manifesta como sensações e sentimentos de ansiedade falsa.

Não só essa reação é amplamente evitável como também há formas de descarregar a adrenalina que corre pelo corpo depois de a reação de estresse ser disparada, devolvendo-nos a um estado de calma. Em termos gerais, isso se consegue ao completar o ciclo de estresse, um conceito recentemente popularizado por Emily Nagoski (phD em saúde comportamental) e Amelia Nagoski (doutora em música), irmãs e coautoras de *Burnout: o segredo para romper com o ciclo de estresse*, que propõe que é preciso se engajar em uma atividade que diga ao cérebro que, como colocam as irmãs Nagoski,

"Você conseguiu sobreviver à ameaça e agora o seu corpo é um lugar seguro para continuar vivendo"[5] — essas atividades incluem certos tipos de movimento e autoexpressão. Na Parte II, após aprendermos mais sobre como podemos evitar uma reação de estresse — e a ansiedade falsa que a acompanha —, vamos explorar técnicas particulares para completar o ciclo quando o estresse é inevitável.

Inventário da ansiedade falsa

Por mais simples que pareçam as perguntas dessa lista, meus pacientes relatam que este inventário é uma das intervenções de mais impacto para ajudar a tratar sua ansiedade. Pausando em meio ao turbilhão e passando pelo checklist de possíveis gatilhos a seguir, podemos identificar a ansiedade falsa em particular que pode estar ocorrendo, além de compreender seu remédio simples. Esse processo também ajuda a tirar o peso de se sentir ansioso, particularmente quando conseguimos apontar um motivo para essa sensação. Sugiro que os pacientes mantenham esta lista presa na porta da geladeira de casa.

Estou ansioso e não sei por quê. Será que estou...

- Com fome? (Coma algo.)
- Tendo uma queda na glicemia ou uma baixa química? (Eu acabei de comer algo doce, processado ou cheio de corante alimentício ou conservantes? Coma um lanchinho e concentre-se em fazer escolhas diferentes da próxima vez.)

- Estimulado demais pela cafeína? (Talvez essa ansiedade nervosa na verdade seja sensibilidade a cafeína; amanhã, consuma uma quantidade menor de bebidas que contenham essa substância.)
- Pouco estimulado pela cafeína? (Aumente a dose e busque um consumo diário consistente de cafeína daqui em diante.)
- Cansado? (Tire uma soneca; priorize dormir mais cedo hoje.)
- Desidratado? (Beba um pouco de água.)
- Me sentindo vagaroso? (Dê uma caminhada rápida ao ar livre; dance.)
- Desregulado? Acabou de entrar em um buraco negro da internet ou exagerar nas redes sociais? (Dance ou saia para reiniciar o sistema nervoso.)
- Bêbado ou de ressaca? (Arquive essa informação para tomar decisões futuras em relação ao álcool.)
- Precisando de uma dose de remédio psiquiátrico? (Logo antes da próxima dose, você alcança o que chamamos de nadir farmacológico — ou seja, o ponto em que o nível de medicamento em sua corrente sanguínea está em seu valor mais baixo — e isso pode afetar o humor. É hora de tomar os remédios.)

O CÉREBRO, O INTESTINO E A INFLAMAÇÃO

Como mostrou a última década de pesquisas científicas, a função do intestino e seu microbioma, composto de trilhões de micro-organismos, vai muito além de simplesmente digerir e absorver os alimentos. Para começar, o intestino é a sede do sistema imunológico, com mais de 70% das células imunes localizadas em sua parede.[6] Ele também está intimamente conectado ao sistema endócrino, incluindo hormônios que regulam o apetite, o metabolismo e a saúde reprodutiva. E, por fim, é lar do sistema nervoso entérico, cada vez mais chamado de "segundo cérebro", que produz, usa e modula mais de trinta neurotransmissores. Aliás, esse segundo cérebro cria e armazena 95% da serotonina no corpo, enquanto apenas 5% é encontrada no cérebro.[7]

Outro aspecto crítico da saúde intestinal ainda amplamente subvalorizado, porém, é que a comunicação entre o intestino e o cérebro é uma via *de mão dupla*. A maioria de nós entende a comunicação de cima para baixo; ou seja, quando estamos ansiosos, a digestão pode ser afetada — pense na sensação de frio na barriga quando você está nervoso ou em um episódio de diarreia antes de uma grande apresentação. Isso ocorre porque o corpo se adaptou a evacuar ao enfrentar um estressor importante, pois significa que haverá menos peso em uma luta e menos necessidade de fluxo sanguíneo para o aparelho digestório, permitindo, assim, que mais sangue flua para músculos, olhos e coração. Mas, assim como o cérebro se comunica com o intestino, o intestino também manda informação *de volta para o cérebro*. Se o intestino estiver calmo e saudável, ele envia um sinal de *tudo certo* para o cérebro, o que permite que fiquemos calmos também. Se há um desequilíbrio entre os micróbios, porém, ou se comemos algo que nosso corpo não tolera, a mensagem muda. Nesses casos, o intestino pode dizer ao cérebro: *fique ansioso*.

Essa comunicação acontece principalmente pelo nervo vago — o nervo craniano mais longo do corpo, que passa pelo tórax e o abdome. De fato, cerca de 80% das fibras do nervo vago são *aferentes*, o que significa que reúnem informações dos órgãos internos — como intestinos, fígado, coração e pulmões — e entregam notícias sobre o estado das coisas ao cérebro.[8] Isso quer dizer essencialmente que, através do nervo vago, o intestino tem uma linha direta com o cérebro, informando-o do que está acontecendo a todo momento. Se o intestino não está saudável, nos sentimos mal.

Essa compreensão mais profunda do intestino e de sua comunicação de mão dupla com o cérebro nos ajuda a entender como a disbiose, ou um desequilíbrio na flora intestinal — causado por ações como tomar antibiótico, consumir comidas processadas ou viver sob estresse crônico —, pode diretamente interferir nos níveis de ansiedade. Há até mesmo evidência de que certas cepas *Bacteroides* do intestino — que também são comprometidas por má alimentação e estresse — estão envolvidas na síntese do importantíssimo neurotransmissor Gaba;[9,10] inclusive, por causa de nossos hábitos, penso no Gaba como uma espécie em extinção da vida moderna.

Mas o intestino tem outras vias pelas quais enviar um sinal de SOS ao cérebro em momentos de dificuldade. Quando o intestino está irritado e inflamado, por exemplo, pode estimular a proliferação de moléculas inflamatórias, como citocinas, pelo corpo todo, causando inflamação sistêmica e generalizada, sinalizando ao cérebro para ficar ansioso. Uma forma de isso ocorrer é quando as endotoxinas, oficialmente chamadas lipopolissacarídeos, ou LPS, passam por uma barreira intestinal comprometida, uma doença conhecida como intestino permeável ou pelo nome em inglês, *leaky gut*. Embora as endotoxinas sejam habitantes normais de um intestino saudável, quando elas passam pela barreira intestinal e chegam à corrente sanguínea — um estado chamado endotoxemia —, o sistema imunológico recebe o alerta de que há um invasor presente e entra em ação, inflamando o corpo e o cérebro.

A endotoxemia não é o único caminho pelo qual o intestino impacta os níveis de inflamação e ansiedade. O aparelho digestório também tem um papel central em manter o sistema imunológico calmo, o que é necessário para reduzir a inflamação no cérebro.[11] Um sistema imunológico saudável e calmo depende de um ecossistema diverso de micróbios no intestino. A população de bactérias, fungos, vírus e até parasitas benéficos[12] informa o sistema imunológico sobre tolerância e ameaça, ensinando-o a quando relaxar e quando se preocupar. Dessa forma, o intestino educa o sistema imunológico, ensinando-o a discernir amigo de inimigo. Mas se o intestino estiver deficiente em bactérias do bem ou invadido por bactérias patogênicas, o sistema imunológico perde esse treinamento básico e começa a falhar. Um sistema imunológico fora de controle pode inflamar diretamente o cérebro, já que as moléculas inflamatórias viajam ao cérebro por uma rede de vasos chamada de sistema glinfático, enviando um alerta direto de que as coisas não estão bem. Uma inflamação pronunciada assim nos deixa fisicamente mal, com fadiga, dores, confusão cerebral (ou *brain fog*) ou indisposição — e também ansiosos.

Portanto, dieta e estilo de vida são contribuintes críticos para a saúde mental, dado que influenciam amplamente o estado do intestino e o sistema imunológico. Os genes e os pensamentos também, claro, têm poder sobre nossos humores, mas os hábitos diários são o determinante real de boa parte da ansiedade. No fim, quanto mais puder ser feito para reduzir o estresse no corpo e a inflamação no intestino, melhores são as chances de estabelecer um humor mais saudável. Na Parte II, vamos fazer um tour completo das estratégias que podemos usar para eliminar a ansiedade falsa, como estabilizar a glicemia para evitar reações de estresse desnecessárias e curar o intestino para diminuir a inflamação.

UMA PALAVRA SOBRE REMÉDIOS PSIQUIÁTRICOS

Permitam que eu diga isto logo de cara: sou grata pelo advento dos antidepressivos e outros medicamentos que tratam transtornos de saúde mental. Eles fornecem um alívio muito necessário para muitas pessoas, entre as quais alguns de meus pacientes, e certamente há circunstâncias nas quais medicações são necessárias e eficazes. Durante dez anos de atendimento, vi a eficácia de remédios psiquiátricos se mostrar de muitas formas, variando de pacientes que foram enormemente ajudados por eles até aqueles que experimentaram uma diminuição em sua potência ao longo do tempo e aqueles que sofreram com efeitos colaterais debilitantes. Dados esses cenários abrangentes, também sou grata por nosso entendimento atual da ansiedade — e as crescentes evidências de que ela com frequência nasce no corpo — ter permitido adaptar meu consultório para ajudar muitos pacientes a conquistarem uma sensação de equilíbrio e bem-estar por meio de uma mudança de estilo de vida.

A psiquiatria convencional, porém, ainda não se atualizou neste modelo e continua tratando a ansiedade como se fosse predominantemente resultado de nossos pensamentos e de um desequilíbrio químico geneticamente determinado no cérebro — desconsiderando que muito da ansiedade é causado por desequilíbrios fisiológicos. Mas a verdade é que remédios psiquiátricos — direcionados, como são, a um neurotransmissor único, como serotonina ou Gaba — *não conseguem* lidar com a ansiedade falsa em sua raiz. No máximo, amortecem os sintomas. Às vezes, descrevo a falsa ansiedade como a luz de *verificação do motor* do corpo; em vez de ignorar esse alerta ou mascará-lo com remédios, em geral é preferível consertar o problema fundamental. Descobri também que intervir no nível do corpo, quando de fato a fonte da ansiedade de alguém é fisiológica, muitas vezes é mais rápido, menos caro e mais eficaz.

Mais à frente, na Parte II, vamos olhar mais de perto os remédios psiquiátricos e suas complexidades, mas, aqui, gostaria de deixar claro que, se você se sentiu melhor com eles, não há necessidade de questionar isso. Considere-se como um dos sortudos e tome seus remédios. Alternativamente, se você estiver planejando começar uma medicação e se sente bem-informado sobre todas as considerações, trabalhe com um médico atento e siga em frente. As estratégias que vamos cobrir aqui podem trabalhar aliadas aos seus remédios para lidar com a ansiedade em duas frentes. É importante dizer que, quando discuto alternativas aos medicamentos, minha intenção é ajudar aqueles que não foram ajudados por eles

— não fazer aqueles que *são* ajudados questionarem suas escolhas. Porém, se você cai na categoria de alguém que não achou remédios para melhorar seu humor, ou se experimentou efeitos colaterais, ou se quer desmamar por qualquer razão, ou se simplesmente gostaria de testar uma rota alternativa, permita que este livro o guie pela ampla variedade de opções disponíveis para tratar a ansiedade hoje.

VOCÊ SABE COMO SE CURAR

Se uma gama em expansão de oportunidades de tratamento o deixa mais ansioso, não menos, deixe-me tranquilizá-lo garantindo que seu corpo *quer* se curar. Este livro também é um esforço na direção de ajudar as pessoas a ouvirem o que seu corpo está lhes dizendo para fazer a fim de recuperar a tranquilidade e a paz.

Em um meme popular no Instagram, um médico atrás de sua mesa diz, cheio de arrogância: "Não confunda suas buscas no Google com minha faculdade de medicina", ao que o paciente responde: "Não confunda sua palestra de uma hora sobre minha doença com minha vida inteira convivendo com ela". A psiquiatria pode oferecer intervenções que salvam vidas e um apoio útil, mas, francamente, a pessoa que mais conhece sua saúde mental é *você*. Você é seu médico mais poderoso. É muita responsabilidade, mas também é um alívio.

Eu o encorajo a confiar em seu autoconhecimento, bem como na sabedoria e resiliência de seu corpo. O que experimentamos como sintomas pesados muitas vezes são sinais do corpo tentando se corrigir, tentando nos fazer voltar à homeostase, o estado natural de equilíbrio corporal. Em vez de lutar contra nosso corpo, o objetivo deve ser chegar a um lugar de compreensão e confiança mútuas.

Uma paciente uma vez me disse, enquanto debatíamos sobre sua batalha de muitos anos com um transtorno alimentar: "Sinto que estou fazendo terapia de casal com o meu corpo". Aquilo me pareceu uma metáfora apropriada para minha filosofia de tratamento. Espero que minha clínica — e este livro — ofereça uma espécie de terapia de casal entre você e seu corpo. É um relacionamento no qual, para muitos de nós, a comunicação e o respeito acabaram. Há ressentimento, frustração, desconfiança e mal-entendidos desenfreados. Então, vamos nos inspirar no aconselhamento matrimonial para trabalhar nessa relação: precisamos ouvir nosso corpo para compreender o que ele precisa e o que podemos fazer para voltar a um estado de alinhamento. Primeiro, é importante identificar e lidar com a ansiedade física — ou seja, com as emoções que sentimos porque o estado natural do corpo foi anulado por fisiologia instável, sono insuficiente ou negligência nutricional.

É só depois de aprender a evitar essa ansiedade desnecessária, afinal, que podemos cuidar da ansiedade verdadeira e mais profunda que sobra. E, embora essas emoções sejam mais difíceis de remediar, também têm mais a oferecer em termos de orientação, nos colocando no caminho de um sentido duradouro de propósito e realização.

3

Ansiedade útil

"Não importa o quanto tentemos ignorar, a mente sempre conhece a verdade e quer clareza."
— Booker, em *Deus ajude essa criança,* de Toni Morrison

Tenho uma paciente, So-young, que me procurou para lidar com sua ansiedade, que impedia que ela se concentrasse no trabalho, pegasse no sono à noite e até aproveitasse o tempo com os filhos. So-young foi criada no Queens, em Nova York, filha de imigrantes que se mudaram para lá depois de saírem da Coreia do Sul. Ela me contou que os pais, que reconstruíram a vida do zero nos Estados Unidos, davam muito valor às aparências, e ela sentia que o amor deles por ela era condicional, dependente de uma aparência e um comportamento que os agradassem e impressionassem a comunidade.

Aos vinte e poucos anos, So-young se casou com um homem difícil e narcisista — alguém que refletia as qualidades familiares dos pais dela. Como resultado, durante o casamento e enquanto criava dois filhos, So-young lutava contra uma ansiedade quase constante.

Quando veio me ver pela primeira vez, ela já estava tomando paroxetina para estabilizar o humor. Eu sentia que ela havia canalizado um pouco dessa ansiedade em uma necessidade de tranquilizar os outros, como se fosse responsabilidade dela fazer todos se sentirem confortáveis. Tenho de tomar um pouco de cuidado com pacientes assim — é muito fácil estar perto deles e eles fazem meu trabalho parecer simples, mas também correm o risco de não aproveitar tanto a terapia quanto precisam, dadas as suas necessidades de agradar os outros.

Começamos a mergulhar mais fundo na história pessoal de So-young, bem como em sua relação com o marido, explorando as raízes de seu desconforto. So-young tinha uma postura que é familiar para mim, por causa de meus muitos pacientes: ela acreditava simplesmente ter uma predisposição genética a ser ansiosa. Suas duas irmãs também estavam tomando medicamentos, e a mãe tinha tendência à ansiedade (embora não estivesse disposta a fazer um tratamento de saúde mental). Uma das irmãs de So-young tinha dito a ela: "Não temos muita escolha — sempre precisaremos de remédio; é só o jeito como nosso cérebro funciona".

Embora eu acredite, sem sombra de dúvidas, que a família de So-young tenha uma *predisposição* genética à ansiedade, também acredito que, como diz o ditado, "a genética carrega a arma e o ambiente puxa o gatilho". Suspeitei que

So-young e eu pudéssemos identificar e resolver as razões mais fundamentais de sua ansiedade. Depois de trabalharmos juntas por alguns meses, So-young disse que queria desmamar da paroxetina. Isso não veio de uma revelação filosófica sobre querer lidar com sua ansiedade na raiz; verdade seja dita, quando So-young ficou sabendo que paroxetina pode provocar ganho de peso, quis se livrar do remédio. Inicialmente, enquanto desmamava devagar, ela relatou sentir uma amplitude maior de emoções, fazendo-a "sentir-se mais viva", e ficou encantada com essa mudança precoce e inesperada. Nos meses que se seguiram, So-young também começou a descrever seu casamento com um sentimento de indignação mais forte, identificando o comportamento do marido como inaceitável e improvável de mudar. Nossas sessões ficaram dramáticas quando ela passou a questionar se devia abandonar o marido e criar os filhos sozinha. O aspecto de agradar os outros, próprio de sua personalidade, diminuiu consideravelmente. Ela agora não ficava tão focada em interpretar o que acontecia ao redor tanto quanto em usar sua convicção e força internas. Embora eu me preocupasse com o tumulto em seu casamento, em geral via as mudanças em So-young como um sinal positivo de sua luta com um problema autêntico — principalmente, que estava "dormindo no volante", como ela colocou, muitas vezes desprezando suas necessidades e se diminuindo para abrir espaço para o marido. Quando, porém, So-young percebeu que, na verdade, *precisava* do remédio para tolerar o marido, decidiu, pondo os dois filhos pequenos na balança, voltar a tomar a paroxetina em vez de enfrentar o que a esperava.

Ainda assim, a semente fora plantada. Cerca de um ano depois, em uma tentativa passiva de voltar a interromper a medicação, So-young não comprou a paroxetina quando acabou (o que, por sinal, não recomendo como abordagem para a descontinuação). Novamente, depois de um tempo sem remédio, ela sentiu que estava acordando — mas, desta vez, se comprometeu por inteiro com o processo. "Sinto-me eu mesma de novo", ela dizia muitas vezes nas sessões, como se estivesse surpresa e feliz por ter de novo tropeçado em seu "eu verdadeiro". Mas ela também voltou a ver a verdade sobre o marido — que ele tinha uma personalidade intensa e exigente, e sentia ter direito a uma esposa obediente. Desta vez, So-young decidiu fincar o pé e se defender. Declinava sair com ele e os amigos dele para ficar em casa e descansar. Recusava-se a transar quando não estava a fim. Fazia planos com seus próprios amigos com mais frequência. "O que está acontecendo com você?", perguntava o marido. Ele forçava os novos e surpreendentes limites dela, e So-young explicava pelo que estava passando e as formas como esperava que o relacionamento mudasse. Gradualmente, embora não sem uma série de conversas difíceis, o marido começou a tratá-la diferente — melhor — e a considerar mais as necessidades dela. Ao se defender e reconhecer que era digna de ser considerada com mais respeito, So-young conseguiu o apoio que merecia por parte do marido. Não foi um caminho simples e direto, mas foi inspirador vê-la mais realizada e, no geral, mudando o casamento para melhor. Em seu trabalho comigo, ela continua a reconhecer suas forças e seu valor para além da necessidade de atender a todos; está percebendo que a felicidade alheia não é responsabilidade dela, e fortalecendo a crença em seu próprio valor. Mais importante, ela está menos ansiosa, apesar de estar sem medicação. Não sei se seu casamento continuará a funcionar enquanto ela muda e cresce, mas sei — e, mais importante, *ela* sabe — que continuará a se guiar com firmeza e autenticidade a partir de suas necessidades e, implicitamente, de ter essas necessidades atendidas.

OUVINDO A ANSIEDADE

Mesmo depois de cortar o café e curar o intestino, continuaremos com certa dose de ansiedade. Essa ansiedade tem origem na fragilidade inerente da vida, mas também nos oferece a força de nossas convicções. Ou seja, quando a vida não se alinha com nossos valores ou responsabilidades, podemos sentir-nos ansiosos — mas essa sensação também serve como indicador crítico de que precisamos corrigir a direção. Talvez, como So-young, você esteja escamoteando injustiças em seu relacionamento; talvez esteja em um emprego que se encaixava em sua vida quando era mais jovem, mas que agora faz parecer que você pegou uma via errada ao longo do caminho; ou talvez você se sinta incapaz de ficar só olhando enquanto o planeta continua a aquecer e os níveis do mar sobem vertiginosamente. Qualquer que seja o problema, é a forma do seu corpo lhe dizer: "Por favor, preste atenção nisso". Quando você ouve com atenção, essa ansiedade pode colocá-lo na direção de atitudes que precisa tomar, além da contribuição única que você veio dar ao mundo; no fim das contas, a sensação de inquietude pode se transformar em um sentimento de propósito. É *isso* que eu chamo de ansiedade verdadeira.

Digo aos meus pacientes que eles devem abraçar esses sentimentos, em vez de tentar suprimi-los ou evitá-los. Em vez de perguntar "Como posso parar de me sentir tão ansioso?", deveríamos perguntar "O que minha ansiedade está me dizendo?". Por reflexo, é natural resistir a essa sensação desconfortável. Culturalmente, também fomos ensinados a ver a ansiedade como um incômodo, algo a ser suprimido por meio da submissão — mas, quando fazemos isso, podemos perder uma orientação importante. E se você pudesse aprender a tolerar a ansiedade por tempo suficiente para ouvir qual mudança é necessária? E se fosse possível mudar a situação que provoca ansiedade? E se, em vez de temer e lutar contra a ansiedade verdadeira, você convidá-la a entrar e escutar o que tem a dizer? Talvez você esteja bloqueando algo doloroso de sua consciência ou talvez só não tenha desacelerado o bastante para permitir que isso venha à superfície — mas há uma parte sua que sempre soube dessa verdade essencial. A "verdade essencial" a respeito de quem somos, nos últimos tempos, se tornou meio clichê, algo repetido com tanta frequência que pode parecer sem significado. Mas, para nossos propósitos, estou falando disso como um instinto enterrado que, quando ignorado por tempo demais, pode se apresentar como desconforto mental — e esse desconforto está tentando lhe dizer algo crucial.

A melhor forma de escutar o sussurro da intuição é ficando parado e em silêncio — em algum momento, ela *vai* interromper as ansiedades irritantes e o falatório que se repete sem parar na sua cabeça. (Na Parte III, exploraremos uma variedade de métodos para conectar-se com essa voz dentro de si.) Conforme se familiariza com essa ansiedade mais ressonante, você passará a também senti-la no corpo. Experimentar um calor ou uma sensação de expansão muitas vezes é a forma de o corpo dizer "sim", de assentir com a cabeça, concordando com a intuição visceral. O corpo se contrair, ficar tenso ou inquieto pode ser a forma de a ansiedade verdadeira dar um tapinha no seu ombro para indicar que ainda não foi ouvida com atenção.

Ansiedade verdadeira e intuição geralmente também são registradas como um tipo de sensação mais substancial. "Minha ansiedade é aguda, é como algo pairando trêmulo, é uma frequência alta [...] ela zumbe", disse uma vez a ativista e autora best-seller do *New York Times* Glennon Doyle, descrevendo a diferença entre seu medo e sua intuição. "Mas [...] tem algo embaixo mais pesado, mais aterrado, que não treme, que é sólido, e é o Conhecimento. E eu agora estou em um momento da minha vida — aos 45 anos — em que consigo saber a diferença."[1] Em outras palavras, enquanto a ansiedade verdadeira e a intuição estão lhe comunicando que há algo errado, elas trazem uma *sensação* diferente da ansiedade falsa. Em vez de parecer uma ameaça, elas vêm de um lugar de clareza e compaixão.

Se você escolher escutar a ansiedade verdadeira e deixar que ela o guie, pode ser a bússola dourada ajudando a navegar os caprichos da vida. Vai lhe proporcionar mais crescimento, aprendizado e amor. Transformar a ansiedade verdadeira em algo com mais propósito, porém, não significa que as coisas necessariamente ficarão mais fáceis. Para muitos de meus pacientes, bem quando as coisas começam a ficar mais fáceis, eles sobem de nível, para um conjunto de desafios mais avançados. Chegam a outro estágio de crescimento, como aconteceu com So-young em seu casamento, em que se sentem deslocados em ambientes familiares. Com frequência, conforme você fica mais habilidoso em usar a ansiedade verdadeira como guia, a vida se torna mais exigente, porque você está realizando mais conquistas. E, às vezes, pode ser doloroso. "É como me descascar de defesas que ajudavam a aliviar uma camada da ansiedade", disse certa vez meu paciente Ethan, "e estou perdendo armas para enfrentar o monstro." O *monstro*, no caso de Ethan, era um trauma de infância, que, no fim, ele conseguiu enfrentar e do qual conseguiu se libertar. O trauma, em particular, que exploraremos com profundidade na Parte III, ocupa um lugar incomum no paradigma da ansiedade verdadeira e falsa, pois está na intersecção das duas. Ou seja, experiências traumáticas muitas vezes são armazenadas no corpo — como escreveu o psiquiatra e autor best-seller Bessel van der Kolk em seu inovador livro *O corpo guarda as marcas* —, que também reprograma o cérebro. Quando isso ocorre, a amígdala — aquela parte do sistema límbico responsável pela reação de medo — fica em um estado de hiperexcitação, criando uma ansiedade desproporcional ao longo da vida. O trauma — que pode ser causado por uma série de experiências, de abuso sexual a combate em guerra e a privação emocional por parte de um pai — deixa o cérebro em alerta extremo, mesmo que a ameaça já não esteja presente. Assim, há um aspecto de ansiedade falsa no sentido de que o cérebro pode inferir perigo onde ele não existe. Apesar disso, o trauma deve ser tratado como ansiedade verdadeira, já que as mudanças no corpo foram uma adaptação a um mundo inseguro, e a amígdala hipervigilante está pedindo que a pessoa se reconecte com o trauma para chegar a um lugar de relativa resolução. A sensação de ansiedade verdadeira, como é o caso do trauma, quase sempre tem um contexto histórico mais amplo; isto é, um episódio de ansiedade pode conter dentro de si décadas de experiências passadas, às vezes até mais. Trabalhei com muitos pacientes que estão desvendando traumas de gerações passadas que continuam a marcar a vida deles — e desenterrando a ansiedade verdadeira que ainda reverbera do passado. A verdade pode ser demais para assimilar; pode ser difícil e desestabilizadora. Esse é nosso fardo como seres humanos que ousam sentir tudo. Mas é também como nos expandimos como indivíduos, como nos alinhamos com nosso propósito e mostramos uns aos outros o caminho da evolução.

A ANSIEDADE VERDADEIRA É SEU SUPERPODER

Estudos com primatas mostram que alguns membros da tribo são mais ansiosos do que outros — são os que tendem a ficar para trás, reunindo-se nas periferias do grupo principal. Nos anos 1980, a zoóloga Dian Fossey, já falecida, decidiu remover esses membros mais sensíveis de um grupo de chimpanzés para ver como isso afetaria o resto da comunidade. Seis meses depois, todos os chimpanzés estavam mortos. "A indicação foi que os chimpanzés ansiosos eram essenciais à sobrevivência", escreve Sarah Wilson, de modo convincente, em seu livro *First, We Make the Beast Beautiful* ["Primeiro, embelezamos a fera"].

Eram eles que dormiam nas árvores nas margens, nas fronteiras, nos limites da comunidade. Hipersensíveis e vigilantes, o menor dos barulhos os fazia surtar e os perturbava, então, passavam a maior parte da noite acordados. Rotulamos esses sintomas como ansiedade, mas, antigamente, quando vivíamos em árvores, eram o sistema de alerta precoce para a tropa. Eles eram os primeiros a gritar: "Cuidado! Cuidado!".[2]

Da mesma forma, se você é um dos membros mais atentos e ansiosos da raça humana — se seu sistema nervoso é ajustado com um pouco mais de rigor que os outros —, a tribo lhe deve apoio e gratidão, porque, de formas significativas, sua ansiedade existe para proteger todos nós. Em vez de dizer para as pessoas ansiosas "pararem de ser tão sensíveis", devíamos honrar o que elas têm a dizer. Quanto mais abraçarmos a ansiedade verdadeira, mais valiosos seremos ao mundo. A ansiedade verdadeira não só nos guia em nosso único caminho, ela nos dá uma missão mais ampla. A ansiedade verdadeira pode nos colocar na linha de frente, alertando outros sobre ameaças que estejam fora da vista deles. E a voz coletiva da ansiedade verdadeira nos conduz na direção certa como sociedade.

E, objetivamente, o mundo precisa mudar. Estamos em meio a um acerto de contas necessário. Vimos o movimento *Me Too* expor casos de assédio e abuso sexuais; o movimento Vidas Negras Importam abriu diálogos novos e urgentes sobre séculos de injustiça e preconceito; e ativistas da mudança climática estão gritando em um esforço para serem ouvidos antes que seja tarde demais. É essencial deixarmos de patologizar e suprimir essa ansiedade e passarmos a prestar atenção a suas mensagens urgentes. Precisamos escutar aqueles que estão com o ouvido no solo, que sentem os perigos sutis no horizonte — e os não tão sutis também. Eles são nossos profetas e podem acabar acordando todos nós a tempo.

AMBOS/E

F. Scott Fitzgerald notoriamente observou, em uma coletânea de ensaios intitulada *Crack-Up*, de 1936, que o teste de uma inteligência de primeira linha é a capacidade de reter na mente duas ideias opostas ao mesmo tempo, e ainda conseguir funcionar.[3] Isso também é verdadeiro em relação à ansiedade: é uma proposição ambos/e, no sentido de que é possível experimentar estados de ansiedade concorrentes e aparentemente contraditórios — falso e verdadeiro — ao mesmo tempo. A ansiedade é física. É serotonina, Gaba, inflamação intestinal, cortisol e uma amígdala hiperativa. Mas a ansiedade também é psicoespiritual, existindo na interface entre nossas necessidades psicológicas e espirituais. Tem a ver com se desconectar do propósito, das outras pessoas e de nós mesmos. E não há desinflamação intestinal, café descafeinado ou paroxetina suficientes no mundo para cuidar desses sentimentos. A única forma de resolver essa ansiedade é escutar. Não tem problema — aliás, é ideal — identificar e se envolver simultaneamente com as duas formas de ansiedade. Não há necessidade de ver seus humores de uma maneira só, e quase nunca há um único caminho correto. O que espero é que aprender a discernir qual tipo de ansiedade está acontecendo em dado momento, e a reagir de acordo com isso, o ajude a saber quando lidar com a raiz da ansiedade — e quando desacelerar e escutar a mensagem urgente.

PARTE II

Ansiedade falsa

4

A ansiedade da vida moderna

"Se eles lhe derem papel pautado,
escreva do outro lado."
— Juan Ramón Jiménez

Como você agora sabe, a ansiedade é um fenômeno fisiológico que envolve corpo e mente. No corpo, a ansiedade se manifesta como produto de nossa reação ao estresse e da cascata de substâncias químicas que são liberadas quando somos confrontados com uma ameaça real ou percebida. A ansiedade também pode ser resultado de outros estados de desequilíbrio fisiológico — de inflamação e deficiência de micronutrientes a desequilíbrio hormonal e transmissão Gaba prejudicada.

Essas formas físicas da ansiedade podem ser as mais constantes e perturbadoras, mas também são as mais fáceis de prevenir e tratar. Aliás, algumas ansiedades são inteiramente *evitáveis*. Assim, os capítulos que se seguem trazem estratégias práticas que podem ser implementadas não só para aliviar sintomas de falsa ansiedade, mas também evitá-los por completo. Penso nessas intervenções como conquistas fáceis de se obter — sugestões que faço aos pacientes no início do tratamento para que possam experimentar alguns ganhos rápidos e comecem a ter mais clareza mental para enfrentar a ansiedade verdadeira, mais desafiadora. Vamos discutir mudanças que você pode fazer em seus hábitos de sono; sua relação com a tecnologia; os alimentos que come; e o estado de seu intestino, sistema imunológico e hormônios. Por fim, chegaremos a técnicas eficazes para liberar o estresse que inevitavelmente acumulamos na vida. Alguns de meus pacientes nem precisam ir além desses passos; a vida deles está boa, mas precisam modificar os hábitos para melhorar a saúde mental e física. São os que lidam exclusivamente com ansiedade falsa e conseguem se sentir melhor com relativa rapidez.

Isso dito, mesmo que você esteja "só" lidando com ansiedade falsa, é importante notar que qualquer mudança pode ser difícil de sustentar — sempre é fácil voltar a rotinas familiares. Em particular, minhas recomendações sobre o que comer e beber são um desafio significativo a muitos de meus pacientes — mas essas mudanças também muitas vezes são as que têm mais impacto em amenizar a ansiedade. Mas você não precisa obedecer a todos os meus conselhos nem fazer todas as mudanças de uma vez ou em uma determinada ordem. Comece com o que parecer se aplicar mais a você e faça um plano que se encaixe bem em suas circunstâncias.

A quantidade certa de esforço será diferente para cada um. Por exemplo, se, fora a ansiedade, você estiver se sentindo fisicamente bem, e seu corpo em geral funcionar normalmente, não acho que seja necessário se especializar em preparação de marmitas ou fazer mudanças radicais em sua dieta. Por outro lado, se alguma disfunção corporal estiver impedindo que você seja sua melhor versão, vale a pena colocar bastante esforço em restaurar o equilíbrio do seu corpo. Qualquer pequeno sacrifício que você faça em termos de dieta será mais do que recompensado pelo fato de que você poderá viver sem problemas digestivos e passar seu dia sem pânico. A capacidade de experimentar um conforto contínuo em seu corpo vale basicamente qualquer desconforto inicial.

A maioria de meus pacientes está em algum lugar entre esses dois polos — não está funcionando da maneira ideal, mas também não se encontra em um estado de sofrimento agudo. Talvez você também esteja assim. Antes de prosseguirmos, vale a pena tirar um momento para se analisar. Quanto você está sofrendo? Seu esforço e sacrifício devem ser proporcionais ao seu grau de desconforto. É uma equação profundamente pessoal, mas, no geral, nosso objetivo é chegar a um equilíbrio de qualidade de vida.

Também é importante notar que a *tranquilidade* é, em si, um poderoso agente de cura. Ficar angustiado com cada escolha alimentar com certeza não ajuda a resolver a ansiedade. No ambiente alimentar moderno dos Estados Unidos, é especialmente difícil acertar esse passo. Quero que meus pacientes considerem com atenção suas escolhas alimentares e busquem as comidas de melhor qualidade que possam encontrar e pelas quais possam pagar, mas não quero que fiquem estressados com cada refeição ou se preocupem com o que vai acontecer se comerem fast-food em uma viagem.

Digo a eles o que direi a você: faça seu melhor e não busque a perfeição. No mundo ocidental, é muito difícil comer bem — nossos sistemas falharam conosco, e isso às vezes pode fazer com que encontrar comida saudável seja uma tarefa impossível, especialmente quando você não está em casa. Faça as melhores escolhas que conseguir com as circunstâncias que tem — e certifique-se de se permitir uma indulgência ocasional. Se um sorvete ou biscoitos caseiros lhe trazem alegria, às vezes, isso é mais importante do que evitar um pico de glicemia.

Todos temos de encontrar nossa própria noção de estabilidade. Ter uma saúde perfeita não é um objetivo em si mesmo; o objetivo é se sentir bem e ter uma vida gratificante. Se sua saúde está impedindo que você tenha essa vida, é hora de arregaçar as mangas e começar a trabalhar. Se o próprio trabalho de tornar seu corpo saudável está atrapalhando a realização, então, é hora de relaxar um pouco. Com esse equilíbrio em mente, vamos observar os aspectos da vida que podem estar causando a ansiedade evitável em você.

5

Cansado e ligado

"Comecei a ler antes de dormir em vez de ficar rolando o Twitter e não só estou dormindo muito bem como também acho que sou melhor que todo mundo."
— Alex *@alexgmurd*

Sabemos que uma boa noite de sono é essencial para nosso bem-estar, mas poucos percebemos como isso é crucial para a saúde do cérebro. A conexão entre sono e ansiedade é uma conversa crítica de mão dupla: a ansiedade favorece a insônia, e a falta de sono crônica nos torna propensos à ansiedade. Quase 40 milhões de norte-americanos têm problemas de insônia crônica.[1] Mas, com algumas notáveis exceções — trabalho noturno, certos transtornos do sono, entre eles o *jet lag* —, os problemas modernos de insônia são eminentemente resolvíveis. O que é bom, porque provavelmente não há tratamento mais eficaz ou acessível para a ansiedade do que dormir. É de graça, é gostoso e *funciona*.

Embora haja alguns gatos pingados que ainda não receberam o aviso de que precisam priorizar o sono, o que vejo com mais frequência em meus pacientes é que, apesar de suas melhores intenções, o sono foge deles. Para muitos, o desafio é que, quando somam trabalho, tempo de transporte, cozinhar, cuidar dos filhos, a logística da vida e talvez um minuto para relaxar, simplesmente não sobram oito horas para dormir. Mesmo quando os astros se alinham, e eles conseguem se deitar no horário, podem ficar lá com pensamentos rodando sem parar ou acordar no meio da noite e não conseguir mais pegar no sono. A realidade é que muito de nossa insônia é causado por nosso ambiente e as escolhas aparentemente pequenas que fazemos a cada dia. Por sorte, nosso corpo *quer* dormir e sabe como fazer isso — o truque é escutar as pistas dele, fornecer-lhe as condições certas e não o atrapalhar.

POR QUE O SONO É IMPORTANTE

Do ponto de vista da sobrevivência, dormir parece uma coisa bem desadaptada. Por que raios íamos querer ficar vulneráveis — suscetíveis e inconscientes por oito horas ininterruptas no escuro — enquanto nossos predadores estão por perto? O fato de que fazemos isso apesar do quanto era perigoso nos primórdios da evolução humana aponta para a necessidade — *deve* haver um bom motivo para nosso corpo precisar se restaurar dessa forma rotineiramente, ou não nos deixaríamos tão indefesos. De fato, não é possível renunciar ao sono: privação e interrupção de sono causam problemas cognitivos e emocionais graves, e animais que ficam sem dormir por várias semanas acabam morrendo de infecções e lesões teciduais.[2] Embora o mundo da ciência ainda não tenha aberto por inteiro a caixa-preta dos mistérios do sono, descobriu alguns de seus processos críticos. Sabemos, por exemplo, que a consolidação da memória ocorre durante o sono — no qual integramos os aprendizados do dia em redes pré-existentes do cérebro, colocando-os em armazenamento de longo prazo — e que o corpo repara células,[3] luta contra infecções[4] e restaura a energia durante esse tempo.[5,6]

Mas uma das funções mais vitais do sono é permitir a desintoxicação do cérebro. Ao fim de um dia longo, seu cérebro trabalhou duro. Pensar exige muita energia, e toda essa atividade gera lixo metabólico e subprodutos tóxicos, incluindo beta-amiloide e oligômeros tau — que, por sinal, são os mesmos depósitos encontrados no cérebro de pacientes de Alzheimer, embora em um grau mais severo. Eles se acumulam no cérebro durante o dia, e o sistema glinfático, um subconjunto do sistema linfático encontrado no sistema nervoso central, os limpa durante a noite.[7,8,9] Quer dizer, desde que estejamos dormindo. Mas, se o sono estiver comprometido, o corpo nunca tem a chance de arrumar a bagunça criada pelo levantamento de peso neurológico diário.

Pense no cérebro como uma pequena cidade. A atividade nas casas e lojas do cérebro gera lixo, e, no fim do dia, esse lixo é empilhado nas vielas. Aí, enquanto você dorme, caminhões de lixo — também conhecidos como sistema glinfático — pegam os sacos e levam embora. Mas, se você não dormir, o lixo não é recolhido. Então, no dia seguinte, você segue sua vida com sacos de lixo empilhados nas vielas do cérebro. Sua cabeça dói um pouquinho, é difícil pensar com clareza, você fica com menos coordenação motora, mal-humorado e ansioso. Se um dia você cuidou de um recém-nascido, virou a noite estudando para uma prova ou trabalhou no turno da noite, sabe exatamente como é essa sensação.

Uma razão comumente citada para não conseguir dormir é o estresse — que é notável, porque o neurotransmissor noradrenalina, um agente central na reação ao estresse, também tem um papel na regulação da atividade do sistema glinfático.[10] Isso significa que a falta de sono *e* o estresse crônico podem ambos interromper a remoção necessária de lixo cerebral, potencialmente prejudicando a capacidade do cérebro de se desintoxicar.[11] Administrando o estresse *e* priorizando o sono, permitimos que o sistema glinfático faça a desintoxicação com regularidade — diminuindo a ansiedade basal na manhã seguinte e potencialmente nos protegendo de declínio cognitivo a longo prazo.

QUE SE FAÇA A ESCURIDÃO

Na "sala do conselho da evolução", os diretores se sentaram ao redor da mesa e debateram: "Como vamos fazer os humanos se sentirem acordados durante o dia e cansados à noite?". Um membro do comitê deve ter sugerido usar a luz como indicação — sentir-se acordado quando o sol está brilhando e cansado quando escurece. Essa sugestão foi um sucesso instantâneo, e rapidamente foi incluída no desenho humano.

Era um plano brilhante. E infalível — até o advento da eletricidade. Aí, inventamos a lâmpada, o iPhone e a Netflix, e agora ninguém consegue dormir. O principal motivo para a dificuldade de pegar no sono é que o ciclo circadiano, o relógio interno do corpo, recebe suas pistas da luz, e, na vida moderna, ele está recebendo todos os sinais errados. Nos sentamos em ambientes internos iluminados artificialmente de dia — quase sem ver o sol — e, à noite, nos vemos em meio a um show de luzes psicodélico de TVs, laptops e telefones — tudo com um pano de fundo de poluição luminosa ambiente bem em frente às nossas janelas.

Este é o processo segundo o qual o corpo dita seu relógio interno: há uma linha de comunicação entre a glândula pineal — que secreta melatonina, o hormônio do sono — e uma parte do cérebro chamada núcleo supraquiasmático (NSQ), que, por sua vez, está diretamente conectado aos olhos por meio do nervo ótico. Podemos pensar no NSQ como nosso relógio interno, e o principal método dele para dizer que horas são é escanear a paisagem em busca de pistas luminosas. Só quando os olhos recebem um aporte consistente de escuridão é que o NSQ se convence de que é noite, mandando o sinal verde para a glândula pineal secretar melatonina.

Pense na melatonina como se fosse dinheiro — é difícil de ganhar e fácil de gastar. E, essencialmente, é possível ganhar melatonina estando envolvido em uma escuridão autêntica e ininterrupta durante a noite, e é exatamente o que falta à maioria de nós na vida moderna. Com um olhar para o telefone ou um acender da luz do banheiro à noite, o NSQ diz à glândula pineal: "Esquece, não é noite, não".

Então, toda melatonina suada é desperdiçada. Para colocar o ciclo circadiano de volta nos trilhos e dormir bem na vida moderna, precisamos consertar a melatonina consertando as pistas luminosas.

É possível fazer isso expondo os olhos à luz clara natural logo de manhã; isso inicia o relógio interno, que dispara a cascata hormonal que nos ajuda a ficar acordados durante o dia e cansados à noite. Então, abra as janelas assim que acordar. Passe um tempo ao ar livre à luz do sol e saia sem óculos escuros. Idealmente, esteja lá fora antes das nove horas da manhã, mesmo que só para uma volta rápida no quarteirão ou dois minutos no degrau da entrada de casa.

À noite, é mais desafiador recriar as condições dos primórdios da vida humana, mas a tecnologia também tem suas vantagens. Instale reguladores de intensidade e diminua as luzes em casa após o pôr do sol. Programe seus aparelhos para o modo noturno e instale um programa como o f.lux no computador para que a tela, à noite, fique com um tom âmbar (e, portanto, seja menos prejudicial ao ciclo circadiano). Entendo que não é fácil nem realista viver em um ambiente livre de luz azul toda noite; estou digitando este parágrafo em meu laptop às 22h57 (sou uma mãe que tem um trabalho em período integral e ninguém para cuidar da criança durante uma pandemia, então, contra todos os meus próprios conselhos, este é o horário em que escrevo). Mas também estou usando óculos que bloqueiam a luz azul, com lentes especiais que filtram essa luz do meu computador e impedem que ela impacte meu ciclo circadiano. Recomendo a qualquer um que esteja tendo dificuldade de dormir que considere usá-los do pôr do sol até a hora de se deitar.

Essa luz azul também é o principal motivo para eu pedir que todos os meus pacientes *deixem o telefone fora do quarto*. Os celulares onipresentes emitem luz azul, suprimindo assim a melatonina à noite e interrompendo o ciclo circadiano.[12] Além do mais, ficar rolando a tela sem parar antes de ir para a cama nos mantém acordados para além do ponto em que estamos perfeitamente cansados. Passamos do ponto de sonolência ideal para um estado de "cansaço excessivo", em que nosso corpo secreta cortisol, tornando mais difícil pegar no sono e continuar adormecido. E, quando o celular está na mesa de cabeceira, olhamos toda vez que acordamos à noite, enviando um choque de luz azul para o cérebro, como uma dose de café expresso. Colocar o carregador fora do quarto e se comprometer com uma cama livre de telefone parece, de início, intimidador. Apenas teste este conselho por uma semana e veja se você realmente sente falta do celular. Se você usa o aparelho como despertador, experimente usar, em vez disso, um despertador daqueles antiquados.

Por fim, quando chegar a hora de desligar todas as luzes e ir dormir, tente criar um ambiente o mais escuro possível. Considere usar uma máscara de dormir ou cortinas blecaute. Remova qualquer eletrônico desnecessário do quarto. Se você acordar no meio da noite, tente não deixar seus olhos "verem" nenhuma luz. Se você for ao banheiro às três da manhã, experimente tatear de olhos semicerrados — ou seja, abra-os só o suficiente para encontrar o caminho do banheiro. Se precisar de um abajur, compre um com luz laranja.

Meu paciente Travis lutou contra insônia grave por anos. Ele tentou *tudo*. Depois de exaurirmos todas as estratégias de estilo de vida, incluindo eliminar cafeína e adicionar óculos para bloquear luz azul, e tentarmos TCC-I (terapia cognitivo-comportamental para insônia — uma estratégia eficaz, mas intensa, para lidar com a insônia com base na restrição e eficiência do sono), continuávamos perdidos. Parecia ser hora de dar uma receita de zolpidem para o homem. Mas eu sabia, em algum nível intuitivo, que a falta de sono de Travis estava relacionada ao ambiente moderno e, portanto, devia ser tratável com mudança de estilo de vida — mas simplesmente não conseguíamos fazer progressos. Ele trabalhava como engenheiro de software, passava os dias olhando para uma tela de computador e morava em um apartamento num arranha-céu em Nova York, com bastante poluição luminosa de postes na rua e de escritórios entrando por suas cortinas blecaute. E, aí, um dia, me veio a ideia de sugerir que ele fosse acampar em um feriadão.

Travis resistiu de imediato, argumentando que minha recomendação parecia muito extrema. Não sei se um dia um psiquiatra já lhe disse, do conforto de sua poltrona reclinável em seu consultório climatizado, que você devia ir acampar, mas sou a primeira a admitir que *é* mesmo um pouco radical.

Mas o negócio é o seguinte: não podemos debater com os genes. Como o corpo evoluiu com um ciclo circadiano que usa sinais contextuais como o sol e a claridade, de dia, e a lua e a escuridão, de noite — e a vida moderna virou todo o roteiro de cabeça para baixo —, sempre é útil encontrar caminhos para voltar a um estado mais natural. Acampar restaura essas pistas contextuais originais.

Acampar é tipo comida orgânica. Ou seja, o que antes era simplesmente a forma como as coisas eram, agora, é uma *escolha* de estilo de vida bastante elaborada. Comida orgânica antes era só *o que a comida era* — alimentos cultivados em solo saudável sem o uso de substâncias químicas —; acampar antes era só *o que a vida era* — viver em proximidade com a natureza, dormir perto do solo, com abundância de sol durante o dia e escuridão à noite. Então, da perspectiva dos genes, a *vida moderna* parece extrema, e dormir sob as estrelas parece familiar.

Por fim, Travis relutantemente foi acampar. E, com a completa ausência de luz artificial à noite, ele dormiu como um bebê. Aquela viagem foi há seis anos. Falo com Travis para ver como ele está de tempos em tempos, e ele continua dormindo bem — um ritmo novo e muito bem-vindo para ele, garantido por acampamentos ocasionais de fim de semana. Então, se você está sofrendo com insônia e acha que tentou *tudo*, faça as malas e leve-se para a natureza. Não há forma mais poderosa de endireitar um ciclo circadiano confuso do que dar a ele pistas originais.

Trabalho noturno

Durante cinco anos, fiz plantões noturnos no hospital. Eu me lembro da cultura de sair para tomar um brunch na manhã seguinte, acalmando os nervos em frangalhos com café. Embora café e panquecas dessem uma euforia temporária, a longo prazo, só nos sentíamos mais fritos e ansiosos.

Trabalhar à noite sobrecarrega consideravelmente o corpo, e, inclusive, pessoas que fazem esse turno têm mais probabilidade de sofrer de uma série de problemas de saúde, entre eles obesidade,[13] doenças cardiovasculares[14] e câncer de mama.[15,16] Uma teoria é que a exposição à luz durante a noite suprima a melatonina, o que compromete a resposta imune e a capacidade do corpo de lidar com cânceres nascentes. Ficar acordado durante a noite também desequilibra hormônios como leptina e grelina, envolvidos em apetite, saciedade e saúde metabólica.[17] Tudo isso para dizer que os riscos de trabalhar à noite não devem ser menosprezados. Se você precisa fazer esses turnos, meu conselho é usar suas horas diurnas para dar ao corpo aquilo de que ele precisa para se recuperar. Para restaurar sua fisiologia básica, é importante desenvolver alguma disciplina em relação a dormir de dia. Quando você sair do trabalho, use óculos que bloqueiam luz azul, que filtrarão os raios azuis do sol que dizem ao seu cérebro que é dia. Depois do trabalho, vá direto para casa, feche as cortinas blecaute e deite-se usando máscara de dormir. Faça tudo o que puder para convencer seu cérebro de que é noite, e dê a si mesmo o presente de um descanso restaurador antes de começar seu próximo turno.

UM ARGUMENTO A FAVOR DE IR DORMIR MAIS CEDO

Na faculdade, em geral eu dormia de duas da madrugada às dez horas da manhã, pensando: *Desde que eu durma minhas oito horas, não importa qual o período*. Tudo bem que meu corpo parecia uma máquina com as molas saltando para fora. Acontece que o corpo humano funciona melhor de acordo com um cronograma sincronizado com o sol.

Quando antropólogos estudam as últimas sociedades coletoras-caçadoras pré-industriais remanescentes, consistentemente acham algo interessante: essas tribos tendem a ir dormir cerca de três horas após o pôr do sol.[18] (Também, por acaso, não existe uma palavra no idioma delas para "insônia", por ser uma ocorrência muito rara.) Essas populações estão espalhadas pelo globo e definitivamente não estão tuitando sobre cronobiologia, então, chegaram de forma independente a esse horário de dormir, o que mostra que algo em se deitar três horas depois do pôr do sol parece inerentemente ideal para os humanos. Note que não é um horário definido — ele varia de acordo com a época do ano e onde você está no planeta. No hemisfério norte, seu horário de dormir pode ser às 23 horas em junho e às 20h30 em dezembro. Se você preferir uma recomendação mais universal, sugiro entre 21h30 e 22h45 para a maioria das pessoas na maior parte do ano.

Quando perdemos essa janela — seja porque estamos tentando fazer mais algumas tarefas, seja porque estamos nos divertindo na rua, seja porque achamos a Netflix tentadora demais —, nosso corpo entra em uma reação de estresse. Ele pensa: *Deve ter um bom motivo para eu não estar indo dormir quando estou cansado; talvez eu esteja correndo perigo ou esteja cuidando da segurança da tribo no turno da noite*. E o corpo libera cortisol, fornecendo uma onda de energia e alerta para apoiar a aparente necessidade de estar acordado no que ele acha serem circunstâncias excepcionais. É isso que "excesso de cansaço" quer dizer. Se você não tem filhos, talvez esteja pensando: *Excesso de cansaço... Isso não existe. Você fica cansado, e aí fica* mais *cansado*. Mas quem é pai ou mãe sabe exatamente do que estou falando. Quando tive minha filha, conheci (do jeito mais difícil) esse estado adorável em que as crianças ficam tão cansadas que não conseguem dormir. Veja, quando bebês estão cansados, eles têm uns sinais fofos — bocejam e esfregam os olhos. Mas, na verdade, a situação não é nada fofa; é praticamente uma emergência. Se você vir um bebê cansado, precisa largar o que quer que esteja fazendo e colocá-lo no berço antes que seja tarde demais. Por quê? Porque os bebês que dormem quando estão perfeitamente cansados dormem. Porém, se você perder essa janela, os bebês ficam excessivamente cansados — e, por mais que você tente, eles não dormem. E os pais, naquele dia, podem não conquistar objetivos básicos de higiene ou vida adulta.

Quando os bebês ficam excessivamente cansados, o corpo deles libera cortisol, deixando-os cansados e ligados. E, aparentemente, o corpo dos adultos faz a mesma coisa. Em muitos sentidos, somos só bebês gigantes, afinal. Faça um favor a si mesmo e familiarize-se com seus próprios sinais de cansaço. Pegar no sono no sofá lhe é familiar? Em meu caso, comecei a notar que esfrego as sobrancelhas quando estou cansada. Quando passo desse ponto e fico excessivamente cansada, tomo um novo fôlego. Começo a ficar com calor e de repente me vejo mergulhando no abismo da internet ou organizando a cozinha. Quando finalmente tento pegar no sono, fico me revirando. É como se eu sentisse meu corpo exausto batalhando com o cortisol que corre pelas minhas veias.

Então, quando você notar seus sinais de cansaço, pare o que estiver fazendo e enfie-se na cama antes que seja tarde demais. Se preferir uma recomendação mais simples, aqui está: vá dormir mais cedo.

Tempo para mim, não tempo para a tela

Se você acha que os últimos 45 minutos olhando o celular à noite é seu único "tempo para si" ou oportunidade de relaxar, não está sozinho. Isso é um hábito entre muitos de meus pacientes, de todas as idades e circunstâncias. Existe até um termo chinês para esse comportamento — **報復性熬夜**, que se traduz de forma rudimentar como "procrastinação de vingança na hora de dormir" — que ocorre quando "as pessoas que não têm muito controle sobre a vida durante o dia se recusam a dormir cedo para recuperar algum senso de liberdade durante a madrugada".[19] Esse astuto conceito oferece sua própria solução, no sentido de que deixa claro como é importante achar um bolsão de tempo para si em outro momento do dia — que não seja destrutivo para o sono. Como podemos criar uma vida diurna em que não precisemos nos rebelar contra tudo à noite? Fora virar a sociedade capitalista de ponta-cabeça, algumas das soluções que encontrei para meus pacientes vão de tirar alguns minutos da manhã para refletir silenciosamente a recusar alguns planos sociais e fazer uma caminhada de vinte minutos após o jantar, relaxando do dia.

NUTRIÇÃO E SONO: FAMINTO E IRRITADO DO DIA PARA A NOITE

Muitos de meus pacientes me dizem que, mesmo quando conseguem pegar no sono, têm dificuldade de *permanecer* dormindo a noite toda. Há muitos motivos pelos quais você pode acordar no meio da noite, mas o mais comum é interrupções no sono serem atribuídas a flutuações na glicemia.

O maior período de tempo entre as refeições, para a maioria de nós, acontece enquanto dormimos. Embora esse estado de jejum seja importante para a reparação celular e para dar um descanso ao aparelho digestivo, a glicemia flutua durante a noite, assim como durante o dia. Se você costuma ficar irritado e mal-humorado quando está com fome às três da tarde, o equivalente durante a noite é acordar às três da manhã com pensamentos acelerados, incapaz de voltar a dormir. Isso costuma ocorrer quando a glicemia cai durante a madrugada e o corpo contra-ataca com uma reação de estresse. Nos quatro estágios de sono — que incluem os três estágios progressivamente mais profundos de sono NREM (sigla em inglês para sem movimento rápido dos olhos) e o sono REM, quando sonhamos —, uma reação de estresse pode tornar o sono mais superficial, arrancando-o dos estágios mais profundos e tornando mais provável que você acorde com um solavanco. A solução é manter a glicemia estável durante a noite. Como é possível fazer isso, exceto com um banquete ou um lanchinho à meia-noite? Bem, em geral, ter uma dieta que estabilize a glicemia ou retreinar sua fisiologia com jejum intermitente pode evitar esse problema antes que ele aconteça. Mas, numa urgência, meu truque é manter um pote de pasta de amêndoas ou óleo de coco ao lado da cama e dar uma colherada imediatamente antes de escovar os dentes à noite. Se você acordar no meio da noite se sentindo agitado e ansioso, dê outra colherada. Esse grande bolo alimentar de gordura e proteína tem digestão e absorção lentas, e, portanto, fornece uma rede de segurança estável de glicemia para carregá-lo a noite inteira sem uma reação de estresse induzida por uma queda glicêmica.

Um expresso antes de dormir

Muitas pessoas estão presas ao círculo vicioso e viciante da cafeína: exaustos toda manhã, viramos uma xícara; ao murchar à tarde, tomamos outra… só para descobrir que é difícil pegar no sono à noite. Com os olhos injetados na manhã seguinte, recomeçamos o ciclo. Esse ritual ou aquela sensação de quando seu cérebro parece um carro que se recusa a ligar, e o café, com seu aroma, parece a única salvação, não me são estranhos. Essa sensação, no entanto, é tipo abstinência de cafeína. Condicionamos fisiologicamente o corpo para *precisar* de cafeína assim que acordamos, então, ele se recusa a funcionar sem isso.

Você talvez não acredite que uma inocente xícara de café de manhã possa impactar seu sono umas quinze horas depois. Mas a maior parte das pessoas subestima quanto tempo a cafeína fica no corpo. Lembra o conceito de meia-vida das aulas de química do ensino médio? A cafeína tem uma meia-vida média de cerca de cinco horas,[20] o que significa que seu corpo levou cerca de cinco horas para metabolizar *metade* da cafeína que você bebeu hoje de manhã e vai levar mais cinco para metabolizar a outra metade, e assim por diante. Isso é importante porque quer dizer que uma parte do seu café com leite das nove horas ainda está zunindo no seu cérebro à noite, e, mais premente, quer dizer que tomar uma xícara de café às 15h30 é equivalente a beber meia xícara às 20h30. A maioria das pessoas que sofre de insônia não ousaria consumir cafeína à noite — apesar disso, seu consumo durante o dia tem o mesmo impacto. Como até um pouquinho de cafeína pode atrapalhar o sono, é melhor restringir o café a de manhã cedo e diminuir a ingestão geral. Não importa se você está tomando uma xícara de café aparentemente benigna de manhã, sentindo-se virtuoso bebendo *matcha* (que é basicamente combustível espacial instagramável) de tarde ou curtindo uma Coca Zero à noite, tudo isso tem consequências para seu sono *e* sua ansiedade. Vamos falar como você pode reduzir a cafeína de forma realista no capítulo 7.

O tamanho de sapato do sono

Os pacientes me perguntam com frequência: "Qual a quantidade ideal de sono?". Muitos de nós estão familiarizados com a ideia de que as pessoas precisam de sete a nove horas de sono. Aliás, como delineia o cronobiólogo Till Roenneberg em seu livro *Internal Time* [Tempo interno], as necessidades de sono dos seres humanos modernos são distribuídas em uma curva em formato de sino, em que 95% da população precisa de sete a oito horas.[21] Só uma pequena porção verdadeiramente funciona de modo ideal com menos de sete horas de sono,[22,23,24] embora eu estime que cerca de metade dos nova-iorquinos como eu dorme menos que isso de forma constante.

Mesmo que você esteja comprometido com uma boa noite de sono, não é como estar em um restaurante, olhando um cardápio e selecionando o número de horas que precisamos como se fosse um prato principal: *Vamos ver, as opções são sete, oito ou nove horas de sono. Hummm... Vou querer sete, por favor*. Não podemos *escolher* quanto sono nosso corpo precisa. É algo único à nossa constituição. Uma vez, ouvi isso ser descrito como "o seu tamanho de sapato do sono". Ou seja, seu corpo precisa de certo número de horas dormindo. Se você é tamanho sete, pode dormir sete horas — você vai se sentir bem. Mas, se você é tamanho nove, sete horas não vai adiantar. Imagine que seus pés sejam tamanho quarenta e você caminhe o dia todo com sapatos tamanho 38... Vai doer! A chave é conhecer seu tamanho de sapato do sono e protegê-lo ferozmente. Se você não tem certeza qual a quantidade certa de sono para seu corpo, talvez tenha de separar um período de semanas para recuperar o sono perdido e se permitir acordar sem alarme. Rastreie quanto sono seu corpo quer depois de você estar geralmente descansado e acordando sozinho. Suas necessidades de sono variarão a depender de alguns fatores — doença, estresse e exercício intenso podem aumentar a necessidade de descanso. Mas é uma boa ideia ter uma noção geral das necessidades do seu corpo e usar o tamanho certo de "sapato" a cada noite.

Um recado especial a meus amigos tamanho nove: sei que parece que os tamanhos sete e oito aproveitam mais a vida porque não precisam dormir tanto. Faça as pazes com o fato de que você precisa de nove horas de sono e dê a si mesmo esse tempo para recarregar. Dormir não é perda de tempo — é ouro puro. Em vez de se ressentir do seu corpo, honre-o por saber que o sono é uma forma válida de passar um bom pedaço da vida. Quanto antes você reconhecer sua necessidade de nove horas de sono e dormir essas horas consistentemente, mais cedo sua saúde — e ansiedade — chegará a um estado de calma e equilíbrio.

Meio-sono

Quando acordamos no meio da noite, temos a tendência de ficar estressados com isso — olhando para o relógio e entrando em pânico de ficar cansado no dia seguinte. Mas, em muitos casos, acordar no meio da noite, na verdade, é uma ocorrência fisiológica normal chamada "meio-sono". É uma quebra entre dois segmentos do sono. Embora o meio-sono seja normal, expor o cérebro à luz azul no meio da noite pode confundir seu ciclo circadiano, levando à supressão de melatonina e à dificuldade de voltar a dormir. Então, da próxima vez que você acordar no meio da noite, pense se pode ser a pausa entre dois blocos de quatro horas de sono. Em vez de ficar estressado, simplesmente proteja-se da luz azul — ou seja, não olhe o celular — e curta o tempo sem pressão de voltar a dormir. Em geral, é provável que você fique naturalmente sonolento depois de quinze a sessenta minutos. Normalmente, a angústia em ficar acordado e o ato de olhar incessantemente o relógio nos levam a uma reação de estresse, que esmigalha qualquer esperança de relaxar e voltar a dormir. Em vez disso, tente descansar com os olhos fechados no escuro, confiando que é um despertar normal no meio de segmentos de sono. Antes que você perceba, vai ter dormido de novo. O paradoxo fundamental da higiene no sono é que, embora o sono seja essencial para a saúde física e mental, é mais fácil dormir quando não pensamos demais nele. Precisamos dizer a nós mesmos não só que dormir o suficiente é importante, mas também que vamos ficar bem de toda forma.

É possível dormir demais?

Eis o que eu acho: não.

O corpo dorme o quanto ele precisa. Mas precisar dormir muito pode ser um sinal de problemas subjacentes. Vejo três cenários comuns que causam "sono excessivo".

1. Mais comum: seu corpo está certo, a sociedade está errada.

    I. Você pode simplesmente precisar dormir demais, mas nossa sociedade obcecada por produtividade nos diz que é errado. Você é uma pessoa que precisa de nove horas de sono (como muitos de meus pacientes com ansiedade), mas questiona isso e se pergunta se há algo de errado com você? Não há. Para você, dormir menos de nove horas pode contribuir para a ansiedade.

2. Há uma doença subjacente que está aumentando a necessidade de sono de seu corpo (e que pode contribuir independentemente para a ansiedade).[25] Exemplos incluem:

    I. Hipotireoidismo.

    II. Depressão (tanto a depressão quanto a necessidade aumentada de sono podem ser independentemente causadas por inflamações — mais sobre isso no capítulo 8).

    III. Infecções crônicas (como o vírus Epstein-Barr ou doença de Lyme).

    IV. Sintomas de Covid-19 longa.

    V. Efeitos colaterais de medicação (por exemplo, antipsicóticos atípicos como aripiprazol).

Se alguma dessas possibilidades se aplica, lide com a causa-raiz para ajudar a recalibrar a necessidade de sono de seu corpo. Se você for só alguém que precisa de nove horas de sono, durma essas nove horas.

SOLUÇÃO DE PROBLEMAS: APOIOS PARA O SONO

Se você tentou todas as soluções acima e ainda está com dificuldade de dormir, há outras práticas fáceis e pouco tecnológicas que podem ajudar, como escrever sua lista de tarefas antes de se deitar (isso efetivamente terceiriza seus problemas a um pedaço de papel, e sua mente pode parar de fazer malabarismos e relaxar),[26] exercícios de respiração e relaxamento muscular progressivo — que basicamente significa alternadamente tensionar e relaxar os grandes músculos do corpo. Além disso, não subestime o fato de que a ansiedade noturna é em ampla medida determinada por quão bem administramos o estresse durante o dia. Quanto mais você puder fazer para colocar relaxamento em suas horas diurnas, mais calmo se sentirá no escuro. Nesse sentido, todas as sugestões de redução da ansiedade deste livro ajudam a melhorar seu sono.

Além dessas intervenções, há alguns auxiliares seguros para o sono que vale a pena explorar:

Magnésio glicinato: o magnésio tem a ver com mais de seiscentas reações bioquímicas no corpo, e suplementá-lo pode ajudar com insônia, ansiedade,[27] depressão,[28] enxaquecas,[29] cólicas menstruais,[30] tensão muscular e muitos outros males. A maioria de nós tem deficiência de magnésio porque nosso alimento é cultivado em solo empobrecido de minerais. Se você come vegetais recém-colhidos de solo rico em minerais à sombra de um vulcão, seus níveis de magnésio devem ser bons. Mas, se você tira seu sustento do agronegócio anêmico, provavelmente se beneficiaria com uma suplementação. Além de insônia e ansiedade, outros sinais de que você pode estar com deficiência incluem dores de cabeça, fadiga e cãibras musculares.

Recomendo que quase todo mundo suplemente de 100 a 800 mg de magnésio glicinato na hora de dormir. Se você ficar com diarreia, diminua a dose. Se não quiser tomar magnésio em pílulas, há fontes alimentares (como chocolate amargo, sementes de abóbora, folhas verdes, abacates, bananas e amêndoas) ou você pode absorvê-lo pela pele durante um relaxante banho com sal de Epsom. Alterno minha ingesta de magnésio entre pílulas e um mergulho em sais de Epsom.

Cobertores ponderados e almofadas de resfriamento: tive muitos pacientes, ao longo dos anos, que se beneficiaram de um cobertor ponderado, sentindo que acalma seu sistema nervoso. Pense como se fosse um abraço ou a segurança de ser envolvido por uma manta de bebê. Há evidências preliminares de que possa ajudar tanto com a ansiedade quanto com a insônia.[31]

Almofadas de resfriamento, para algumas pessoas, também mudam tudo. Os seres humanos dormem melhor em um quarto frio (em torno de 18 °C é o melhor).[32] Provavelmente é porque um quarto frio se aproxima da queda de temperatura que ocorre no ambiente natural após o pôr do sol, o que ajuda a dar a pista da cascata de hormônios do sono. Se você sabe que fica com calor à noite, almofadas de resfriamento podem ser programadas para fazerem a cama ficar quentinha e aconchegante quando você se deitar e depois esfriar ao longo da madrugada para manter seu corpo em um sono profundo.

Monitores de sono: monitores de sono têm um benefício significativo, que é fazer as pessoas começarem a priorizar o sono e reconhecer, em primeira mão, que coisas como álcool, dormir tarde e telas à noite impactam *objetivamente* a qualidade do sono, tornando-o comprovadamente pior. Pesquisas mostraram que álcool, em qualquer quantidade, pode permitir que você pegue no sono mais rápido, mas também aumenta as chances de você se vir acordado na segunda metade da noite.[33] Os fatos estão aí, mas, se você precisa de um dispositivo chique para se convencer de que o álcool impacta negativamente seu sono, vá nessa.

Melatonina: melatonina não é uma substância indutora do sono, mas *é* uma substância que diz ao seu corpo que horas são,[34,35] e é por isso que tomá-la em comprimidos ajuda tanta gente a dormir, já que neutraliza as pistas luminosas modernas e confusas. Pode me chamar de antiquada, mas sou a favor de usar o *horário* de verdade para dizer ao corpo que horas são. Em outras palavras, usar tudo neste capítulo, especialmente escolhas estratégicas sobre exposição à luz de manhã e à noite, permitirá que seu corpo produza melatonina de forma endógena (ou seja, de dentro do corpo). Tendo a acreditar que a forma em pílula nunca vai ser tão boa quanto a substância lindamente orquestrada que nosso corpo consegue secretar em quantidade perfeita, no momento perfeito, em reação às pistas apropriadas. Em outras palavras, pode tomar melatonina em um voo noturno, mas, fora isso, permita que seu corpo experimente a escuridão à noite e desfrute do sono restaurador profundo criado pela melatonina natural dele.

6

Tecnoansiedade

"A tecnologia, lembre, é uma coisa estranha. Ela lhe traz excelentes presentes com uma das mãos e o esfaqueia nas costas com a outra."
— C. P. Snow

Em um dia qualquer, podemos mandar mensagens de texto no Snapchat, Zoom, na DM, no Fortnite e fazer um FaceTime — e, embora isso possa dar a ilusão de termos diversas interações sociais, nenhum deles está alimentando por inteiro a necessidade humana fundamental de conexão. Sem o contexto sensorial de estar com outras pessoas na vida real — os sons, cheiros e toques do contato pessoal, e a experiência compartilhada do que está acontecendo ao redor —, nossas várias interações na tela não estão resolvendo a necessidade de comunhão. Como seres humanos, somos criaturas sociais; não importa quanto sejamos introvertidos, conexão pessoal é uma necessidade não negociável. Quando, porém, extraímos sentimento de comunidade principalmente de telas, podemos nos sentir mais desconectados e ansiosos do que apoiados. Como mostram pesquisas recentes, o uso de redes sociais é associado a taxas mais altas de depressão e ansiedade.[1] Um estudo descobriu que experimentamos uma queda de humor depois de apenas vinte minutos de uso de Facebook.[2] Também há pesquisas demonstrando que reduzir o uso de redes sociais pode elevar o bem-estar.[3]

E, mesmo antes de a pandemia de Covid-19 chegar, levando todo mundo a ficar em casa, olhando suas telas, especialistas em saúde pública estavam chamando atenção ao que consideravam a "epidemia de solidão" nos Estados Unidos: um relatório de janeiro de 2020, da seguradora de saúde Cigna, sugeriu que cerca de 60% dos adultos norte-americanos sentem algum grau de solidão.[4] Isolamento social e uso aumentado de tecnologia impactam pessoas de todas as idades, mas parecem estar afetando de modo mais negativo a geração Z,[5] que praticamente cresceu usando smartphones como chocalho. Segundo um estudo de 2019, liderado pelo psicólogo Jean Twenge, PhD, mais adolescentes e jovens adultos hoje têm depressão do que uma geração atrás.[6] Twenge sugere que esse pico de sofrimento mental pode ser atribuído, em parte, à ascensão estratosférica no uso de smartphones e redes sociais. Em 2009, por exemplo, cerca de metade dos estudantes no último ano do ensino médio visitavam sites de rede social todos os dias; hoje, esse número é mais próximo de 85%.[7] E estudos elucidaram como mais tempo gasto em redes sociais faz as pessoas correrem risco de ter problemas de saúde mental.[8] Jovens mulheres talvez sejam as que mais sofrem, como apontam Greg Lukianoff e Jonathan Haidt no livro *The Coddling of the American Mind* [A mente americana mimada], "porque são mais adversamente afetadas por comparações sociais (especialmente baseadas em beleza alterada digitalmente), por sinais de que estão sendo excluídas e por agressões sociais",[9] e tudo isso ocorre mais prontamente nas redes sociais do que na vida real.[10]

Por fim, há também evidências de que uma comunidade presencial — como as que existem entre amigos, colegas de trabalho, vizinhos e colegas de um grupo de apoio — pode inclusive *aliviar* depressão e ansiedade.[11] Um estudo recente da Nova Zelândia demonstrou que ligações sociais eram um indicador mais forte e consistente de saúde mental do que o inverso. Em outras palavras, isolamento não é resultante apenas de sofrimentos mentais. O isolamento *em si* vem antes da doença mental e parece impactar negativamente a saúde mental. E ligações sociais podem servir como "cura social" para problemas de saúde psicológica.[12] Na Parte III, exploraremos estratégias que podemos usar para trazer a comunidade de volta à nossa vida.

Escritório sem fronteiras

Quero lembrar os trabalhadores intelectuais entre meus leitores — aqueles de nós que podem fazer nosso trabalho de um computador ou celular — que a tecnologia trouxe a ansiedade do escritório sem fronteiras. Motoristas de ônibus, anestesistas e baristas sabem, na mente e no corpo, que, quando saem do local físico de trabalho, acabaram o dia. Muitos de nós, porém, agora carregam o trabalho para todo lado, literalmente no bolso. A pressão para trabalhar o tempo todo mais do que se equiparou à eficiência que a tecnologia pode ter trazido. Isso só piorou com a transição, induzida pela pandemia, para o home office, que algumas empresas parecem estar abraçando como o novo normal. E, sem a satisfação das interações presenciais tangíveis com nossos gerentes e colegas, alguns de nós sentem que precisam justificar o emprego com um pontinho verde onipresente de disponibilidade on-line, substituindo o tempo de transporte com mais tempo de trabalho e estendendo o dia de trabalho em algumas horas.

Embora a tecnologia não tenha volta, depende de cada um definir fronteiras conscientes para o trabalho. As redes sociais e os smartphones ainda são novos o suficiente para mal termos começado a estabelecer a etiqueta relacionada ao seu uso. Uma vez, escutei descreverem a situação como se estivéssemos dirigindo um carro, mas antes da invenção do cinto de segurança. Para a vasta maioria, a resposta a essa nova falta de fronteira não é desaparecer do mapa e jogar o celular fora, mas, em vez disso, parar para ouvir nossa ansiedade, refletir sobre o que ela está dizendo e colocar novos limites na tecnologia. Em certo sentido, o ônus cabe a nós — se queremos ter menos ansiedade relacionada à tecnologia, precisamos inventar nosso próprio cinto de segurança.

Com isso, quero dizer: incorporar pausas desconectadas durante o dia; manter o celular longe da mesa de refeições e do quarto à noite; e tentar resistir ao impulso de responder cada bipe e mensagem na hora que chegam. Mas, como cultura, precisamos coletivamente reconhecer que o ambiente de trabalho também deve respeitar os limites energéticos dos funcionários. Há empresas que inventaram soluções criativas para sobreviver e, ao mesmo tempo, tratar os empregados de forma humanizada, como "terças sem interrupções", "quartas sem reuniões" e semanas de quatro dias — tudo isso, no fim das contas, melhora o estado de espírito e diminuiu o burnout e a rotatividade. Seria benéfico para todos se mais empresas seguissem esse exemplo.

REDES SOCIAIS: TENTANDO PREENCHER A NECESSIDADE DE NOS SENTIR VISTOS

Sem um sentimento pessoal de comunidade — outrora encontrado mais prontamente em igrejas, aldeias e com parentes da família estendida morando em casa —, o que sobra é uma necessidade cada vez maior de ser visto em meio aos sofrimentos e às provações da vida. Hoje em dia, temos mais probabilidade de ficar isolados em casa; às vezes, uma reunião por Zoom é a maior conexão social que temos no dia. Convenientemente, ao longo das últimas décadas, as redes sociais chegaram para se tornar nossa aldeia substituta. Agora, quando temos bebê, tiramos férias ou compramos um café, postamos uma foto como rito de passagem — e nos sentimos vistos. Os *millennials* têm até uma frase de efeito para isso: "Se não postar, não aconteceu". É assim que permitimos que os outros compartilhem de nossas experiências e marcos, reforçando não apenas que ocorreram, mas também que somos importantes. Apesar disso, sentirmo-nos observados por essa aldeia substituta intangível não é inteiramente satisfatório. É comparável à forma como o açúcar artificial atinge o cérebro — achamos que estamos experimentando algo doce até o retrogosto nos fazer perceber que era só um químico enganando o cérebro. As comunidades digitais oferecem apenas uma sombra do que é ser confortado por outros pessoalmente, e há algo bem no fundo de nós que sabe que isso é inadequado.

Como espécie social, estamos programados para ter relações pessoais com outros. Isso se relaciona a nossas origens — nunca fomos os animais mais rápidos ou mais fortes da savana. A hipótese é que a habilidade de cooperar uns com os outros é que nos permitiu triunfar como espécie. E isso vem com uma necessidade inerente de conexão. Aliás, a comunidade é um imperativo biológico tão forte que o cérebro entende a desconexão social como uma dor física. Como propõe Matthew D. Lieberman, psicólogo social da Universidade da Califórnia, Los Angeles, em seu livro *Social*, trata-se de uma adaptação evolutiva para promover sobrevivência e reprodução. "A dor da perda social e as formas como a risada de uma plateia pode nos afetar não são acidentes", escreve ele.

> Até onde podemos caracterizar a evolução como algo que projetou nosso cérebro moderno, foi para isto que ele foi programado: entrar em contato e interagir com outras pessoas. São características do projeto, não

falhas. Essas adaptações sociais são centrais para nos tornar a espécie mais bem-sucedida no planeta.[13]

Embora as redes sociais pareçam corrigir o isolamento da vida moderna, elas acabam construindo mais muros entre nós. Nosso tempo conectados ao celular ou ao computador tem um custo — o custo de oportunidade do tempo que não passamos buscando conexão presencial. A vida on-line acaba prejudicando a capacidade de verdadeiramente nos conectar e nos deixa insatisfeitos e ansiosos.

A posição perfeita para a ansiedade

Olhar para telas pode estar dizendo ao nosso cérebro que estamos ansiosos. A posição de ombro e pescoço que mantemos durante horas a fio no computador e olhando para o celular impacta o fluxo de sangue para o cérebro[14] e coloca tensão nas musculaturas essenciais do pescoço, cervical e mandíbula, todas conectadas ao sistema nervoso simpático. A posição fixa de nossos olhos na tela e a compressão dos músculos da mandíbula e do trapézio sinaliza ao cérebro que estamos em uma situação estressante — estejamos ou não. Então, uma conversa em vídeo perfeitamente amigável pode fisiologicamente provocar mais ansiedade do que percebemos. Quando focamos a tela, às vezes, nossos olhos se arregalam de forma similar a como aconteceria em um estado de medo. Preste atenção ao alinhamento de seu pescoço e à suavidade de seu olhar quando você estiver trabalhando no computador ou vendo algo no celular. Sente tensão muscular se desenvolvendo enquanto você inclina o pescoço à frente? Você está forçando os olhos? Se sim, vale a pena criar uma ergonomia melhor para trabalhar, fazer pausas periódicas para descansar os olhos e, de vez em quando, deixe a tecnologia de lado e tire alguns minutos desconectado ao ar livre.

USE A TECNOLOGIA; NÃO DEIXE QUE ELA USE VOCÊ

Já foi dito que vivemos na economia da atenção. Ou seja, nossa atenção é *a commodity* que está sendo disputada pela mídia e pelos anunciantes. E essas empresas — cujos lucros dependem da apropriação de nossos olhos — fizeram muito bem a lição de casa. "O raciocínio que foi empregado na construção desses aplicativos [...] tinha tudo a ver com: 'Como podemos consumir o máximo de seu tempo e atenção consciente possível?'", confessou Sean Parker, o presidente-fundador do Facebook, em 2017, em um evento da Axios.[15] Essas empresas de notícias e redes sociais estão todas bastante conscientes da neurociência e psicologia comportamental que são a base de seu sucesso; elas sabem como explorar nossa reação de medo além de como aliciar o circuito de recompensa no cérebro que se ilumina com um tiro rápido de validação. Elas sabem que conseguir uma curtida no Instagram dispara dopamina, um neurotransmissor relacionado à recompensa, em intervalos imprevisíveis — algo bem parecido com a forma como nos sentimos quando conseguimos uma combinação na máquina caça-níqueis —, o que nos deixa querendo mais.[16] Por outro lado, empresas de mídia também estão cientes do fato de que, se oferecerem manchetes que instilem medo e ansiedade, incerteza ou dúvida, ou nos deixarem com sentimento de inadequação, vamos clicar nos anúncios. Isso sem mencionar quanto a gente ama bisbilhotar uma polêmica. A conclusão é que, enquanto o lucro delas aumenta, *nossa* saúde mental é o dano colateral. Meu melhor conselho para enfrentar essa verdade sombria vem, de fato, de uma fonte improvável — o próprio Sean Parker. "Eu uso essas plataformas", contou ele certa vez, "só não deixo que elas me usem."[17] Precisamos fazer escolhas muito intencionais em relação a quando e como dar atenção a notícias e redes sociais, de modo a proteger nosso bem-estar psicológico.

Muitos de meus pacientes são profundamente afetados pelas mídias que consomem. Ficam grudados no ciclo de notícias 24 horas por dia ou destrutivamente comparam sua vida real aos destaques selecionados de *reels* do Instagram — oferecendo livremente uma porção cada vez maior de sua atenção e, em troca, sofrendo com doses debilitantes de ansiedade. Uma dessas pacientes, Aisha, de 36 anos, que trabalhava como editora de revista, dedicou sessões inteiras comigo a como se sentia à flor da pele quando interagia no Twitter ou no Instagram. "Estou tentando me manter atualizada e me importo profundamente com esses assuntos, mas estou começando a me perguntar se sou viciada em notícias. Às vezes, não consigo pensar em mais nada e checo meu celular sem parar." Ela adicionou que, quando postava nas redes sociais sobre algo que lhe era importante, a seção de comentários fazia com que se sentisse "incompreendida" e "atacada". As dificuldades de Aisha nesse sentido eram aguçadas pelo fato de que, para ter sucesso em sua carreira, era vantajoso que ela tivesse uma presença ativa nas mídias sociais.

Eu a aconselhei a ser brutalmente sincera consigo mesma sobre o quanto era esperado que ela estivesse nas redes para o trabalho. Meu palpite era que ela estava dizendo a si mesma que precisava daquilo bem mais do que era exigido de verdade. "O que caracteriza um vício? Simplesmente não termos mais a opção de parar", escreve de forma concisa o professor espiritual e autor Eckhart Tolle, em seu livro *O poder do agora*. "Proporciona ainda uma falsa sensação de prazer, um prazer que, quase sempre, se transforma em sofrimento."[18] Aconselhei Aisha a parar e refletir sobre as consequências em potencial de suas ações *antes* de abrir o Twitter e ser engolida.

Também encorajei Aisha a fazer escolhas *conscientes* ao navegar pelo cenário de informações — escolher sabiamente quem pode dar as notícias a ela e com que frequência. Para deixar claro, o jornalismo responsável *não é* inimigo do povo. Hoje, mais do que nunca, precisamos que nossos portadores da verdade investigativos descubram e publiquem a verdade. Infelizmente, na chamada era da informação, a reportagem que está a um clique de distância muitas vezes leva a desequilíbrio e medo, instigando a resposta de estresse e atiçando a fogueira da ansiedade.

Aisha experimentou deletar os aplicativos de que não precisava para o trabalho e limitar as notícias a algumas poucas fontes confiáveis e algumas checadas por dia. Ela também concordou com um horário-limite para tecnologia

— desligar todos os eletrônicos uma hora antes de se deitar e, o que foi crucial, deixar o celular fora do quarto durante a noite. Ela agora usa seu tempo livre extra à noite para tomar um banho de banheira ou ler um livro. A ansiedade de Aisha melhorou, e no fim ela ainda era eficiente no trabalho — dá para dizer até que mais eficiente — mesmo sem estar grudada nas notícias a todo momento. Essas mudanças nos permitiram investigar, com um pouco mais de distância e perspectiva, os sentimentos dela em relação ao tom conflituoso tão difundido nas redes sociais hoje.

CULTURA DO CANCELAMENTO

Outra forma de a tecnologia fomentar a ansiedade é o clima de cancelamento que ocorre nos fóruns nas redes sociais. Embora a cultura do cancelamento seja a cultura da responsabilização — oferecendo um julgamento dos maus comportamentos, que nos ajuda a crescer e melhorar como indivíduos e sociedade —, ela também pode desviar-se para um território mais prejudicial. A cultura do cancelamento significa que, enquanto rolamos as redes sociais no celular por horas todo dia, somos banhados por críticas e agressão social, o que — considerando que somos programados para nos sentir seguros quando a comunidade nos apoia — pode nos deixar ansiosos e questionando silenciosamente nosso sentimento básico de segurança. Ainda que conversas importantes e urgentes estejam acontecendo on-line, precisamos equilibrar nossa consciência e participação com nossa própria saúde mental — afinal, lutamos melhor para tornar o mundo um lugar melhor quando nos sentimos fortes e bem. Como diz a ativista e cofundadora da Campaign Zero,* Brittany N. Packnett Cunningham: "Precisamos ser guerreiros descansados".[19] Quando você notar que a tecnologia o está deixando intoxicado, às vezes, a escolha certa para seu bem-estar mental é dar um passo para trás e respirar fundo.

Em geral, aconselho todos os meus pacientes a navegar pelo bufê de informações de uma forma que os deixe alimentados, em vez de enjoados. Assim como a comida que colocamos no corpo pode impactar a forma como nos sentimos, o que vemos, lemos e ouvimos pode alterar o estado do sistema nervoso e criar um sentimento de dúvida e insegurança exagerado — também conhecido como ansiedade falsa. Em outras palavras, a tecnologia é uma fonte de ansiedade evitável escondida bem na nossa cara.

* Em português, Campanha Zero, um movimento para reformar a força policial norte-americana, reduzindo a violência e zerando as mortes. (N. T.)

7

Comer para pensar

"Chegamos a esse estranho momento
cultural em que a comida é ao mesmo
tempo ferramenta e arma."
— Michael W. Twitty, *The Cooking Gene:
A Journey Through African-American
Culinary History In the Old South*

Estamos vivendo na esteira de décadas de recomendações nutricionais equivocadas e contraditórias — primeiro, nos mandaram comer pouca gordura, depois, nos aconselharam a voltar a atenção a uma dieta de baixo carboidrato; o pedido de *brunch* virtuoso foi de um omelete de claras a um bife de animal engordado a pasto; a manteiga, outrora um ataque cardíaco instantâneo, hoje é uma adição saudável ao café matinal. Entender o que comer deixa qualquer pessoa razoável zonza, e pode ser em si uma fonte de ansiedade. Enquanto isso, em vez de passar a sabedoria alimentar tradicional de geração a geração, como acontecia com as tribos indígenas, a "sabedoria" norte-americana é uma pirâmide de recomendações de porção altamente influenciadas por financiamento da indústria.[1] Assim, temos que descobrir sozinhos como comer. Em uma tentativa de, ao mesmo tempo, assumir o controle e cuidar bem do corpo, muitos de meus pacientes vão na direção da "comida limpa". Não sou contra suco verde ou vitaminas de frutas, mas vale notar que seria possível passar os dias se alimentando de pudim de chia e *lattes* de *matcha* e leite de aveia dignos do Instagram e, embora você estivesse comendo de forma perfeitamente "limpa", também talvez se visse desnutrido e ansioso. É possível, aliás, comer completamente *limpo* e ainda não ter a nutrição necessária para se sentir *bem*.

Quando se trata de comer para manter a saúde mental, é preciso recuperar o equilíbrio. E, embora possa haver mérito na comida limpa ou na dieta paleolítica ou na *low carb*, esses rótulos podem ser destrutivos. Quando nos apegamos demais a um estilo particular de alimentação, andamos em uma delicada corda-bamba, divididos entre prestar atenção ao que comemos e ser presa de um pensamento obsessivo sobre comida, que não só leva à ansiedade como também pode ser o início de um transtorno alimentar.

Tenho experiência pessoal com isso. Em meu primeiro ano de faculdade de medicina, comecei a comer de forma compulsiva. Algumas semanas antes de a compulsão começar, eu tinha passado a restringir comida, em uma tentativa insensata de controlar o corpo numa época em que todo o resto na minha vida parecia à deriva. Olhando em retrospecto, acredito que alguns fatores tenham contribuído para eu deslizar para a compulsão: a própria restrição alimentar levou meu cérebro a ficar obcecado com comida, o que é uma reação biologicamente adaptada a um déficit calórico, projetada para levar a pessoa a procurar alimento para sobreviver. Também me sentia desconectada e desalinhada de meu propósito durante boa parte da faculdade de medicina, e usava a alimentação emocional como uma tentativa inconsciente de me acalmar, desejando preencher o vazio e o isolamento com comida. Mas suspeito que o impulsionador mais importante (e ainda assim menos compreendido) de minha compulsão alimentar tenha sido o vício — e comida era minha droga. Esse vício se expressava como certa sensação no estômago — um desejo gigantesco, fora de controle, no fundo do estômago — que, combinada com o estresse e a solidão que eu sentia, me levavam a comer compulsivamente. Eu devorava pizza, biscoitos, sanduíches de queijo quente e sorvete, me comportando com a comida do modo como um viciado em abstinência pode voltar à sua droga de escolha e ter uma overdose.

Sinto mágoa quando penso sobre essa época. Comer compulsivamente era um comportamento secreto, que consumia meu tempo, me enchia de vergonha, era fisicamente desconfortável e surpreendentemente caro (comer grandes quantidades de comida exige muitas idas ao mercado). Comecei a engordar de forma desenfreada. Meus joelhos doíam por causa dos quilos em excesso que eu precisava carregar. Acabei encontrando um terapeuta especializado em tratar transtornos alimentares e me recuperei devagar. Eu me considero sortuda por reconhecer que precisava de ajuda e por ser capaz de acessar o apoio correto, em especial porque o tratamento ainda é muito estigmatizado, inacessível e difícil de navegar, deixando muitos sofrendo em silêncio.

VÍCIO EM COMIDA

Nenhum vício é "mais fácil" de administrar do que qualquer outro, mas, ao contrário de algumas substâncias, a comida é especialmente desafiadora no sentido de que abrir mão por completo não é uma opção. Precisamos interagir com nossa droga várias vezes por dia, o que torna mais difícil estabelecer a recuperação. Como diz a autora best-seller, palestrante e pesquisadora da Universidade de Houston Brené Brown:

> Uma vez ouvi alguém dizer: "A recuperação baseada em abstinência é como viver com um tigre enjaulado e furioso em sua sala. Se abrir a porta por qualquer motivo, sabe que ele vai matar você. Os vícios não baseados em abstinência são iguais, mas você precisa abrir a porta daquela jaula três vezes por dia".[2]

Uma quantidade expressiva de meus pacientes com ansiedade tem problemas de compulsão alimentar. Ao tentar ajudá-los, me ocorreu que, embora não possam se abster de comida, eles *podem* se abster de *comidas que são como drogas*.

Ainda assim, uma peça fundamental da ortodoxia do transtorno alimentar é que *nenhuma* comida é proibida, desde que você seja comedido. "Tudo em moderação", dizem os livros, terapeutas e a internet. Mas se abster de glúten, laticínios, açúcar e alimentos processados permitiu que muitos contornassem os gatilhos o suficiente para acabar com a compulsão. Embora, para um terapeuta típico, essa restrição possa parecer apenas mais uma variedade de transtorno alimentar, foi o caminho da recuperação de muitos de meus pacientes. Há, inclusive, uma explicação científica para isso: o glúten se decompõe em algo chamado gluteomorfina e os laticínios, em casomorfina. Prestou atenção a essa raiz — *morfina*? Macarrão com queijo não é só delicioso, mas também se comporta como uma minidose de um químico parecido com a morfina que nos faz querer mais.[3,4] Açúcar excita o cérebro, e comidas processadas são projetadas para explorar o circuito neural de recompensa. "É impossível comer um só", diz o slogan dos salgadinhos Elma Chips. Mas nós é que somos a piada — é *literalmente impossível*, porque eles são projetados para serem viciantes.

Quando meus pacientes conseguem interromper esse vício, com o tempo, passam a reaprender a sensação de saciedade, além de desenvolver uma sensação de liberdade em relação à comida. Ainda melhor, muitos acabam conseguindo voltar às comidas-gatilho sem reiniciar a compulsão. Além disso, quando param de comer compulsivamente, o humor se estabiliza, a digestão se normaliza, e eles conseguem voltar a sair para jantar com amigos. A recuperação verdadeira sempre envolve a cura em um nível psicoespiritual mais profundo também — retomar a autoaceitação e a interação social positiva, bem como se reconectar ao significado. Mas a técnica da abstinência pode ser uma rampa de saída crucial, permitindo que as pessoas escalem para fora do vício em comida por tempo suficiente para começar o trabalho psicoespiritual a fim de compreender por completo e mudar de comportamento. Então, eu gostaria de expressar uma ideia radical de que alguns transtornos — compulsão alimentar, bulimia e até certas formas de anorexia — têm na raiz o vício em comidas que são como drogas, e a abstinência é o caminho.

Ortorexia nervosa

Após anos ajudando pacientes a descobrirem quais alimentos estavam se comportando como drogas em seu corpo, comecei a acreditar que a chave para resolver qualquer transtorno alimentar, além de ajudar na depressão e ansiedade, era desmamar as pessoas das comidas que são como drogas e levá-las a comer comida de verdade. Usei essa abordagem em meu consultório — e continuo usando — com muito sucesso.

Mas também descobri uma armadilha no caminho: há momentos em que essa abordagem pode *causar* um tipo diferente de transtorno alimentar chamado ortorexia nervosa, que é uma obsessão por comer "certo". Essa doença, infelizmente, se tornou relativamente comum na comunidade de bem-estar. Ao prestar muita atenção aos parâmetros de comer bem, alguns de nós começam a desenvolver um hiperfoco nas restrições. Quando isso ocorre, as pessoas tendem a se tornar obcecadas por comer perfeitamente o tempo todo — ficam preocupadas com a preparação de refeições e começam a recusar convites para jantar — e se tornam ansiosas quando não conseguem controlar as circunstâncias de uma refeição. A vida delas fica mais restrita e rígida, elas perdem conexões sociais e, embora possam atingir alguns objetivos de saúde

— menos inchaço, menos compulsão, melhora da sensibilidade a insulina, um intestino mais saudável —, seus níveis de ansiedade *aumentam*.

A atriz e ativista britânica Jameela Jamil expressou os problemas inerentes à obsessão por comida da cultura de bem-estar. Em um post de rede social, ela escreveu:

> A cultura da dieta [...] foi a areia movediça que me levou a perder qualquer noção da realidade. [...] Fique alerta aos sinais de associar comida com culpa, vergonha, raiva ou fracasso. Ouça as palavras que você diz para seu corpo e sobre ele no espelho. [...] Você diria a alguém que ama e respeita que a pessoa precisa atingir os mesmos objetivos corporais para ter permissão de se sentir bem e confiante? Tem problema se seu corpo acabar não obedecendo à sua fantasia porque, talvez, ele simplesmente não tenha sido projetado dessa forma? [...] Por que aquilo que nosso corpo inteligente quer e de que ele precisa não é prioridade?[5]

Hoje, aprendi a sempre seguir qualquer discussão sobre escolhas alimentares com meus pacientes com um lembrete de manter o relacionamento com a comida livre e tranquilo, baseado em confiança, não em medo. É importante não nos negar os prazeres multifacetados de comer, que, em si mesmos, são um remédio poderoso para a ansiedade. Por exemplo, se, no processo de comer de uma forma que seja boa para seu corpo, você começar a evitar compromissos sociais, talvez tenha ido longe demais. Eu diria que uma conexão social reconfortante durante uma refeição é melhor para sua saúde do que qualquer comida saudável, então, evitar jantares com amigos para "comer limpo" é antiterapêutico. Também ofereço aos pacientes dicas práticas — como comer antes de sair ou levar um prato a um jantar na casa de alguém — para navegar os inevitáveis desafios que aparecem quando eles começam a comer de uma maneira nova que não se encaixa facilmente no mundo ao redor.

Além do mais, quando pensamos nos perigos de temer a comida, é importante lembrar que o cérebro está sempre *aprendendo* (porque é isso que um cérebro faz), e ele aprende ansiedade da mesma forma que aprende álgebra. Com isso em mente, esteja ciente de que qualquer coisa que sugira que você precisa de proteção aumenta a ansiedade. Quando vemos o cenário da nutrição do ponto de vista de *temer a comida*, mesmo que isso acabe resultando em comer alimentos melhores, o efeito final é aumentar a ansiedade. Precisamos aprender a arte de comer bem de uma forma que não pareça privação ou ameaça. Se você conseguir criar uma sensação de segurança e abundância em relação à comida — tendo prazer com a comida de verdade que ajuda o corpo a lutar contra a ansiedade —, terá mais facilidade de navegar a nutrição *e* a vida.

UMA OPINIÃO SUTILMENTE DISTINTA SOBRE ACEITAÇÃO CORPORAL

Minha paciente Valerie, que me procurou para ajudá-la a tratar da depressão e ansiedade, é defensora do movimento *body positive* de aceitação corporal. Em nossa primeira consulta, no momento em que dei a entender que talvez eu sugerisse mudanças na dieta, ela começou um discurso persuasivo contra a cultura da dieta e as "influenciadoras insuportáveis do Instagram" que a promovem. Apenas minutos depois, porém, ela começou a me contar dos problemas que andava tendo com suas "partes íntimas", adicionando que tem um fluxo menstrual irregular e extremamente intenso, com cólicas dolorosas e enxaquecas que tornam difícil trabalhar e seguir a vida por uma semana todo mês.

Então, em um minuto, ela estava dizendo "Calem a boca, fanáticos por dieta, parem de me humilhar por comer porcarias" e, no seguinte, estava me contando como o corpo dela está se deteriorando, causando grande sofrimento. O que percebi foi que Valerie não via uma relação entre o que ela comia e como o corpo dela funcionava.

Minha esperança é que, culturalmente, estejamos começando a valorizar mais essa relação: as escolhas alimentares contribuem para os estados de desequilíbrio no corpo que criam sofrimento físico e mental. Para ser mais específica: o que comemos impacta em como nos *sentimos*, e é por isso que é importante. Esse encontro com Valerie me levou a repensar minhas visões sobre o movimento *body positive*. Esse movimento estava dizendo a Valerie, para encorajá-la: "Coma o que quiser e não sofra para agradar o patriarcado". No entanto, no fim das contas, essa abordagem estava criando *mais sofrimento* do que tranquilidade na vida dela; estava atrapalhando seu objetivo de se sentir menos deprimida e não perder uma semana por mês devido à dor e sangramento intensos. A aceitação corporal, como tantas coisas na vida, deve ser vista com uma compreensão abrangente, sem extremismos.

Na maior parte, concordo plenamente com os princípios do movimento *body positive*. Como diz Sonya Renee Taylor em seu livro revolucionário *The Body Is Not An Apology: The Power of Radical Self-Love* [O corpo não é um pedido de desculpas: o poder do amor-próprio radical], "não há um tipo errado de corpo". Sou a favor de celebrar todos os corpos, rejeitar a cultura da dieta, descartar os ideais correntes racistas e machistas sobre qual deve ser a aparência de um corpo (e a ideia de que a aparência do corpo *deve ter alguma importância*), reconhecer que não podemos julgar a saúde de alguém por um número de roupa ou na balança e enfrentar a gordofobia que ocorre em entrevistas de emprego e consultórios médicos e... bom, *em todo lugar*. Aceitação corporal é um movimento importante de enfrentamento de ideais patriarcais que condicionaram muitos de nós a odiar nosso corpo.

Eu, porém, também tenho experiência pessoal com vício em comidas processadas e estive tão desequilibrada fisicamente que, como Valerie, era difícil ter uma vida plena. Precisamos reconciliar os princípios da mentalidade *body positive* com a consciência de que o que comemos e o estado da saúde física impactam o humor e a forma como funcionamos na vida.

Embora haja, de fato, um patriarcado vendendo a cultura da dieta e lucrando com o *body shaming*,* há um patriarcado igualmente poderoso forrando os bolsos

* Termo corrente usado para designar aqueles que criticam ou debocham da aparência de alguém. (N. T.)

vendendo comidas viciantes que enlouquecem nosso apetite e metabolismo. E o movimento *body positive*, em grande parte, ignorou o patriarcado da indústria alimentícia. Então, é isto que digo aos meus pacientes: certifique-se de colocar foco em *todos* os patriarcados que o estão impedindo de ter uma vida plena. Não é exclusivamente aquele que diz para sermos magros.

Afinal, o que comemos impacta quanto tempo vamos viver,[6,7] quão *bem* vamos viver[8] e se nosso corpo pode ser uma fundação vigorosa para o trabalho que viemos fazer no mundo. A obsessão com comida e com o número na balança nos impede de atingir nossos objetivos e curtir a vida, mas uma saúde mental e física pobre também faz isso.

Não culpo indivíduos por se desviarem da alimentação saudável. Culpo, porém, a indústria que, sabendo o que está fazendo, vende alimentos viciantes. Culpo os fabricantes que liberam substâncias químicas, que são disruptores endócrinos nas fontes de água, e nos convencem a aplicar essas substâncias diretamente na pele. Essas exposições criam desequilíbrio hormonal e perturbam o metabolismo. Culpo os cientistas que concordaram em ser pagos para distorcer o consenso científico sobre açúcar e gordura saturada.[9] Culpo o governo que permitiu essa total falta de regulamentação e vendeu nossa saúde a interesses corporativos a cada oportunidade. Então, sim, vamos nos rebelar contra a cultura da dieta, mas não contra nossas próprias necessidades. Para nos sentirmos bem, precisamos comer bem, mas não pelos motivos que a cultura da dieta nos dá. A forma como nos alimentamos deveria ser um ato não de autonegação, mas de amor-próprio radical. E navegar o cenário da alimentação a partir do amor-próprio significa discernir quando a comida fácil causa uma vida mais difícil.

Quando Valerie por fim entendeu que seu corpo não tolera laticínios e que o açúcar estava afetando seu humor e seus hormônios, reduziu ambos consideravelmente. Sua depressão e ansiedade melhoraram, bem como sua saúde física, incluindo a síndrome do ovário policístico e endometriose até então não diagnosticadas. A lição: permita que suas escolhas alimentares sejam um processo íntimo de tomada de decisão que acontece dentro da sala da diretoria de seu coração. Os patriarcados da cultura da dieta *e* da indústria alimentícia não têm lugar nessa mesa.

FOME POR ANSIEDADE

Em meu consultório, começo com a pressuposição de que a ansiedade é um problema de nível de glicose, até que se prove o contrário. Não estou desprezando o sofrimento bem real das pessoas nem querendo dizer que todo mundo que sofre com ansiedade seja diabético. A verdade é que glicemia não é uma coisa binária — ou você é diabético, ou é perfeitamente saudável. Para muitos de nós, o corpo está funcionando dentro de um espectro de disglicemia em que uma alteração glicêmica sutil e subclínica nos faz ter altos e baixos durante o dia, com cada pico glicêmico causando uma reação de estresse na queda.[10] Dado que a dieta moderna desestabiliza tanto a glicemia, essas reações estão na raiz de boa parte da ansiedade que encontro em meu consultório. E percebi que ajustes na glicemia podem estar entre os remédios mais imediatos e eficazes para a ansiedade. Se você está familiarizado com a experiência de ficar irritado por estar com fome, provavelmente também fica ansioso quando sua glicemia está baixa.[11] Se isso lhe diz alguma coisa, vale a pena olhar mais de perto sua dieta e o papel da glicemia em seu humor. Mesmo que seus exames de sangue estejam normais e seu médico nunca tenha mencionado diabetes, posso apostar que estabilizar sua glicemia vai ajudar com a ansiedade.

Durante a evolução humana, conseguir comida suficiente era uma questão de vida ou morte, então, o corpo tem uma série de freios e contrapesos para garantir a segurança glicêmica. O corpo armazena açúcar em forma de amido, chamado glicogênio. Quando a glicemia está baixa, é desencadeada uma cascata de eventos. As glândulas adrenais liberam adrenalina e cortisol — os hormônios do estresse —, dizendo ao fígado para quebrar o glicogênio em glicose e soltar na corrente sanguínea. A adrenalina e o cortisol também criam uma sensação de urgência de buscar mais comida — que, em tempos modernos, se traduz na caça por petiscos às três da tarde. Esse sistema corporal faz o que tem que fazer — introduz glicose de volta na corrente sanguínea quando a glicemia está baixa e nos motiva a ir atrás de mais alimentos. A pegadinha é que ele também cria um incêndio de grandes proporções no corpo. Ele inicia uma reação de estresse para conseguir esse objetivo, e essa reação pode parecer idêntica à ansiedade. Essas quedas súbitas de glicemia são uma causa de ansiedade evitável. Então, se você sofre de ansiedade causada por fome, talvez descubra que — por mais que possa ser difícil evitar o açúcar — certas mudanças dietéticas valem a pena.

Veja, por exemplo, minha paciente Priya, de 28 anos. Ela teve crises de pânico frequentes por anos. Quando começamos a trabalhar juntas e a examinar o padrão desse pânico, notamos que, quase sempre, os ataques aconteciam depois de ela ter comido algo especialmente doce ou pulado uma refeição inteira. Durante várias semanas de observação, ficou evidente que a hipoglicemia era um gatilho de pânico para Priya. Claramente, precisávamos implementar um plano de tratamento que incluísse manter a glicemia dela estável. Garanti que havia uma solução definitiva para o problema — e um truque eficaz. Recomendei, primeiro, que ela comesse, em horários regulares, refeições compostas por comida de verdade estabilizadora da glicemia, focando em boas fontes de proteína, tubérculos ricos em amido como batata-doce e vegetais, tudo preparado com gorduras saudáveis, ao mesmo tempo minimizando o açúcar e os carboidratos refinados. Como era uma mudança de 180 graus em relação à dieta normal de Priya, que incluía pular o café da manhã, tomar um *frappuccino* e comer um doce no lugar do almoço e *nachos* no jantar, ela ficou com uma expressão apreensiva enquanto eu falava. Então, expliquei que podíamos começar com o mesmo truque simples que uso para pessoas que têm hipoglicemia durante o sono: comer uma colherada de pasta de amêndoa ou óleo de coco em intervalos regulares durante o dia para estabilizar a glicemia. Apesar de me olhar como se eu tivesse duas cabeças, Priya concordou em tentar. Na nossa sessão seguinte, relatou que estava comendo uma colherada de pasta de amêndoa em torno de onze da manhã, às três da tarde e antes de dormir. O melhor: suas crises de pânico estavam bem menos frequentes e tendiam a ocorrer só quando ela parava com a rotina da pasta de amêndoa.

Priya e eu ficamos muito animadas com esse triunfo imediato, mas muitos dos meus outros pacientes tiveram problemas por mais tempo e precisaram implementar mudanças mais substanciais na dieta. (Para ser justa, também aconselhei Priya a continuar alterando a alimentação, mesmo depois de a ansiedade melhorar, em nome de sua saúde e bem-estar.) Às vezes, o caminho para sair da ansiedade falsa exige uma análise mais atenta do açúcar adicionado na dieta. Todos sabemos que, quando damos aquela primeira mordida em algo doce, isso pode libertar na mesma hora o "Dragão do Açúcar, [...] aquela fera cuspidora de fogo que sobe nas suas costas e fica rugindo alto em sua orelha, exigindo a próxima dose", como descreve Melissa Urban, cofundadora e CEO do Whole30.* Ela reconhece que é difícil *só* diminuir o açúcar, notando que "a melhor forma de derrotar o Dragão do Açúcar é matá-lo de fome".[12] Também percebi que isso é verdade no caso de meus pacientes. Quando eles libertam o dragão, notam que continuam desejando açúcar. Quando param completamente por uma ou duas semanas, porém, a vontade diminui.

Mas eu entendo: largar o açúcar não é nada fácil. Alguns dos meus pacientes sentem que as colheradas de pasta de amêndoa ou óleo de coco ajudam a passar pela dificuldade da primeira semana. Muitos percebem que precisam simplesmente enfrentar o sofrimento do período de abstinência e,

* Programa de trinta dias que prevê uma alimentação baseada apenas em carnes, frutos do mar, ovos, frutas, vegetais e gorduras saudáveis. (N. T.)

depois de mais ou menos uma semana sem açúcar, ficam livres — a vontade desaparece e eles se sentem bem melhor, física *e* mentalmente. O dragão foi derrotado.

Se você for fazer apenas um ajuste na sua dieta para controlar a ansiedade, eu sugeriria lidar com seu relacionamento com o açúcar. Faça o que puder para manter a glicemia estável e considere reduzir a ingestão de açúcar no geral.

SEU CÉREBRO COM CAFEÍNA

Quase todos os meus pacientes têm duas coisas em comum: ansiedade e cafeína. Se você convive com essa dupla, é hora de olhar com sinceridade para o papel da cafeína na ansiedade — até além do impacto no sono. "Uma vez, uma paciente me procurou com ansiedade grave recorrente", escreve o psiquiatra Scott Alexander, um pseudônimo, em seu blog *Slate Star Codex*. "Perguntei quanto café ela bebia, e ela respondeu que umas vinte xícaras por dia. Basta dizer que não era um mistério da medicina que só o doutor House poderia resolver."[13] É uma ilustração irreverente de como essa conexão deveria ser óbvia — e de como é frequente a ignorarmos.

Que fique claro: a cafeína não é inerentemente ruim. É segura, gostosa e até tem potenciais benefícios. O café é uma fonte de magnésio e antioxidantes, e está associado a menor risco de mal de Parkinson[14] e diabetes tipo 2.[15] Chás também são cheios de antioxidantes e polifenóis benéficos. Mas, assim como os doces, a cafeína pode ser um gatilho para a liberação de cortisol,[16,17] o que pode parecer idêntico à ansiedade. Se por acaso você sofre de ansiedade generalizada, ataques de pânico ou ansiedade social e consome café, chá, refrigerante ou energético, é muito provável que a cafeína tenha um papel em seus sintomas.[18]

Para indivíduos suscetíveis, a cafeína pode se comportar como droga ansiogênica, o que significa que é capaz de precipitar uma reação de estresse e induzir a ansiedade. Vejo isso principalmente em pessoas que têm uma metabolização lenta da cafeína, o que se pode determinar com um teste genético ou simplesmente observando que os efeitos dela levam muito tempo para ser diluídos pelo corpo. Quando ingerimos cafeína, isso promove a liberação de cortisol, o que acelera a resposta simpática (de luta ou fuga). Em outras palavras, a cafeína prepara o sistema nervoso para lutar. Aí, se introduzirmos um estressor — digamos, uma jornada complicada até o trabalho ou um e-mail perturbador —, ela nos faz ter uma reação mais pronunciada a esse estresse. Antes mesmo que você se dê conta, seu coração está acelerado, suas mãos estão trêmulas e todo o seu corpo parece instável e amplificado. Ou talvez sua mente entre rápido demais em uma espiral de ruminação. Além disso, se você toma remédio ansiolítico *e* bebe café, como vejo muitos de meus pacientes fazerem, saiba que está tomando uma droga que *gera* ansiedade e outra que *trata* essa ansiedade. Que tal simplesmente parar de tomar a droga que causa ansiedade em primeiro lugar?

"Ah, é", você diz, "só pensar em cortar o café está me deixando ansioso." Mas continue comigo. Eu sei que tomar café se tornou nosso ritual cultural favorito; às vezes, parece a única fonte confiável de alegria no dia, nosso único amigo no mundo. Mas lembre que, em parte, a cafeína é tão gostosa por ser o antídoto à sua própria abstinência

— acordamos em abstinência de cafeína, e aí o café recebe os louros por ser a salvação do próprio problema que ele causou! Por sorte, há formas de desmamar da cafeína sem sofrer ou se sacrificar demais.

Isso dito, se eu o convenci a experimentar a sobriedade de cafeína, por favor, *não* decida parar de uma hora para outra amanhã. Sugiro fortemente que você faça mudanças *graduais* em seu consumo. A cafeína é uma droga de verdade, com abstinência de verdade. Para evitar dores de cabeça, irritabilidade e fadiga, diminua devagar ao longo de várias semanas. Vá de algumas xícaras diárias para uma, então misture cafeinado com descafeinado, depois passe para chá preto, em seguida para chá-verde. No fim, você chegará a alguns goles de chá-verde e, daí, pode fazer a transição para o chá de ervas sem cafeína. Talvez ainda tenha alguns dias nebulosos tentando se achar, mas, com o tempo, as coisas vão se estabilizar. Você vai ser a pessoa enérgica e produtiva de sempre, mas sem os altos e baixos da cafeína, para não falar na despesa diária na cafeteria local. Mais importante, diminuir ou eliminar a cafeína pode reduzir significativamente a ansiedade. Como escreve o neurocientista Judson Brewer em *Desconstruindo a ansiedade*: "A única maneira sustentável de mudar um hábito é atualizar seu valor de recompensa".[19] Observe as formas como a cafeína contribui para sua ansiedade e perceba como se sente menos ansioso depois de finalmente parar; isso pode atualizar o "valor da recompensa" do café e ajudar a reforçar essa mudança de hábito. Ainda assim, para aqueles que gostam da ideia de viver com menos ansiedade, mas realmente não conseguem imaginar a vida sem o cheiro, o gosto e o ritual do café, tenho uma palavra: *descafeinado*.

BEBIDA E ANSIEDADE: UM CASO DE AMOR

Há muito tempo, os seres humanos usam o álcool para se automedicar contra a ansiedade, e por um bom motivo: funciona. Pelo menos, a curto prazo. Como ocorre com medicamentos benzodiazepínicos, como Xanax, o álcool modula a atividade do neurotransmissor Gaba no cérebro. Quando bebemos, o álcool age sobre os receptores Gaba, parecendo uma onda de Gaba nas sinapses, e isso é gostoso, prazeroso, relaxante... De repente, as coisas que nos deixavam tão tensos já não parecem nada de mais e, por um breve e doce momento, nos sentimos descontraídos e confiantes, e parece que tudo vai ficar bem. Se esse fosse o fim da história, seria mesmo um caso de amor para a posteridade.

Mas, como hoje sabemos, o corpo não liga muito se estamos relaxados ou não; ele só quer que a gente sobreviva. Por isso, quando tomamos uma ou duas taças de vinho, o corpo fica ciente de que, digamos, se um leopardo dobrar a esquina, estaremos alegrinhos demais para nos importar com isso. O cérebro, então, não mede esforços para restaurar a homeostase — o que consegue reabsorvendo o Gaba e o convertendo em glutamato, um neurotransmissor excitatório.[20] Depois disso, você pode ter Gaba fluindo em suas sinapses, mas o cérebro não consegue *escutar*. E a sensação resultante? Ansiedade. O álcool relaxa temporariamente, mas, no fim, nos deixa mais ansiosos do que estávamos no início.

E esse efeito pode se acumular a longo prazo, então, é fácil ver como o álcool cria sua própria necessidade, nos jogando em um ciclo vicioso.

Outro problema do álcool é a forma como ele usa nosso desejo de anestesiar e escapar dos momentos difíceis da vida, que pode ter um efeito prejudicial na habilidade de estar alerta para a gama completa das experiências humanas, de ficar conectado com nossa verdade interior e de processar adequadamente trauma, estresse e luto.

Embora todos tenhamos sido doutrinados com a ideia de que o álcool é "saudável para o coração", e até uma escolha empoderadora, pesquisas recentes descobriram que, em qualquer quantidade, ele é ruim para a saúde, colocando-nos sob risco aumentado de câncer e demência.[21] E, no que diz respeito à saúde mental, o impacto do álcool em qualquer quantidade no Gaba exacerba a ansiedade.[22,23]

Se você depende do álcool para abrandar sua ansiedade, não há aqui culpa nem vergonha. Mas, se ninguém mais vai lhe dizer isto, sinto a responsabilidade de avisar: provavelmente, no longo prazo, ele está piorando a situação. Seria melhor dar ao seu cérebro a chance de reconstruir sua atividade Gaba de modo que você se sinta tranquilo mesmo sem estar alterado. Isso pode ser alcançado por meio da nutrição, ioga, meditação, exercícios de respiração e saúde intestinal (especificamente, repondo as bactérias benéficas que ajudam a fabricar o Gaba) e evitando substâncias que têm um impacto adverso nesse neurotransmissor, como o álcool. (Benzodiazepínicos também impactam negativamente a sinalização de Gaba em longo prazo.) De forma geral, estou propondo que cada um de nós faça uma reflexão consciente sobre o papel do álcool em nosso bem-estar e se escolhas diferentes ofereceriam algum alívio para a ansiedade.

SUPERALIMENTADO E SUBNUTRIDO

Nos Estados Unidos, nossa relação com a comida se tornou tão tensa que quase esquecemos a conexão entre alimento e nutrição. O fato é que o funcionamento do cérebro depende de se a alimentação fornece a matéria-prima necessária. Quando estamos bem-nutridos, *nos sentimos bem*.

Certos alimentos e nutrientes têm impactos diretos em nossa neuroquímica e ansiedade. Para começar, neurotransmissores como serotonina e Gaba, que ajudam a sentir-nos estáveis e calmos, não são fabricados do nada — o corpo os constrói usando nutrientes da comida, como o triptofano do peru e a glicina do caldo de ossos. Além disso, o corpo está constantemente analisando nosso estado nutricional e decidindo se temos "o suficiente". Acredito que, quando o corpo detecta que estão faltando nutrientes vitais, essa sensação dispare um sentimento de escassez, urgência e desconforto, motivando-nos a procurar comida e nos deixando ansiosos até termos o bastante. E aí, claro, há o fato de que açúcar e comidas inflamatórias causam diretamente uma reação de estresse, que pode assemelhar-se à ansiedade.[24,25] Para conseguir todos os nutrientes necessários com a dieta, precisamos ingerir uma ampla variedade de alimentos densos em nutrientes. Então, vamos olhar mais de perto como podemos comer para favorecer o bem-estar.

O QUE COMER PARA UMA SAÚDE MENTAL MELHOR

Eis os componentes de seu novo prato: em geral, cerca de um quarto deve ser uma boa fonte de proteína, um quarto deve ser amido e metade deve ser composta por vegetais, com gorduras boas distribuídas por tudo.

A única coisa com que quase todos os especialistas em nutrição parecem concordar é que vegetais são essenciais para a saúde. Oferecendo vitaminas, minerais e antioxidantes em abundância, eles colaboram na função cerebral e ajudam com a ansiedade. Portanto, coma todos os vegetais, e muito. Permita que vegetais componham metade de seu prato e estejam no centro de cada refeição. Nos meses mais quentes, procure comer mais vegetais crus; nos mais frios, consuma os cozidos e ensopados. Prepare-os com gorduras boas, como azeite de oliva, óleo de abacate ou manteiga *ghee* (manteiga clarificada). Se estiver dentro de seu orçamento, tente comprar orgânicos sempre que possível, especialmente no caso de vegetais sem casca. (E use a regra dos "doze sujos" e "quinze limpos" do Environmental Working Group [Grupo de Trabalho Ambiental] para tomar decisões com o objetivo de cortar custos. Se você não está familiarizado, são as doze frutas e vegetais que carregam a maior quantidade de pesticidas e os quinze que você pode comprar em versão convencional sem custo demasiado para a saúde.[26])

Ao adicionar proteína — que fornece os alicerces essenciais para peptídeos neurotransmissores, como a serotonina — à sua dieta, procure comer uma variedade de carne e frango de fonte confiável, alimentada a pasto, além de peixes gordurosos selvagens, pequenos e de água fria, como sardinhas, anchovas, truta-do-ártico e salmão. Para garantir que você tenha uma ampla gama de nutrientes, coma carne de animais variados. Se estiver no cardápio, opte por carne de caça — quanto menos convencional a carne, menos provável que seja produto de um grande agronegócio.

Atualmente, temos uma obsessão cultural por *proteína magra*, então, peito de frango sem pele parece ser a escolha de todo mundo. Frango pode ser parte de uma dieta balanceada, mas não deve ser a única fonte de proteína, porque não atende a todas as necessidades nutricionais (e, quando comer frango, não abra mão da qualidade — procure frango criado solto e livre de antibióticos). Procure comer carne de aves cerca de uma vez por semana e carne vermelha e peixe no restante do tempo. Melhor ainda, entenda o que seu corpo pede e aprenda a encontrar a proteína que ele está dizendo que necessita.

Além de comer uma variedade de carne animal, também encorajo você a consumir *todas as partes* do animal — do focinho à cauda. Vísceras pararam de ser consumidas no Ocidente porque somos muito focados em comer carne dos músculos. Mas vísceras são especialmente ricas em nutrientes, então, vale a pena se empenhar para encontrá-las. É verdade, pode ser difícil descobrir como incorporar vísceras em uma dieta ocidental moderna. Minha forma de fazer isso é comprando patê de fígado de galinha caipira do meu açougueiro. Fígado de galinha é uma boa fonte de zinco, cobre, manganésio, vitaminas A e C, vitaminas do complexo B, ferro, fósforo e selênio.[27] Em outras palavras, é um multivitamínico da mãe natureza. Se puder, coma uma colher de patê a cada poucos dias, e isso vai ajudá-lo a atender às suas necessidades nutricionais.

Para obter os benefícios nutricionais da carne para a saúde cerebral, não é preciso comer um bife do tamanho da sua cabeça. Pense na carne mais como condimento do que como peça central. E, se comer carne não combina com seus princípios éticos, meus substitutos vegetarianos são qualquer combinação de arroz com feijão (que formam uma proteína completa quando consumidos juntos), ovos e laticínios integrais (se tolerados).

Reconsidere a carne

Pode parecer surpreendente, mas costumo recomendar que meus pacientes incorporem *mais* carne vermelha em sua dieta. Como ex-vegetariana, não dou esse conselho de forma leviana. Valorizo e respeito as escolhas arraigadas das pessoas ao se alimentar. Aliás, reconsidero a necessidade de carne em minha própria dieta a cada dia. Mas não posso negar o que testemunhei com meus pacientes e em meu próprio corpo — que incorporar carne, em especial vermelha, às vezes é um passo essencial na direção de curar os transtornos do humor e a ansiedade. A carne é um alimento rico em nutrientes e muitas vezes a forma mais biodisponível de conseguir alguns deles, como ferro e zinco, em quantidades adequadas.[28] Também acredito que a carne pode beneficiar a saúde de maneiras menos tangíveis ou fáceis de mensurar. Na medicina chinesa, por exemplo, entende-se que carnes, ensopados e caldos de ossos "constroem o sangue" e auxiliam necessidades críticas como o *Qi* do rim,* que, quando deficiente, pode levar à queda de cabelo, menos resistência física, intolerância ao frio, dor no joelho e uma tendência ao medo.

No que diz respeito a otimizar a saúde física, em geral recomendo adotar uma dieta que se aproxime à de seus ancestrais. Como será essa dieta depende de sua ascendência geográfica. Pode variar de uma dieta semivegetariana com pequenas quantidades de peixe a uma dieta mais farta de carne vermelha e tubérculos. Para muitos de nós, a inclusão de alguma quantidade de alimentos de origem animal — mesmo que bem pequena — pode ajudar muito a completar nossa nutrição e lidar com a causa-raiz da ansiedade

Sei que essas recomendações levantarão muitos questionamentos e até gerarão ira entre aqueles que fizeram a escolha de ter uma dieta vegetariana ou vegana. Então, deixe-me esclarecer: se ética e direitos animais são sua prioridade, pode ser que comer carne esteja fora de questão. Honro isso por completo. Esta sugestão, na verdade, é para quem está seguindo uma dieta vegana ou vegetariana por achar que é *mais saudável*. Se for seu caso, peço que reconsidere. Na verdade, depois de anos nos dizendo que carne vermelha não é saudável, cientistas da nutrição acadêmica admitiram sem alarde, em 2019, que as pesquisas não comprovam essa alegação.[29] Então, se for confortável para você, tente adicionar caldo de ossos bovinos, canja ou até um

* Na medicina tradicional chinesa, *Qi* (ou *chi*) (literalmente, traduzido como "ar") é a energia ou força vital, princípio fundamental dessa prática. (N. T.)

patê de fígado de galinha e veja se sua saúde e sua ansiedade melhoram. E, todos os carnívoros, estejam sempre conscientes do bem-estar animal, reverenciando o ato de comer carne, e evitem por completo produtos oriundos de fazendas industriais, por motivos éticos, ambientais *e* de saúde.

CARBOIDRATOS: AMIGOS OU INIMIGOS?

Como a maior parte dos conselhos nutricionais, as dietas *low carb* vivem entrando e saindo de moda. Mas, como sempre, não há uma recomendação universal sobre esse assunto. Na maioria das vezes, porém, percebo que meus pacientes que sofrem de ansiedade encontraram alívio *se permitindo* comer carboidratos, em vez de evitá-los. Esse efeito foi mais pronunciado entre as mulheres em idade reprodutiva. Assim como com a gordura (de que falaremos já, já), precisamos ter uma conversa cultural mais abrangente sobre quais carboidratos são saudáveis e quais não são.

É difícil comunicar essa distinção sem criar confusão. Costumo encorajar meus pacientes a reduzir o consumo de *carboidratos refinados*,[30] já que em geral são inflamatórios e desestabilizam a glicemia, mas, por algum motivo, esse conselho pode ser interpretado como: evite por completo os carboidratos. A maioria de nós se dá bem com esse macronutriente, e recomendo que você preencha o quarto restante de seu prato com ele. Aliás, acho que muita gente, em especial quem se preocupa com a saúde, precisa na verdade *aumentar* a ingestão de carboidratos para sinalizar ao corpo que não está, na verdade, vivendo em tempos de fome e, portanto, silenciar a reação de estresse. Para ser clara, isso não quer dizer se jogar na massa, no pão, nos biscoitos e bolos. Esses são os carboidratos *refinados*, que são inflamatórios, nos colocam em uma montanha-russa glicêmica[31] e podem danificar a saúde, contribuindo para diabetes,[32] obesidade,[33] demência,[34] doenças cardíacas,[35,36] problemas digestivos,[37] expectativa de vida menor[38] e ansiedade.[39]

Mas carboidratos de vegetais amiláceos — como batata-doce, batata-inglesa, banana-da-terra, abóboras, inhame e mandioca — não apenas não trazem problema como muitas vezes são benéficos e necessários para combater a ansiedade. Leva mais tempo para o corpo digerir e absorver os carboidratos desses tubérculos em comparação com os carboidratos refinados, o que nos oferece um suprimento estável de glicemia sem o pico e a queda. E essas fontes de carboidratos contêm algo chamado amido resistente, que pode servir como alimento das bactérias boas do intestino — que exploraremos melhor no próximo capítulo — e, assim, propiciar um sistema imunológico mais calmo e uma produção otimizada de neurotransmissores.

Em geral, não se culpe nem se prive quando tiver vontade de comer carboidratos, mas também não vá direto na versão processada. Procure vegetais amiláceos. Eles vão satisfazer seu desejo e dar ao corpo o combustível e os benefícios dos carboidratos sem a inflamação.

Vou admitir também que há quem se dê melhor com uma dieta cetogênica ou *low carb* composta principalmente de proteína, gordura e vegetais. Vejo essas dietas funcionando melhor para meus pacientes com significativa resistência à insulina, transtorno bipolar ou epilepsia, bem como para *biohackers* do sexo masculino comprometidos com a otimização de sua fisiologia. Por outro lado, em meu consultório, vi dietas *low carb* funcionarem de maneiras diversas em mulheres em idade reprodutiva. Aquelas que se comprometem por inteiro e comem nutrientes suficientes parecem conseguir treinar o corpo para depender de fontes de energia alternativas e se dão bem. Mas, em mulheres em idade reprodutiva que começam e param a *low carb* e a cetogênica ou não atingem suas necessidades calóricas, vejo o corpo ruir sob o fornecimento imprevisível de carboidratos e desenvolver sintomas como menstruação irregular, fadiga e exacerbação da insônia e da ansiedade. Acredito que isso ocorra porque, durante os anos reprodutivos, o corpo feminino está constantemente analisando o ambiente e avaliando se há disponibilidade de alimentos em abundância, além de depósitos de gordura suficientes, para levar adiante uma gravidez. Se houver, os hormônios da mulher continuam seu ciclo normal, ela ovula a cada mês, e o fluxo de hormônios relacionado ao eixo hipotálamo-pituitária-adrenal (HPA) pode também funcionar normalmente, ajudando-a a manter um humor positivo, motivado e calmo. Mas se o corpo receber o sinal de escassez de alimentos — o que pode acontecer quando se evita carboidratos —, o eixo HPA chega à conclusão de que não seria o momento ideal de conceber, e pode ajustar a cascata hormonal de forma a impedir que a mulher ovule. Isso tem ramificações no restante do corpo — e pode levar à ansiedade.

O CÉREBRO É FEITO DE GORDURA

Por fim, vamos falar de gordura. Eu *não* recomendo uma dieta com baixo teor de gorduras para ninguém que tem ansiedade. Aliás, uma das formas mais rápidas de melhorar a ansiedade é *aumentar* a quantidade de gorduras saudáveis na alimentação.

No que diz respeito a esse assunto, quero que você esqueça o que aprendeu sobre gordura saturada e insaturada. Foque, em vez disso, na distinção entre gorduras naturais e gorduras fabricadas pelo homem, como gorduras trans, margarina e óleos vegetais e de sementes industrialmente processadas, por exemplo, de canola e de soja. Você talvez até tenha a impressão de que óleos vegetais fazem bem — afinal, têm "vegetal" no nome. Infelizmente, embora azeite de oliva e óleo de abacate sejam bastante saudáveis, os óleos vegetais e de sementes industriais são ultraprocessados, inflamatórios[40,41] e podem promover doenças cardíacas, câncer e outros problemas de saúde.[42,43,44,45,46] Por outro lado, as gorduras de animais e a gordura minimamente processada de plantas, como abacate, nozes e coco, costumam ser bem toleradas pelo corpo e promovem saúde, mesmo sendo tecnicamente "saturadas", como as do coco e da macadâmia. Essas fontes de gordura têm relação mais próxima com as gorduras que os humanos consomem há milênios e, portanto, são mais reconhecíveis por parte do corpo e têm menos probabilidade de provocar o sistema imunológico. Uma vez que tiver abandonado o óleo de canola, você talvez se pergunte com que gorduras cozinhar, então. Para cozinhar em baixa temperatura, use azeite, óleo de coco e manteiga de vacas alimentadas a pasto; para cozinhar em alta temperatura, *ghee*, banha de boi alimentado a pasto e óleo de abacate são boas escolhas. Mesmo que você não cozinhe com óleo de canola em casa, vale a pena estar ciente do fato de que, sempre que você sai e troca dinheiro por comida, essa comida quase com certeza está sendo preparada com óleos vegetais produzidos industrialmente. Assim, comer comida feita em casa pode ajudar a evitar inflamações.

Em geral, recomendo que meus pacientes com ansiedade aumentem o consumo de gorduras saudáveis. Claro, a moderação é importante no que diz respeito à gordura, mas, ao contrário de carboidratos refinados, açúcar e alimentos processados, a gordura de verdade sacia e, portanto, é difícil consumir demais. Comer uma quantidade razoável de gordura a cada refeição ajuda a estabilizar a glicemia e evita que o corpo experimente o tremor e a irritabilidade da ansiedade falsa.

LANCHES, FRUTAS E ALIMENTOS FERMENTADOS

Agora que montamos seu prato, vamos falar de lanches.

Primeiro: frutas. Aqui vai uma dica: coma fruta e não pense demais. Algumas pessoas se preocupam com o açúcar das frutas. Claro, seja razoável — tenha cautela com bombas de açúcar como vitaminas de frutas e frutas secas. Mas, se quiser comer uma maçã ou frutas vermelhas ao fim da refeição, vá em frente e sinta-se bem com isso.

Além de fruta, coma de lanche oleaginosas e sementes, azeitonas, abacates, ovos cozidos, carne seca de animais alimentados a pasto e chocolate amargo de boa qualidade (procure alta porcentagem de cacau, mínimo açúcar e leite, e nada de lecitina de soja geneticamente modificada). Você também pode beliscar vegetais marinhos como *dulse* ou *nori*, que são uma fonte excelente de nutrientes difíceis de encontrar, como enxofre e iodo natural.

Recomendo também inserir alimentos fermentados no dia a dia — isso inclui *kimchi*, chucrute, missô, *natto*, vinagre de maçã, *kvass* de beterraba e, se você tolera laticínios, talvez um pouco de kefir e iogurte. São alimentos funcionais — introduzindo bactérias boas no intestino, vão ajudar a curá-lo, diminuir a inflamação, promover a síntese de neurotransmissores como serotonina e Gaba,[47,48,49] e melhorar a função imune enquanto você lancha.

Um último alimento para adotar é caldo de ossos. Essa fonte de colágeno, glicina, glutamina e ferro é um burro de carga nutricional que cura o intestino e aumenta os estoques de nutrientes, ajudando pele, cabelo e unhas a ficarem saudáveis — e tudo isso é marcador da saúde interna também. A maioria das culturas tradicionais tinham sua versão do caldo de ossos porque o consideravam uma necessidade nutricional e uma forma eficiente de tirar o máximo de nutrição possível dos animais que consumiam.[50]

O melhor dos dois mundos

Muitos de nós se beneficiariam de tirar o melhor do veganismo e da dieta paleolítica. À primeira vista, são abordagens diametralmente opostas — um enfrentamento entre a praticante de ioga que bebe suco verde e o praticante de CrossFit que rói um osso, falando em estereótipos. Mas combinar os benefícios dessas duas disciplinas oferece uma abordagem alimentar oposta à de e/ou.

Meus pacientes veganos costumam comer muitas frutas e vegetais, o que é ótimo, mas muitos deles também são atraídos por doces (como bolos veganos altamente processados) e quantidades excessivas de pasta de castanhas, amêndoas e amendoim. Quando sofrem de ansiedade, vejo que muitas vezes é relacionada a deficiências de micronutrientes (por exemplo, zinco, B_{12}[51] e ômega-3) e comida "fria" demais — ou seja, segundo a medicina chinesa, faltam na dieta vegana comidas aterradoras, quentes, substanciais como caldo de ossos, canja de galinha e ensopado de carne.

Por outro lado, temos o Senhor Paleo, que se recompensa depois de um longo dia no "box" de CrossFit com um pedação de barriga de porco no jantar. Paleo? Com certeza! Carne de mais e vegetais de menos? Com certeza também. É uma armadilha comum.

No fim das contas, a maioria das pessoas que segue uma dieta vegana poderia se sentir (fisicamente) muito melhor se incluísse um pouco de caldo de ossos e carne vermelha. E a maioria das pessoas que tem uma dieta paleo poderia muito bem comer um pouco menos de carne e mais vegetais. Ter uma dieta com muitas plantas que inclui quantidades criteriosas de alimentos de fonte animal, como carne não processada e frutos do mar, costuma ser uma aposta boa para saúde física e mental ideais.

O QUE NÃO COMER

Certos alimentos podem inflamar, prejudicar o intestino, causar picos de glicemia e afetar negativamente corpo e cérebro. Para comer de modo a melhorar a saúde física e mental, estes são os alimentos cujo consumo se deve evitar ou diminuir:

- Alimentos ultraprocessados.
- Gorduras fabricadas pelo homem, o que inclui gorduras trans, margarina e óleos vegetais e de sementes industrialmente processados, como de canola.
- Açúcar adicionado e xarope de milho rico em frutose.
- Adoçantes artificiais.
- Carboidratos refinados. (Mas tome especial cuidado para evitar farinha convencional, que contém glifosato, um pesticida que contribui para a inflamação intestinal,[52] permeabilidade intestinal[53] e risco de câncer,[54] mas, ainda assim, é, por algum motivo, encontrado em nossos alimentos.)
- Alimentos de outros cultivos geneticamente modificados, como soja e milho convencionais. (Por mais polêmico que possa ser, minha intuição diz que pesticidas associados a transgênicos prejudicam o intestino e, portanto, afetam de forma adversa o funcionamento do sistema imunológico e cérebro.)
- Qualquer coisa com conservantes, corante alimentício ou o ingrediente “aroma natural”, que com frequência é tudo, menos natural.

É uma lista bem longa. Você vai conseguir ou deveria segui-la perfeitamente 100% do tempo? *Não*. Eu faço isso? *De jeito nenhum!* O mundo em que vivemos pode dificultar comer dessa forma; é caro, inconveniente e nos isola socialmente. E a verdade é que o estresse de tentar alcançar a perfeição alimentar vai contribuir para a ansiedade mais do que a alimentação ideal vai ajudar a aliviá-la. Simplesmente faça seu melhor e seja flexível com esse processo *e consigo mesmo*.

Conte substâncias químicas, não calorias

Você deve ter notado que calorias não são meu foco. No que diz respeito à saúde do corpo, acredito que o importante são as substâncias químicas. (E, sim, tudo, até a água, tecnicamente é substância química, mas uso esse termo para falar de componentes alimentícios criados pelo homem, como conservantes e açúcar artificial.) Você ainda vai ouvir a galera convencional pregando que o emagrecimento se resume a uma simples equação de calorias em que entram menos calorias que saem, mas essa fórmula é baseada em ciência ruim. A *qualidade* das calorias que comemos importa mais para a saúde do que a quantidade. Aliás, a *qualidade* da comida que comemos impacta na *quantidade* que temos vontade de ingerir — ou seja, certas calorias saciam, enquanto outras parecem apenas abrir o apetite. Para não mencionar que a *quantidade* de comida que comemos impacta a taxa metabólica basal, que é a porção "calorias que saem" da equação. Isso é cálculo, não subtração.

Para os defensores do déficit calórico que ainda estão aí, permitam-me contra-argumentar com evidências. Pesquisadores canadenses alimentaram duas populações de ratos com a mesma dieta e o mesmo número de calorias diárias — mas um grupo recebeu água adoçada com aspartame, enquanto o outro recebeu água sem adoçante. Embora não tenha havido diferença em *calorias* entre os dois grupos, os ratos que consumiram aspartame engordaram e desenvolveram marcadores de síndrome metabólica (colesterol alto e disglicemia).[55] A mera presença de adoçante artificial foi suficiente para desequilibrar a saúde metabólica dos animais.[56]

Um estudo recente com humanos também elucidou esse conceito. Pesquisadores suecos deram a dois grupos de adultos saudáveis não obesos o mesmo número de calorias diárias, com a única distinção de que um grupo comia amendoins de lanche e o outro comia uma quantidade caloricamente equivalente de doce. Enquanto os comedores de amendoins viram melhorias em sua saúde metabólica, o grupo consumidor de doce experimentou aumento de peso, circunferência abdominal e colesterol LDL, um resultado que ilustra que *o que* comemos, não apenas *quanto*, impacta a saúde metabólica.[57]

Alimentos processados, projetados para ser hiperpalatáveis, anulam os sinais de saciedade, levando-nos a comer demais e chegar a um estado de saúde metabólica ruim, o que impacta negativamente a saúde do cérebro. Sua melhor aposta para reduzir essa fonte de ansiedade falsa é tentar comer comida de verdade e evitar comida de mentira — concentrando-se mais no "que" do que no "quanto".

8

O corpo pegando fogo

"No fim das contas, não somos mais
do que uma soma de nossas partes, e,
quando o corpo falha, todas as virtudes
que nos são caras vão junto com ele."
— Susannah Cahalan, *Insana: meu mês de loucura*

Desde os anos 1990, a hipótese monoaminérgica é a teoria prevalente da psiquiatria em relação a certas doenças mentais. Essa teoria sugere que a saúde mental resulta de um desequilíbrio genético de neurotransmissores, como serotonina, no sistema nervoso central. Hoje, a hipótese monoaminérgica ainda é consenso sobre como entendemos transtornos como depressão e ansiedade. Sem dúvida, há mérito nessa teoria, mas há agora evidências indiscutivelmente mais fortes para apoiar a ideia de que muitas vezes — não sempre, mas *muitas vezes* — a inflamação no corpo tem um papel central na depressão e na ansiedade.[1,2,3] Essa teoria concorrente é chamada hipótese citocinérgica ou inflamatória.

A ideia ampla é que nossa resposta evolutiva à inflamação se alinha aos sintomas dos transtornos de humor. A maioria dos sintomas que associamos a estar doentes — fadiga, mal-estar, *argh* — é causada não pelo vírus ou bactérias em si, mas pelo próprio sistema imunológico se mobilizando para lutar contra eles. E a inflamação aguda — que é essencialmente o sistema imunológico em ação, se intensificando para proteger o corpo — é a batalha que ocorre na corrente sanguínea. Por projeto evolutivo, esses sintomas nos fazem cancelar planos, entrar embaixo das cobertas e descansar; essa abordagem à cura evita que infectemos os outros e nos dá a melhor chance de lutar contra o invasor, já que o sistema imunológico funciona melhor quando estamos em repouso. Mas esses sintomas têm uma semelhança assustadora com o que chamamos de depressão.

Fortalecendo ainda mais a teoria de que a inflamação pode afetar a saúde mental, pesquisas recentes mostram que citocinas — proteínas sinalizadoras secretadas por células específicas do sistema imune que servem essencialmente como marcadores inflamatórios — podem cruzar a barreira hematoencefálica, que existe para protegê-lo contra toxinas e patógenos circulantes. Aliás, já foi mostrado que citocinas impactam diretamente regiões do cérebro relacionadas ao medo e à detecção de ameaças — incluindo a amígdala, a ínsula, o córtex pré-frontal e o córtex cingulado anterior. Isso sugere que a inflamação pode contribuir diretamente para a ansiedade, informando ao cérebro que estamos, de fato, sendo ameaçados.[4] Consequentemente, sintomas cognitivos comumente considerados problemas de saúde mental — como ansiedade e os pensamentos invasivos do TOC[5,6] — podem, na verdade, vir da reação do cérebro à inflamação.

O EXÉRCITO DENTRO DE NÓS

O sistema imunológico é uma rede complexa e primorosamente projetada de células e moléculas sinalizadoras que serve como uma poderosa defesa contra uma série de ameaças. Desde que os primeiros seres humanos caminharam sobre a Terra, o arsenal sofisticado do sistema imunológico foi um salvador de vidas frente a bactérias, vírus e outros patógenos, porém mudanças em nosso ambiente impactaram o funcionamento do sistema imune. Para começo de conversa, avanços na medicina e higiene modernas — como antibióticos e saneamento de água — permitiram que o sistema imune assumisse um status de reserva (com a flagrante exceção da recente pandemia de Covid-19). O corpo já não precisa passar tanto tempo lutando contra invasores importantes, o que significa que recebe menos "educação" para diferenciar entre amigo e inimigo. Ao mesmo tempo, o corpo é cada vez mais bombardeado com substâncias químicas e alimentos irreconhecíveis — que vão de pesticidas a ftalatos a biscoitos doces (essencialmente, agentes estranhos com os quais o corpo não evoluiu sabendo lidar) — que provocam o sistema imunológico da mesma forma que uma infecção genuína provocaria. Uma ingestão diária de Doritos, por exemplo, deixa o sistema imunológico beligerante e confuso. Ele continua lutando, pensando que tem uma chance de matar a "infecção" dos Doritos, mas o sistema imunológico não foi construído para derrotar salgadinhos — sem mencionar que, a cada petisco, somos "reinfectados". Com o tempo, uma dieta consistentemente inflamatória pode resultar em um sistema imunológico desregulado e hipervigilante, um corpo inflamado e sentimentos contínuos de depressão ou ansiedade.

QUANDO O CORPO SE VOLTA CONTRA SI MESMO

Sempre que vejo TV aberta, fico impressionada com o número de anúncios publicitários de imunossupressores — medicamentos para tratar um sistema imunológico errático. Doenças autoimunes, incluindo artrite reumatoide, colite ulcerativa, doença de Crohn, doença celíaca, tireoidite de Hashimoto, doença de Graves, esclerose múltipla, lúpus, psoríase, vitiligo, diabetes tipo 1 e eczema, chegaram a níveis epidêmicos nos Estados Unidos, afetando, estima-se, de 10 a 40 milhões de americanos[7,8] — e o número aumenta a cada ano.[9]

A autoimunidade ocorre quando um sistema imunológico cronicamente mal-informado começa a atacar as células do próprio corpo. Os pré-requisitos para desenvolver autoimunidade parecem incluir um estressor (pode ser estresse físico, como uma crise agressiva de intoxicação alimentar, ou estresse mental, como passar por uma perda repentina); uma predisposição genética; e uma barreira intestinal comprometida,[10] também conhecida como permeabilidade intestinal ou pelo nome em inglês, *leaky gut*. Há também uma hipótese de que o dano aos tecidos possa provocar um ataque imune, o que pode ocorrer como resultado de infecção crônica, lesão ou exposições ambientais a coisas como mofo ou metais pesados.[11,12] Sintomas de autoimunidade podem aparecer como alergias de pele, problemas digestivos, dor nas juntas ou fadiga, ou de diversas outras formas. Mas sabe quais outros sintomas estão muito conectados a doenças autoimunes? Depressão e ansiedade. Aliás, elas ocorrem em taxas maiores do que com outras doenças sérias, o que sugere que as pessoas não só ficam deprimidas e ansiosas por estarem doentes,[13] mas que essas mudanças de humor são resultado direto de algo inerente à autoimunidade.

Minha teoria é que a autoimunidade crônica em si pode causar depressão e ansiedade porque as citocinas, marcadores inflamatórios que impactam diretamente o cérebro quando estamos inflamados, transmitem essencialmente ao sistema nervoso central que o corpo está em estado de batalha, fazendo com que nos sintamos intranquilos.

Aliás, a conexão entre ansiedade e autoimunidade parece ser bidirecional. Pesquisas sobre experiências adversas na infância (referidas em estudos como EAI) acharam incidências significativamente mais altas de autoimunidade entre pessoas que foram negligenciadas, abusadas ou submetidas de alguma outra forma a estressores sérios na juventude.[14] Às vezes me pergunto se certos casos de autoimunidade se desenvolvem mais tarde na vida como reação física à dor permanente infligida por traumas de infância. Talvez adultos que passaram por EAI tenham corpos que internalizaram a dor — e foram condicionados a ter uma reação hipervigilante a ameaças, tanto mental quanto fisicamente.

Em um tom mais esperançoso, a autoimunidade pode ser evitável e remediável se adotarmos medidas para amenizar os problemas gastrointestinais, as exposições ambientais e o estresse. Minha paciente Nina sofria com síndrome do intestino irritável (SII), mudanças de humor, uma alergia em formato de borboleta no rosto e aftas frequentes — tudo característico de uma doença autoimune comum chamada doença celíaca, causada pelo glúten em indivíduos suscetíveis. Nina também estava notando problemas gastrointestinais quando comia refeições ricas em glúten, massa, por exemplo. Quando consultou um gastroenterologista, ele apresentou resultados negativos de exames e exclamou: "Ótima notícia, você não tem doença celíaca!". Por outro lado, não ofereceu *nenhuma explicação* para o glúten a estar deixando contorcida de dor. O conselho dele: "Não se deixe abater! Você pode, e deve, continuar a consumir glúten". Embora a medicina convencional tenha falhado com ela, Nina conseguiu conectar os pontos entre seus problemas digestivos crônicos, seus misteriosos sintomas aparentemente autoimunes e o glúten em sua dieta. Depois de dias sem glúten, a saúde dela, que estava se deteriorando, mudou, e o corpo começou a se curar.

Infelizmente, a medicina convencional, com ênfase em tratamento em vez de prevenção, além da visão do corpo como composto por vários órgãos separados em vez de uma teia de interconexões, não está numa boa posição para lidar com a autoimunidade. Um médico trata psoríase, enquanto outro trata ansiedade. Quem está recuando um passo para ver a relação entre as duas? Quem sabe como acalmar uma inflamação na raiz de ambas, em vez de simplesmente suprimi-la com esteroides e medicamentos imunomoduladores (que causam um rebote de inflamação ao serem descontinuados)? A medicina convencional também prefere esperar até uma doença estar "instalada", antes de tratar, o que não só causa sofrimento desnecessário, mas também torna mais difícil resolver o problema uma vez que ele é enfim enfrentado.

Se você suspeita que a autoimunidade tenha um papel em sua ansiedade — ou se você tem qualquer sinal ou sintoma similar àqueles que mencionei —, procure um médico funcional ou um naturopata que possa chegar à raiz de sua condição. Também recomendo seguir os conselhos deste livro para curar o intestino, diminuir a inflamação e administrar o estresse.

A CONEXÃO INTESTINO-SISTEMA IMUNOLÓGICO-CÉREBRO

Tenho uma paciente, Joni, 42 anos, que, além de ansiedade, apresentava muitos sinais indicativos de algo errado em seu aparelho digestivo, como evidenciado tanto por seu estado quase constante de inchaço e distensão abdominal quanto por hábitos intestinais que alternavam entre constipação e fezes amolecidas. Ela também experimentava acne, eczema e enxaqueca, pistas adicionais que levam ao intestino. Passamos alguns meses fazendo uma abordagem orquestrada para curar o intestino dela e, como previsto, quando os sintomas digestivos e inflamatórios melhoraram, a ansiedade também melhorou. Talvez ainda mais favorável a essa conexão: sempre que Joni acidentalmente — ou intencionalmente, aliás — consumia uma comida que inflamava o intestino, a ansiedade voltava de forma vertiginosa.

Como hoje sabemos, cerca de 70% da atividade imune acontece no intestino.[15] Essa distribuição pode parecer surpreendente, mas na verdade é um bom projeto, dado que o intestino é um dos principais pontos de contato do corpo com o mundo externo. Só o intestino delgado tem uma área de superfície equivalente a uma quadra de tênis, dando às comidas, bebidas e germes que ingerimos acesso direto ao corpo e tornando o aparelho digestivo o lugar mais lógico para posicionar boa parte de nosso exército de defesa. Temos pele circundando nosso exterior para nos proteger, mas tudo o que engolimos ganha acesso íntimo a nossa paisagem interna.

Por que a saúde intestinal afeta a ansiedade? Há alguns motivos principais. Primeiro, cérebro e intestino estão conversando, mesmo que psiquiatra e gastroenterologista não estejam. Como descrevi no capítulo 2, há uma linha direta entre intestino e cérebro. Essa comunicação é possibilitada pelo nervo vago, que é o principal componente do sistema nervoso parassimpático e manda informações nas duas direções entre o intestino e o cérebro.[16] Então, o cérebro pode dizer ao intestino: "Estou prestes a falar para cem pessoas e estou surtando. Vamos ter diarreia!". Mas, talvez mais importante, o intestino também responde para o cérebro com um comentário do tipo: "Desde aquele antibiótico que você tomou para aquela infecção de trato urinário, tudo está uma bagunça aqui embaixo. Vou deixar você ansioso e se sentindo mal até a gente resolver esta situação". Quando você ignora esses sinais, o intestino nunca tem a oportunidade de se reparar e vai continuar mandando a mensagem para o cérebro fazer você se sentir péssimo.

Além das comunicações pelo nervo vago, os trilhões de micro-organismos no trato gastrointestinal, aos quais nos referimos como microbiota, também impactam os níveis de ansiedade. Há um campo emergente chamado psicobiótica que estuda os efeitos dos micróbios gastrointestinais na saúde mental e começou a estabelecer uma relação bidirecional entre microbiota intestinal e o cérebro, chamada de eixo microbiota-intestino-cérebro (MIC). Evidências crescentes, como as descritas pelos pesquisadores de psicobiótica da Universidade Tufts, apontam para a possibilidade de que a microbiota intestinal possa influenciar os sistemas imunológico e nervoso, e vice-versa.[17] Pesquisadores também descobriram que certas espécies de *Lactobacillus*, por exemplo, ajudam a melhorar a resiliência ao estresse e sintomas cognitivos, além de aliviar a ansiedade.[18] Outros estudos focaram a relação entre saúde mental e antibióticos — que matam bactérias tanto patogênicas quanto benéficas —, revelando que "exposição recorrente a antibióticos está associada a risco aumentado de depressão e ansiedade".[19] Imagina-se que antibióticos tenham impacto mental por destruírem as populações de bactérias boas no intestino. Inclusive, vários estudos demonstraram que a restauração de bactérias benéficas saudáveis por meio de suplementação probiótica ou consumo de alimentos fermentados tem a capacidade de melhorar o humor e a ansiedade.[20,21] Por fim, pesquisas demonstraram que reinstalar as bactérias boas — o que pode ser feito por meio de dieta e suplementação de probióticos — reduz a inflamação sistêmica, que se imagina ser uma das formas como as bactérias boas exercem seu efeito ansiolítico.[22] Embora seja um campo de estudos novo, já está abundantemente claro que melhorar o equilíbrio de micróbios pode ajudar demais a reduzir a ansiedade.[23]

Você também deve lembrar que o intestino, junto com o cérebro, é responsável por produzir certos neurotransmissores, incluindo serotonina e Gaba — substâncias químicas de que o cérebro precisa para ajudar a nos sentirmos bem. Como mencionei, também há evidências na literatura médica sugerindo que cepas específicas das bactérias intestinais *Bacteroides* estão relacionadas à síntese de Gaba.[24] O fato de certas bactérias estarem relacionadas à síntese de Gaba ajuda a entender como uma flora intestinal comprometida pode impactar diretamente a disponibilidade de Gaba e, portanto, a ansiedade. Então, quando analiso a epidemia de ansiedade diante de nós, *minhas* entranhas me dizem que o extermínio induzido por antibióticos das bactérias produtoras de Gaba no intestino tem um papel central.

Por fim, uma forma especialmente importante de a saúde intestinal contribuir para a ansiedade é por meio da inflamação. Como explorei na Parte I, disfunção intestinal tem a capacidade única de criar inflamação sistêmica por todo o corpo, incluindo o cérebro. De forma simples: incêndio no intestino, incêndio no cérebro. E, como discutimos, isso pode ocorrer quando lipopolissacarídeos — componentes normais do intestino — passam por uma parede intestinal permeável, ou quando o intestino é tomado por bactérias patogênicas e oportunistas e instrui o sistema imunológico a entrar em estado de alerta vermelho e ser combativo, em vez de tolerante.[25] Nesses dois cenários, a inflamação chega ao cérebro e nos sentimos ansiosos.

Uma técnica rápida para identificar se o intestino está contribuindo para a ansiedade — para além de observar sintomas de trato gastrointestinal como diarreia, constipação, inchaço e azia — é desenhar uma linha do tempo de sua saúde física, acontecimentos de vida e ansiedade. Para alguns de nós, a ansiedade é um estado mental constante desde que conseguimos nos lembrar. Para outros, a ansiedade começou, por exemplo, durante um divórcio ou após uma viagem ao exterior, o uso de um antibiótico, um procedimento médico ou uma crise de intoxicação alimentar. Se alguma explicação desse tipo é seu caso, há motivo para suspeitar de que no cerne de sua ansiedade esteja a saúde intestinal comprometida, provavelmente por mudanças no microbioma, ou pela invasão de um micróbio, ou pelo extermínio de bactérias boas após um tratamento com antibióticos. Ademais, o próprio estresse significativo pode se comportar como um tratamento com antibiótico, impactando o ecossistema no intestino e a saúde da parede intestinal. Então, não importa se a causa original do problema foi Cipro, salmonela ou um divórcio; uma vez que você curar o intestino, terá percorrido um longo caminho na direção da cura da ansiedade.

A modulação intestinal se resume a alguns passos: remover o que irrita o intestino, adicionar o que acalma o intestino e aí criar as condições para ele se curar. Como já falamos, várias comidas podem irritar o intestino. Embora se fale muito do glúten e da lactose,[26] óleos industriais vegetais,[27,28,29] adoçantes artificiais,[30] estabilizantes alimentícios como carragenina[31] e pesticidas como glifosato[32] na dieta são causas ocultas de disfunção intestinal. Há também várias classes de medicamentos que têm efeito adverso na saúde intestinal. Você conseguirá proteger melhor o intestino se pender para o lado de evitar antiácidos desnecessários,[33] analgésicos como ibuprofeno[34] e analgésicos controlados,[35] pílulas anticoncepcionais[36] e antibióticos[37] sempre que possível. É claro, são sugestões amplas que precisam ser entendidas no contexto de suas necessidades únicas de saúde (não faça nenhuma mudança sem conversar com seu médico). E não quero sugerir que você deva evitar tudo isso 100% do tempo. Isso é só uma sugestão para pesar os benefícios da medicação com os custos a sua saúde intestinal.

No que diz respeito a acalmar o intestino, recomendo caldo de ossos para dar a matriz de colágeno necessária para curar uma parede intestinal danificada; *ghee*, que fornece ácido butanoico, um combustível natural para as células da parede intestinal; e glutamina, um aminoácido que ajuda a reparar esses tecidos. Você também vai querer repopular o intestino com bactérias benéficas. A maioria das pessoas pensa em probióticos — micro-organismos saudáveis e vivos achados em forma de comprimido — para isso. Embora possam ser úteis, a chave para colonizar o intestino com bactérias saudáveis é consumir regularmente comidas fermentadas, como chucrute, e tubérculos amiláceos, como batata-doce (que funcionam como o prebiótico, ou alimento, para as bactérias benéficas). Vale notar que algumas pessoas precisam tomar um cuidado extra ao introduzir essas bactérias boas. Se você apresenta sintomas como inchaço ou gases, como minha paciente Joni apresentava, talvez tenha uma proliferação de bactérias no trato gastrointestinal superior, chamada supercrescimento bacteriano do intestino delgado ou SCBID. Isso significa que é preferível acabar com o supercrescimento antes de reintroduzir bactérias boas. Nesse cenário, seria bom buscar um naturopata ou um médico funcional para administrar a SCBID.

Meu último conselho para a modulação intestinal: não seja um obstáculo a si mesmo. Essa modulação requer uma alocação de energia que só pode ser atingida por meio do descanso. Como cultura, amamos comprar o suplemento da moda para consertar um problema, mas as mudanças comportamentais necessárias às vezes podem ficar em segundo plano. No entanto, depois de anos trabalhando a modulação intestinal com meus pacientes, passei a reconhecer que isso é uma condição *sine qua non*. Em outras palavras, se você não descansar e reduzir o estresse, o intestino não vai se modular, não importa quanto você dispense o glúten e consuma caldo de ossos. Se você tem problemas intestinais e ansiedade e quer se sentir melhor, seu corpo precisa descansar. Eu sei que às vezes pode parecer que você precisa mover montanhas para encaixar um sono adequado e controle do estresse. Mas mova essas montanhas. Durma o suficiente, faça menos no geral e adquira o hábito de praticar alguma forma de relaxamento todos os dias.

Um recado a quem toma algum remédio estimulante como Adderall ou Vyvanse (lisdexanfetamina): a cura do corpo em geral e a modulação intestinal em particular só podem ocorrer quando o sistema nervoso está em um modo parassimpático ou de relaxamento. Esteja ciente de que estimulantes estão colocando seu corpo em uma reação de estresse *de propósito*. Muitos pacientes só conseguiram modular o intestino depois de descontinuar o uso de estimulantes, porque o corpo mantinha uma reação de estresse induzida que estava impedindo a cura verdadeira.

O último passo da modulação intestinal é comprar um banquinho de cócoras. Dê um Google — e me agradeça depois.

COMO TRATAR A ANSIEDADE RECALIBRANDO O SISTEMA IMUNOLÓGICO

É possível usar comida como informação para restaurar o sistema imunológico a um estado de equilíbrio e ajudar a controlar a depressão e a ansiedade. Além de diminuir o consumo de alimentos inflamatórios, trabalho com meus pacientes para adicionar certas comidas e práticas que ajudarão a extinguir a inflamação. Gosto de começar com curcumina, o princípio ativo da cúrcuma. A curcumina age em um sustentáculo particular do sistema imune chamado NF-KB[38,39] — essencialmente comunicando a ele: "Não se abale por coisas pequenas". Recomendo que pacientes incorporem curcumina na dieta com pratos de curry ou misturando pasta de cúrcuma com *ghee* e água para fazer um *golden milk* indiano tradicional. Cozinhar com cúrcuma e pimenta-preta tem um efeito sinérgico, oferecendo ainda mais valor anti-inflamatório. Gengibre,[40] alho,[41] cebolas,[42] alimentos ricos em ômega-3 como salmão[43] e quase todos os vegetais pigmentados, como folhas verde-escuras e beterraba,[44] também são benéficos a um sistema imunológico irascível.

Além de diminuir a inflamação, também é necessário *recalibrar* o sistema imunológico. Isso nos leva de volta à noção de que esse sistema é um maquinário poderoso e complexo que evoluiu em condições amplamente diferentes daquelas em que vivemos hoje. No que vou chamar de "época evolutiva", vivíamos em um estado de constante exposição a micróbios. Alguns deles eram benignos, alguns eram simbióticos (ou seja, nos ajudavam) e alguns eram patogênicos e parasíticos (ou seja, tinham potencial de nos causar danos). Do canal vaginal do parto até a sujeira na comida e a proximidade com animais (inclusive com as fezes deles), éramos expostos a micróbios. E todas essas exposições criavam um ecossistema diverso de micróbios vivendo no aparelho digestivo. Esse ecossistema de seres *calibra* o sistema imunológico — ou seja, as bactérias e vírus no corpo estão em conversa constante com esse sistema. Com um ecossistema diverso e, portanto, uma conversa variada, o sistema imunológico pode praticar bastante e aprende a reconhecer a diferença entre patogênico e benigno, entre amigo e inimigo.

Corta para hoje. Desde o primeiro momento de vida, muitos de nós começam com a flora intestinal comprometida. Por exemplo, bebês que nascem de cesariana — atualmente 32% dos partos nos Estados Unidos[45] — têm impresso no aparelho digestivo os micróbios do ar do hospital e da pele dos funcionários, em vez dos da flora vaginal da mãe.[46] Um parto vaginal imprime no aparelho digestivo do bebê uma gama diversa de micróbios da mãe, mas até essa transferência de bactérias benéficas pode ser comprometida pelos antibióticos de amplo espectro que damos às mães que têm exame positivo para estreptococo do grupo B — uma bactéria vaginal normal — durante o parto. (Nos Estados Unidos, cerca de 40% das mulheres recebem antibióticos durante o parto.[47])

Não pretendo de forma alguma culpar ou diminuir ninguém por ter feito uma cesárea — que muitas vezes é um procedimento inevitável e que salva vidas —, mas, mesmo assim, são aspectos da vida moderna que impactam a microbiota e contribuem para um sistema imunológico desregulado. E devemos ter clareza no esforço de nos ajustar a isso. "Não desejo banir antibióticos nem cesarianas assim como ninguém sugeriria banir automóveis", escreve o renomado pesquisador de microbioma dr. Martin J. Blaser em seu livro *Missing Microbes* [Micróbios em falta]. "Só peço que sejam usados de forma mais sábia e que sejam desenvolvidos antídotos a seus efeitos colaterais mais graves."[48]

Mesmo depois que nascemos, vivemos em um mundo que promove um amplo ataque à diversidade da flora intestinal. Aos vinte anos, por exemplo, o jovem americano médio recebeu dezessete ciclos de antibióticos.[49] Quando se adiciona a isso o açúcar e os alimentos processados na dieta, estresse crônico, álcool, antiácidos, anticoncepcionais, remédios psiquiátricos, resíduos de antibiótico nos derivados do leite e cloro na água da torneira, o ecossistema do aparelho digestivo moderno é dizimado. No fim, ficamos com um sistema imunológico imponente que não passou pelo treinamento básico. Isso fica evidente nas doenças inflamatórias crônicas que são epidêmicas entre crianças hoje — asma, eczema, alergias e intolerâncias alimentares. Eu argumentaria até que alguns casos de transtorno de déficit de atenção e hiperatividade (TDAH) são causados por inflamação.[50] E isso somado à conexão menos conhecida entre inflamação crônica e muitos dos problemas de saúde mais importantes que atingem a população, de doença cardíaca[51] e câncer[52] a demência[53] e, claro, problemas de saúde mental.[54,55]

Então, como começar a lidar com esse problema? Alguns fatores não estão inteiramente sob nosso controle, mas *há* algumas atitudes que podemos tomar. Abaixo, há uma lista de recomendações que ofereço aos meus pacientes — muitas das quais convenientemente coincidem com os meus conselhos para reduzir a ansiedade em geral.

1. Evite alimentos inflamatórios, como óleos vegetais, e adicione alimentos anti-inflamatórios, como cúrcuma.
2. Mantenha um sistema diverso de micróbios em seu intestino evitando antibióticos desnecessários e consumindo alimentos fermentados e tubérculos amiláceos.
3. Module o intestino evitando aquilo que o irrita, como os alimentos expostos ao herbicida glifosato (por exemplo, farinha convencional), e adicionando o que o acalma, como caldo de ossos.
4. Dê ao sistema imunológico os nutrientes que ele requer para funcionar bem — zinco, vitamina C, vitamina A e vitaminas do complexo B são um bom começo.
5. Evite luz azul após o pôr do sol. A atividade imune é promovida pelo hormônio melatonina, mas só secretamos melatonina em reação à escuridão. (Veja mais informações sobre luz azul no capítulo 5.)
6. Descanse o suficiente. O sistema imunológico faz a maior parte de seu trabalho enquanto dormimos.

7. Relaxe. Quando existimos em um estado de estresse crônico, a atividade imune é suprimida.
8. Cheque seus níveis de vitamina D e garanta níveis saudáveis de exposição ao sol (veja a próxima seção para mais informações). Se não for possível ter exposição suficiente ao sol, suplemente a vitamina D.

Como sempre, a vida moderna é basicamente o oposto dessas recomendações. A comida nos deixa inflamados e subnutridos; não dormimos o suficiente; passamos tempo demais em lugares fechados — perdendo a luz do sol de pleno espectro durante o dia, mas superiluminando os ambientes à noite; e existimos em um estado de medo, viciados no ciclo de notícias 24 horas. Mas, se você conseguir fazer pelo menos algumas das mudanças da lista acima, estará a caminho de um sistema imunológico mais bem calibrado e uma mente menos ansiosa.

ENTENDEMOS ERRADO O SOL

A luz solar melhora o humor de várias maneiras, mas talvez sua contribuição mais importante à saúde mental seja que ela permite que a pele fabrique vitamina D. A sagrada vitamina D, essencial à saúde mais do que a maioria de nós compreende. Para ter um humor calmo e evitar resfriados e doenças autoimunes, precisamos de níveis saudáveis de vitamina D.

Essa vitamina é tão essencial que a evolução não arriscou. O corpo vem equipado com um maquinário que permite que a fabriquemos em resposta a algo tão confiável e onipresente que nunca nos faltará — o sol. Era um projeto brilhante — isto é, até a chegada do protetor solar, dos videogames e do home office, que, basicamente, eliminaram a luz solar de nossa vida.

Então, o que a vitamina D tem de mais e por que a evolução a faria tão prioritária? É quase um equívoco chamá-la de vitamina, já que, no corpo, ela funciona mais como um hormônio. A vitamina D é essencial para a função imune (ajudando, portanto, a controlar infecções[56] e, supostamente, cânceres nascentes[57]) e, como mencionei, calibra o sistema imunológico, permitindo-nos armar um ataque a patógenos genuínos (por exemplo, Covid-19)[58] sem ter ao mesmo tempo uma reação exagerada a alérgenos benignos (por exemplo, asma, alergias sazonais)[59] ou apontar o maquinário do sistema imunológico para o alvo errado (ou seja, autoimunidade).[60] Níveis saudáveis de vitamina D são relevantes para a função cognitiva e prevenção da demência,[61] para a saúde cardiovascular,[62] densidade óssea e prevenção da osteoporose,[63] fertilidade e saúde hormonal,[64] e prevenção de certos cânceres.[65,66,67,68,69,70] A vitamina D é também fundamental para a saúde mental; níveis saudáveis dela são, como mostraram pesquisas, associados a taxas menores de depressão e ansiedade.[71,72]

A recomendação oficial da Organização Mundial da Saúde é que de cinco a quinze minutos de sol por dia, de dois a três dias por semana, é o adequado para ter vitamina D suficiente no corpo. Na realidade, porém, esses quinze minutos não estão adiantando. Estudos mostram que a maioria dos americanos tem vitamina D insuficiente,[73,74,75] e isso considerando o nível estabelecido como normal em exames laboratoriais, 30 ng/ml, que provavelmente é baixo demais (ou seja, se o objetivo fossem níveis de vitamina D ideais, mais perto de cerca de 50 ng/ml,[76] ainda mais de nós seriam considerados deficientes). Chequei exames de sangue o bastante em meu consultório para me convencer de que estamos todos andando por aí com tanques vazios de vitamina D. Quando em dúvida, gosto de voltar às condições nas quais evoluímos. Vamos nos perguntar: *A gente ficava ao ar livre por quinze minutos de dois a três dias por semana?*

Aprendemos a temer o sol e lambuzar cada centímetro do corpo com filtro solar. E não há dúvidas de que evitar a superexposição ao sol evita alguns casos de câncer de pele e uma série de mortes. Mas me pergunto se esse alto nível de cuidado em torno da exposição solar também custou uma deficiência populacional de vitamina D, impactando principalmente quem tem mais melanina na pele.[77] É hora de reformular a conversa em torno dos riscos e benefícios do sol, compreendendo que, embora o risco de câncer de pele seja real, talvez tenhamos ido longe demais na direção oposta.

Nossa relação com o sol traz um equilíbrio delicado entre a necessidade de vitamina D e o risco de câncer de pele. A cor da pele é a forma de o corpo resolver essas prioridades concorrentes. Se nossos ancestrais evoluíram em algum lugar com ampla luz solar, a melanina, ou pigmento, fica perto da superfície das células epiteliais, fazendo a pele parecer mais escura e fornecendo um escudo protetor forte contra o dano dos raios de sol ao DNA e, portanto, o câncer de pele. Da mesma forma, se somos descendentes de pessoas que viviam em lugar com luz solar escassa, a melanina fica mais no fundo das células, dando pouca proteção contra o câncer de pele, mas tornando mais fácil fabricar a vitamina D com menos raios de sol. O equilíbrio vitamina D-câncer de pele no corpo é tão crucial que genes de cor de pele evoluíram rapidamente em resposta à mudança nas condições. Esses determinantes de cor de pele, como os genes SLC24A5 e MFSD12, são considerados uma área do genoma "altamente conservada" e um forte alvo da seleção natural.[78] Houve até uma "varredura seletiva" desses genes, na qual a expressão deles mudou em todos os eurasianos cerca de 70 mil anos atrás, mais ou menos na época que essas populações migraram da África.[79] Em outras palavras, a evolução não brinca com esse equilíbrio, porque não há muito espaço de manobra em nenhuma direção: câncer de pele pode ser letal, mas vitamina D insuficiente compromete a saúde do corpo todo.

No que diz respeito à prevenção do câncer de pele, o mais importante é evitar queimaduras solares. Ironicamente, porém, tentar evitar a exposição ao sol por completo por medo de câncer de pele na verdade nos deixa mais vulneráveis naquelas raras ocasiões em que, enfim, tomamos um pouco de sol. Muitos de nós nos mantemos o mais pálidos e protegidos possível, mas, quando por acaso tiramos umas férias em um lugar ensolarado ou nos vemos sem protetor solar durante uma festa de rua no verão, temos mais risco de nos queimarmos. Essa queimadura solar, então, nos coloca em risco *maior* de câncer de pele do que se simplesmente estivéssemos tendo níveis basais baixos de exposição solar o ano todo.

Enquanto isso, o conselho padronizado de evitar a exposição solar — não importa quanto seja bem-intencionado — também é um desserviço a quem tem pele mais escura.

Se sua pele tem mais melanina, é muito improvável que quinze minutos de luz solar branda, por exemplo, permitam que seu corpo manufature vitamina D suficiente. E o que o *establishment* médico não está dizendo é que você tem um risco relativamente baixo de desenvolver câncer de pele associado ao sol.[80,81,82] Por outro lado, a deficiência de vitamina D consequente de evitar o sol é associada a diabetes,[83,84] obesidade,[85] risco de morte ou internação na UTI por Covid-19,[86,87] demência,[88] câncer em geral,[89,90] doença cardíaca,[91,92,93] osteoporose,[94] asma,[95] autoimunidade,[96,97] depressão[98] e ansiedade.[99]

Na realidade, a quantidade certa de exposição ao sol é tão variada quanto as combinações de tom de pele e latitude. Todos temos uma análise de risco-benefício diferente a fazer, com base no tom de pele, histórico familiar de câncer de pele, local de residência, estilo de vida e até histórico pessoal de queimaduras solares na infância. Também é útil considerar como a geografia de nossos ancestrais se alinha com o lugar que hoje chamamos de lar. Uma pessoa afro-americana em Chicago pode ter mais risco de deficiência de vitamina D do que de câncer de pele, enquanto uma pessoa de descendência norte-europeia morando na linha do Equador deve prestar mais atenção ao risco de melanoma do que nos efeitos consequentes da deficiência de vitamina D.

Embora possa parecer que tomar vitamina D em pílula o poupa da necessidade de expor a pele aos chamados raios malignos do sol, estou convencida de que suplementos não substituem o original. Como em tantos aspectos da saúde, a dinâmica da vitamina D é mais complicada do que uma pílula consegue atingir.[100,101] Estudos mostraram repetidas vezes que níveis baixos de vitamina D estão associados a vários estados de doença e resultados ruins — mas, depois, as pesquisas não conseguiram demonstrar que restaurar níveis saudáveis de vitamina D com suplementação ajuda a corrigir o problema. O elo perdido entre essas duas descobertas pode ser que há mais coisas envolvidas na reação do corpo ao sol do que aquilo que se reflete em um simples nível de vitamina D. De fato, os seres humanos produzem vários outros "fotoprodutos" importantes em reação à luz UVB,[102,103] como betaendorfina, hormônio adenocorticotrófico, peptídeo relacionado ao gene da calcitocina, óxido nítrico e substância P, que pode ajudar com dor, estresse, hipertensão e inflamação.[104,105,106,107,108,109]

A exposição solar, em especial, parece ser benéfica à saúde e ao bem-estar, e pesquisas até sugerem que esses benefícios podem compensar o risco aumentado de mortalidade por câncer de pele.[110] Um estudo recente acompanhou quase 30 mil pacientes na Suécia durante vinte anos e descobriu que indivíduos que evitavam exposição ao sol tinham duas vezes mais probabilidade de morrer de "mortalidade por qualquer causa", o que significa que quem evita o sol tem duas vezes mais probabilidade de sucumbir a todas as causas de morte.[111] Então, embora a suplementação responsável (equilibrada com testes de vitamina D e suplementação de outros micronutrientes relevantes como magnésio, fósforo e vitaminas A e K) seja uma estratégia maravilhosa para completar as necessidades de vitamina D, especialmente no inverno, no que diz respeito ao bem-estar geral, há vantagens específicas da exposição solar que são difíceis de medir e vão bem além de aumentar os níveis de vitamina D.

Doença de Lyme e mofo

Entrar nas complexidades da doença de Lyme e de uma condição chamada Síndrome da Resposta Inflamatória Sistêmica (SRIS) — muitas vezes precipitada por exposição a mofo — está além do escopo deste livro. Ainda assim, eu seria omissa se pelo menos não apontasse para o fato de que, em muitos casos, ansiedade é um sintoma do estado frequentemente pronunciado de ativação imune, que pode ser consequência de qualquer uma dessas doenças. Se você tem motivo para acreditar que pode ter contraído doença de Lyme de uma picada de carrapato ou se está morando ou trabalhando em um prédio com vazamentos ou mofo, vale a pena procurar uma consulta com um médico funcional para ser avaliado e tratado. Tanto Lyme quanto mofo podem causar graus profundos de ansiedade, e frequentemente são menosprezados ou desprezados nos salões sagrados da medicina convencional.

GLÚTEN E LATICÍNIOS: OLHANDO MAIS DE PERTO

Olhando as palavras "glúten e laticínios", você pode ter duas reações: revirar os olhos porque está de saco cheio de ouvir sobre essa sensibilidade inventada de que todo mundo fica falando, ou revirar os olhos porque a conversa já está batida — você leu todos os livros e ouviu todos os podcasts de saúde, e podia escrever sua própria tese sobre glúten e laticínios. Bem, eis algumas novas informações, vistas pelas lentes da ansiedade, que valem um segundo olhar.

Eu entendo: intolerância ao glúten é a intolerância alimentar de que todo mundo mais ama zombar — e queijo *é* divino. Não é à toa que ficamos tão na defensiva quando alguém tenta tirar nosso glúten e nossos laticínios — essa dupla compõe a droga mais popular aceita socialmente. Note como todas as comidas reconfortantes são uma combinação de glúten e laticínios: leite com biscoitos, macarrão com queijo, sanduíches de queijo quente, sorvete de casquinha, brownies com sorvete e pizza. Esses ingredientes são associados a quase todos os confortos e alegrias culinários que o mundo tem a oferecer. Então, eu não culparia você por pensar: *Por que essa médica sádica quer tirar esses direitos humanos básicos?*

Com minhas condolências, vou insistir que falemos do papel direto que o glúten e os laticínios podem estar representando em sua ansiedade. Causando irritação intestinal, inflamação sistêmica no corpo todo e o ciclo de vício, esses alimentos aumentam os níveis de inflamação e se comportam como qualquer outra droga, nos levantando temporariamente só para nos jogar na abstinência logo depois e nos deixar arrasados e ansiosos.

Hoje, estamos de repente vendo níveis vastos de sensibilidade não celíaca ao glúten,[112] o que é estranho, especialmente considerando como comemos glúten há milhares de anos sem muita dificuldade. Mas não posso negar o fato de que muitos de meus pacientes com ansiedade se sentem melhor quando param de comer glúten. Eis o que é desorientador nisso: muitos deles, e eu também, ficam sintomáticos quando comem glúten nos Estados Unidos, mas conseguem tolerar em lugares como Europa e Ásia. Doença celíaca é doença celíaca, não importa onde você esteja, mas parece que os sintomas de intolerância ao glúten variam geograficamente. A contra-argumentação clássica sobre isso é: você fica relaxado quando está de férias. De fato, o intestino funciona melhor quando estamos em estado de relaxamento, mas será que essa é uma explicação suficiente do motivo que a mesma massa cai bem em uma lua de mel na Itália, mas provoca inchaço e resmungos no cotidiano? Alguns anos atrás, testei essa teoria em meu próprio corpo. Na Itália, Grécia, Israel, Hong Kong, Austrália e Nova Zelândia, comi *todo o glúten do mundo*. Mas minha pele estava brilhando e limpa, e minha digestão funcionava como um reloginho. Aí, pousei em Kauai, a ilha mais ao norte do arquipélago havaiano. De volta a solo americano e agricultura americana. Uma mordida de pão pita e todos os sintomas de intolerância ao glúten voltaram com tudo. Eu ainda estava inteiramente no modo férias — na própria *definição* do paraíso, mas, mesmo assim, fiquei contorcida de dor. O que acontece? Minha teoria é que o glifosato Roundup, pesticida americano que jogamos livremente nas lavouras de trigo, tem um papel na intolerância ao glúten de muitos norte-americanos. Faria sentido com a teoria geográfica, já que o uso de glifosato é bem mais restrito em outras partes do mundo.[113,114] Então, será que toda a intolerância ao glúten dos americanos é, na verdade, intolerância ao glifosato?

Mas o que é glifosato? Demonstrou-se que esse ingrediente ativo do Roundup causa permeabilidade intestinal,[115] também conhecida como *leaky gut*. (A Agência de Proteção Ambiental também suspeita que o glifosato possa prejudicar ou matar 93% das plantas e dos animais protegidos pela

Lei das Espécies em Extinção,[116] mas essa é outra conversa assoladora.) O intestino permeável permite que parte do conteúdo do trato gastrointestinal entre na corrente sanguínea, incluindo porções da própria proteína do glúten parcialmente digerida, provocando aqueles com certas suscetibilidades genéticas a gerar um exército de anticorpos para atacar o glúten. Como a lavoura de trigo é muito pulverizada com glifosato, é quase como se consumíssemos glúten como um pacote — você ingere glúten ao mesmo tempo em que ingere uma substância que causa permeabilidade intestinal, o que garante que parte desse glúten vaze na corrente sanguínea e gere anticorpos antiglúten. Esses anticorpos podem passar a atacar a parede do intestino delgado quando a pessoa come mais glúten, o que, então, causa um ciclo vicioso de inflamação intestinal. (Alguns argumentariam que esses anticorpos também podem atacar o tecido da tireoide por meio de algo chamado "mimetismo molecular", em que o tecido da tireoide lembra a sequência de aminoácidos do glúten o suficiente para os anticorpos antiglúten acharem que estão atacando o glúten quando, na verdade, estão atacando nossas próprias glândulas tireoidianas.[117,118] Isso aponta para uma possível relação entre glúten, doenças de tireoide e problemas de saúde mental como ansiedade e transtorno bipolar, que, por vezes, são apenas disfunção tireoidiana se disfarçando de doença mental.) Em teoria, o glifosato, um provável carcinógeno, segundo a Organização Mundial da Saúde,[119] também prejudica a diversidade bacteriana no intestino e, assim, desregula o sistema nervoso entérico.

Você talvez esteja pensando: *Está bem, então, posso só comer glúten orgânico que não foi pulverizado com glifosato?*

Para algumas pessoas, a resposta é sim. Para você, pode ser que comer um pão *sourdough* de fermentação natural orgânica, em que o glúten é parcialmente digerido pelo processo de fermentação e não há traços de glifosato, não apresente problema. Para outros, depois de uma vida comendo pão lotado dessa substância, o próprio glúten se tornou uma proteína inflamatória, mesmo em sua forma fermentada e orgânica, especialmente quando há permeabilidade intestinal acontecendo. Isso significaria que não só o glifosato provoca o corpo a desenvolver anticorpos contra o glúten, mas também que esses anticorpos ficam lá a longo prazo.[120]

Se você descobriu que sua ansiedade melhora quando corta o glúten e está tentando manter essa proteína de alguma forma em sua vida, desde que não tenha doença celíaca, experimente *sourdough* orgânico e comer glúten quando estiver em viagem internacional para lugares em que as lavouras não são pulverizadas com glifosato. Como sempre, o teste máximo é: *como você se sente?* Se consegue tolerar isso sem sintomas físicos ou picos de ansiedade... Aleluia! Se, por outro lado, você ficar à flor da pele, triste, ansioso ou com a mente enevoada, ou com dor no abdome inchado horas depois de ter comido glúten, seja sincero consigo mesmo sobre a necessidade de lidar com cuidado com esse alimento.

Os laticínios, por sua vez, são outra história. Todos estamos em um espectro de tolerância a lactose, e as formas diferentes de laticínios estão elas próprias em um espectro de potencial para intolerância. Em uma ponta do espectro, temos as formas que a maioria das pessoas tolera bem — produtos como manteiga e *ghee*. Um segmento menor de pessoas se dá bem com laticínios não pasteurizados, integrais, fermentados de ovelha e cabra, como kefir. Na outra ponta do espectro, temos um copo de leite de vaca convencional desnatado, cheio de hormônios e antibióticos. Por mais que ele tenha sido propagandeado como comida saudável, é altamente processado e, segundo estudos em animais, cria pelo menos alguma evidência de reação inflamatória na corrente sanguínea.[121] A não ser que você já saiba que fica com dor de barriga e diarreia toda vez que toma sorvete, faça um teste para descobrir em que ponto você está. Fique sem laticínios por um mês, monitore como se sente e adicione de volta, mais uma vez monitorando sintomas físicos e mentais. Seja sincero consigo sobre quando seu corpo diz não. Se o laticínio o inflama e você continua a consumi-lo, isso pode contribuir com a ansiedade.

Isso nos traz ao aspecto final e perturbador do glúten e dos laticínios: gluteomorfina e casomorfina. De novo, aquela raiz: *morfina*. De fato, a gluteomorfina e a casomorfina podem se comportar no corpo humano como opioides.[122] Quando esses componentes do trigo e do leite vazam de um intestino permeável para a corrente sanguínea, podem cruzar a barreira hematoencefálica e potencialmente agir sobre receptores opioides no cérebro.[123,124,125,126,127] Quando alguém com um intestino inflamado come pizza, pode ser como tomar uma minidose de morfina. É um dos motivos para amarmos pizza, mas também pode nos deixar zonzos e grogues depois de uma refeição, além de agitados e querendo mais depois de a onda passar. Então, aquele bolinho ou tábua de queijos aparentemente inocentes podem nos deixar doidões, e esses altos e baixos podem contribuir para a ansiedade.

Nem sempre é fácil saber se você tem uma intolerância alimentar. Para alguns, pode ser óbvio, com sintomas como inchaço, gases, dor abdominal, diarreia, constipação ou muco nas fezes depois de uma comida específica. Para outros, os sintomas podem vir em fluxo — como acne, dor nas juntas, alergias de pele, eczema, congestão, gotejamento pós-nasal, coceira ou enxaquecas — ou ser ainda mais sutis, como mente enevoada ou uma piora na ansiedade. A melhor forma de determinar se você tolera glúten e laticínios é testar um mês de dieta de eliminação bem-estruturada. Preste atenção a fontes escondidas de glúten e laticínios em comidas como sopas, molhos de salada, molho de soja, molho de carne, frituras, aveia (a não ser que rotulada como sem glúten) e peixe empanado. Tente evitar escorregar durante o mês de eliminação, para não acabar com dados comprometidos. E, quando terminar, adicione as comidas eliminadas sistematicamente à dieta, uma por vez. Observe como se sente no geral e note, em particular, os níveis de ansiedade durante aquele mês. Se você passar por abstinência, com a ansiedade piorando nos primeiros dias de eliminação, e aí a ansiedade melhorar no resto do mês, é uma pista de que algo que você eliminou está contribuindo para ela. Uma vez que você reconhecer como o corpo se dá com esses alimentos, terá o poder de fazer escolhas corretas. O que vai fazer com essa informação é entre você e Deus — às vezes, o sorvete vale um pouco de inchaço, e às vezes uma panqueca não vale uma crise de pânico.

Eu sei que restrições alimentares têm má fama. Para quem olha de fora, pode parecer um monte de gente fazendo picuinha, obrigando os outros a se adaptar a eles, ou um transtorno alimentar sublimado. Na verdade, restrições alimentares podem ser um ato corajoso de amor-próprio e autocuidado — comer de uma forma que mantém você se sentindo bem. Em nossa sociedade, é preciso comprometimento e nadar um pouco contra a corrente. A chave é conhecer seu corpo e fazer escolhas amorosas e conscientes para si, dia após dia.

Herpes e ansiedade

Quando trabalho com meus pacientes para investigar o que pode estar causando ansiedade, estou à procura de padrões. Experimentar um aumento considerável de ansiedade, pânico, depressão e até desesperança, logo antes e durante um surto de herpes, é um padrão que notei em um número surpreendente de pessoas. Suspeito que isso se deva ao aumento correspondente na inflamação, já que o sistema imunológico é ativado pelo episódio.[128,129] Quando o surto e a inflamação cedem, o humor deles retorna ao basal. Se você tem herpes e nota que a ansiedade aumenta quando você tem um episódio da doença, sugiro fazer os passos delineados na página 149 para acalmar a inflamação. Às vezes, suplementos ou medicamentos como lisina, naltrexona em baixa dose e até valaciclovir podem ser necessários também. Se você notar seu humor seguindo os surtos de herpes, proponha essa conversa a seu médico para conseguir começar a reprimir essa causa subestimada de inflamação cerebral e sofrimento mental.

9

Saúde hormonal feminina e ansiedade

"Comunidades só são tão fortes quanto a saúde de suas mulheres."
— Michelle Obama

Uma variação da ansiedade falsa existiu para as mulheres em outro âmbito ao longo da história — ou seja, não como produto da inflamação ou da falta de sono, digamos, mas porque comportamentos normais e justificados foram inadequadamente rotulados como doença mental apenas com base em gênero. Em torno de 1900 a.C., sugeriu-se que os humores femininos variavam de acordo com a posição de seu útero. Esse pensamento persistiu durante boa parte da história, do médico grego Hipócrates (c. 460 a.C.-377 a.C.) usando pela primeira vez a palavra *histeria* para descrever a volatilidade emocional em mulheres, também ligada ao útero, até Freud (1856-1939), pai da psicanálise, que afirmou que uma mulher histérica era uma mulher possuída, incitada por uma falta de "evolução libidinal".[1] E esses sentimentos ainda ecoam hoje nos consultórios médicos — vagamente, talvez, mas, mesmo assim, ressoam. Percebi que muitos médicos têm uma tendência de desprezar ou fazer minhas pacientes sentirem que estão sendo difíceis ou temperamentais — eufemismos modernos para "histéricas" — quando fazem perguntas demais, ou dão opinião sobre o plano de tratamento.

Testemunhei muitas histórias enviesadas dessa forma. Quando uma mulher visita o serviço de atenção primária para discutir questões fisiológicas, como dores de estômago frequentes ou preocupações neurológicas, às vezes ouve que esses sintomas são simples consequências da ansiedade dela. Em outras palavras, está tudo na cabeça dela. Por exemplo, minha paciente Celeste, executiva de marketing de 59 anos, relatou dormência nas mãos e sensações na vesícula por meses para vários médicos; ouviu continuamente que as sensações eram simples produtos de ansiedade e SII. Quando encontrou um médico que levou as reclamações a sério o bastante para fazer um ultrassom e exames de sangue, ele descobriu pedras na vesícula e uma deficiência de vitamina B12. Eu argumentaria que a mesma sensibilidade que torna as pessoas ansiosas as torna mais conectadas a desequilíbrios no corpo. Ou, nas palavras de Celeste, pacientes ansiosos são "narradores confiáveis", e em geral podemos considerar que suas percepções são informações úteis.

Outra paciente, Charisse, 33, foi convencida de que estava passando dos limites ao tentar participar de seus cuidados médicos. Charisse estava tendo menstruações irregulares e marcou uma consulta para discutir o problema com seu ginecologista. Ela me disse antes que não queria tomar mais remédios — tinha desmamado da sertralina no ano anterior —, então, criamos um plano para ela se defender nesse sentido. Mas, na consulta, quando Charisse perguntou sobre lidar com as menstruações irregulares sem remédio, a médica — uma mulher, veja bem — afirmou que anticoncepcional era a única escolha racional e lhe disse, em tom condescendente: "Fique à vontade para ignorar meu conselho, é um direito seu". Charisse, uma mulher negra bastante consciente da camada adicional de racismo sistêmico nos consultórios, logo se rendeu, mas voltou a mim se sentindo derrotada. Quando retornou à ginecologista, explicou que, desde que começara a pílula, estava com crises de choro frequentes, e preocupada de o remédio a estar deixando deprimida. Em vez de reconhecer a possibilidade de que a pílula não fosse a melhor escolha para Charisse, a médica desprezou mais uma vez suas preocupações e sugeriu que ela voltasse a tomar sertralina.

Além do silenciamento de mulheres — até, como no caso de Charisse, por outras mulheres —, observei outro fenômeno que ocorre quando as pacientes se sentem incapazes de comunicar suas necessidades e o corpo começa a comunicar por elas. Ou seja, quando uma paciente não tem plataforma para expressar seus sentimentos e necessidades (ou é sistematicamente ignorada), pode desenvolver uma tendência a "somatizar" emoções enterradas bem fundo em sintomas físicos. Costumo ver isso em pacientes marginalizadas e oprimidas em outros âmbitos da vida — sujeitas a desempoderamento ou condicionamento social, colocando outros à sua frente nas relações ou, de outro modo, subjugando suas necessidades em resposta a uma cultura que reforça positivamente o martírio feminino. O corpo delas fala quando elas não conseguem, dizendo "Tem algo errado aqui" ou "Estou com dor". Esse fenômeno, claro, não é nada novo — exaustão clínica, transtorno conversivo e pseudoconvulsões de outrora são exemplos —, mas, hoje, vejo com mais frequência na forma de doenças como fibromialgia, cujos sintomas básicos são dor e sensibilidade generalizadas, e síndrome da fadiga crônica. Essas duas doenças têm uma base material válida e causam dor e sofrimento bem reais. Mas também existem na intersecção da saúde física e psicoespiritual. Acredito que esses males sejam uma mescla complicada das toxinas do mundo moderno (a disbiose tem papel na fibromialgia;[2] a disfunção mitocondrial está relacionada à fadiga crônica[3]) *e* amarras sociais — afinal, ainda é menos desconfortável e traz menos estigmas chamar a atenção para a dor física do que para o sofrimento mental. Nesses casos, em vez de termos sintomas físicos sendo desprezados como "só sua ansiedade", as dificuldades de saúde mental estão se manifestando como enfermidades físicas. Então, para essas mulheres — e *são*, na maioria, mulheres, já que a fibromialgia ocorre nove vezes mais nelas do que em homens[4] —, a depressão e a ansiedade muitas vezes ficam sem resolução.

Tudo isso é para dizer que, se você está passando por um problema de saúde e encontra uma atitude indiferente ou falta de validação de seus médicos, não permita que eles a humilhem e a coloquem em um silêncio reverente. Confie em seu corpo; *você* é a especialista. Fale, conteste, defenda-se;

em vez de se questionar, questione o sistema. Claramente ainda precisamos avançar — e todas temos que participar, continuando a conduzir nosso sistema quebrado à evolução.

Disfunção tireoidiana

Estima-se que 20 milhões de americanos tenham alguma forma de disfunção tireoidiana,[5] a maioria mulheres. Aliás, uma em oito mulheres nos Estados Unidos desenvolverá um transtorno da tireoide durante a vida;[6] atualmente, cerca de 20% daquelas acima de 65 anos têm uma tireoide preguiçosa, e uma grande parte delas está andando por aí sem diagnóstico.[7,8] A tireoide é uma pequena glândula no pescoço que ativa o equilíbrio de energia em todo o corpo, e os hormônios tireoidianos são os principais responsáveis pela regulação do metabolismo. Hipotireoidismo — um estado de pouca atividade tireoidiana — é uma epidemia, e o remédio que trata isso, chamado levotiroxina, ganha o prêmio de remédio mais prescrito ano após ano. Atividade insuficiente na tireoide pode causar fadiga, depressão, constipação, queda de cabelo, pele seca, névoa mental, dificuldade de perder peso, dores musculares e intolerância ao exercício. Se está tendo alguma disfunção tireoidiana, você talvez note que o terço externo de sua sobrancelha está muito fino ou faltando. Por outro lado, hipertireoidismo, um estado de excesso de hormônios tireoidianos, pode gerar alta energia, insônia, irritabilidade, agitação, diarreia, frequência cardíaca elevada, palpitações, calor, suor excessivo, perda de peso não intencional — e ansiedade.

Um livro de medicina diria que hipertireoidismo e hipotireoidismo são duas doenças distintas e mutuamente excludentes, mas o que vejo em meu consultório é mais complexo. Às vezes, um estado de excesso de atividade tireoidiana precede um estado de pouca atividade. E, muitas vezes, as pessoas diagnosticadas com hipotireoidismo têm sintomas de ambas as listas. Certamente vi muitos pacientes diagnosticados com hipotireoidismo experimentarem ansiedade como sintoma dessa doença.

Se você suspeita que pode ter uma disfunção tireoidiana, o primeiro passo é marcar uma consulta com um naturopata ou médico funcional para avaliar essa glândula. (Você leu direito: a maior parte de meus pacientes encontra mais alívio em seus sintomas quando trabalham com um profissional holístico do que quando procuram um endocrinologista ou clínico geral tradicionais.) Se, no fim, acabar que você tem mesmo disfunção tireoidiana, pode usar uma combinação de abordagens para remediar a situação — que vão desde remédio para a tireoide até mudanças de dieta e práticas de desintoxicação.

CICLOS MENSTRUAIS E SAÚDE MENTAL

Embora o ciclo menstrual em geral seja equiparado à mudança de hormônios que ocorre pouco antes de uma mulher menstruar — e em geral esteja associado à irritabilidade —, há na verdade várias outras fases e humores que ocorrem durante o mês. A fase folicular acontece na primeira metade do mês, depois de começarmos a sangrar, quando o hormônio dominante é o estrogênio. Durante esse período, enquanto o estrogênio sobe gradualmente, podemos nos sentir extrovertidas, confiantes, energizadas e sociáveis. As coisas não nos irritam com tanta facilidade. Em torno da ovulação, os níveis mais altos de estrogênio e androgênio podem contribuir com um aumento da libido e dos níveis de energia. Depois da ovulação, estamos na fase lútea, dominada pela progesterona. Nesse ponto, chegando mais perto da fase em que sangramos, podemos experimentar irritação e fadiga, talvez preferindo ficar em casa e tomar um banho de banheira a sair para socializar.

Seria bom honrarmos o pedido do corpo para descansar nesse momento, já que também é quando muitas mulheres sofrem de tensão pré-menstrual (TPM), em que flutuações de estrogênio, progesterona e serotonina podem contribuir para sentimentos de ansiedade, depressão, fadiga, desejo por comida e dificuldades de sono. TPM é um problema comum, embora desconfortável, que se estima afetar de alguma forma três em cada quatro mulheres que menstruam.[9]

Muitas de minhas pacientes, porém, experimentam uma versão exagerada e patológica da TPM porque seus hormônios estão desequilibrados. No consultório, vejo mulheres com cólicas debilitantes, mudanças de humor severas e até pensamentos suicidas dias antes da menstruação. Embora parte disso seja comum, *não* é normal. Pelo contrário, é um sinal de desequilíbrio físico e uma chamada à ação. Com muita frequência, observo uma resignação cansada à TPM debilitante entre minhas pacientes — como se fizesse parte de ser mulher. Mas não precisa ser assim. Vamos focar como reequilibrar os hormônios para eliminar essa camada de sintomas amplificados — a falsa TPM.

O que vejo mais comumente no consultório é algo chamado predominância estrogênica. Sua existência é debatida, mas, para mim, parece biologicamente óbvio no mundo moderno. A ideia é que o estrogênio das mulheres é alto demais e a progesterona, baixa demais, o que bagunça a proporção de estrogênio para progesterona. Isso causa uma queda hormonal grande na fase lútea, que pode parecer uma TPM muito ruim ou até transtorno disfórico pré-menstrual (TDPM), uma forma mais séria de TPM que inclui irritabilidade pronunciada, ansiedade e depressão uma ou duas semanas antes de o sangramento começar. Nosso estrogênio é alto demais porque vivemos expostas a xenoestrógenos e disruptores endócrinos (substâncias químicas que imitam o estrogênio e alteram a função normal dos hormônios, respectivamente) na forma de produtos de higiene,[10] maquiagem,[11] perfume,[12] produtos de limpeza,[13] álcool em gel,[14] plástico,[15] recibos em papel térmico[16] e pesticidas.[17,18] E nossa progesterona é baixa demais por causa das tendências nutricionais modernas e do estresse crônico. Para fazer progesterona, precisamos de colesterol[19] e de uma molécula precursora chamada pregnenolona. Ficamos aquém no colesterol porque ele foi difamado na literatura médica e na mídia, então, pedimos omelete de clara pensando erroneamente que estamos fazendo o melhor para o corpo, e sem mencionar que alguns de nós estão inclusive medicando o colesterol com estatinas. E não temos pregnenolona suficiente porque ela, por acaso, é precursora de outro hormônio importante no corpo — cortisol, o hormônio do estresse. Então, toda vez que estamos estressados, nossa pregnenolona é triada para fazer cortisol. Dá para imaginar, com o estresse crônico da vida moderna, como sobra pouco para fazer progesterona. Esse processo é chamado roubo de pregnenolona, e deixa muitas de nós com níveis precariamente baixos de progesterona.[20,21] Aí está a receita perfeita para a proporção desequilibrada de estrogênio para progesterona, causando uma queda hormonal mais íngreme nos dias anteriores à menstruação, ou, em outras palavras: TPM falsa.

A boa notícia é que podemos tomar atitudes para reequilibrar os hormônios, como trocar os produtos de higiene por alternativas naturais, reduzir exposição a pesticidas e plásticos, comer vegetais verde-escuros para apoiar a desintoxicação de metabólitos de estrogênio do fígado e administrar o estresse. O objetivo de equilibrar os hormônios não é negar os humores das diferentes fases de nosso ciclo, mas passar por ele com mais tranquilidade e menos ansiedade.

Adicionalmente, acredito que, quando as mulheres trazem a TPM para um reino mais administrável de expressão física, também conseguem colher melhor os benefícios inesperados da fase lútea. Ao contrário da narrativa cultural prevalente, de que os insights emocionais de uma mulher durante esse período podem ser descartados como irracionais, acredito firmemente que essa época do mês permite acesso a convicções profundamente enraizadas. Não é um momento em que estamos menos racionais — é um momento em que temos menos tolerância para palhaçadas. Então, devíamos honrar a verdade das emoções cruas, irritáveis e sensíveis da fase lútea e da TPM — é um momento de descansar, voltar-se para dentro e explorar as revelações que só podem subir à superfície durante esses dias cruciais do mês.

A CONEXÃO ENTRE ANTICONCEPCIONAL E ANSIEDADE

Muitas vezes, encorajo minhas pacientes a pararem de tomar anticoncepcionais hormonais quando suspeito que suas dificuldades de humor estejam ligadas a hormônios exógenos — ou seja, os que você toma, não os que o corpo produz de forma endógena. A pílula anticoncepcional pode ser uma escolha empoderadora, dando às mulheres liberdade e poder de decisão em relação a sua fertilidade e sexualidade. Isso dito, sabemos, devido a pesquisas recentes, que hormônios exógenos podem contribuir para mudanças de humor nos anos reprodutivos, com o efeito mais pronunciado em adolescentes.[22] De acordo com minha experiência clínica, contracepção hormonal também pode ter um papel na ansiedade. A pílula pode ser a escolha certa para algumas, mas acredito fortemente que os médicos precisam esclarecer melhor os riscos e efeitos colaterais à paciente, especialmente porque muitos estão receitando a pílula para mulheres mais jovens. Pesquisas recentes demonstram uma associação de longo prazo entre uso de contraceptivo oral na adolescência e risco de depressão na vida adulta, independentemente se há continuação do uso. Os autores do estudo afirmam explicitamente que suas descobertas apontam para a ideia "de que a adolescência pode ser um período sensível durante o qual o uso [de contraceptivos orais] pode aumentar o risco de depressão nas mulheres, anos após a primeira exposição".[23] Em outras palavras, começar a usar anticoncepcional hormonal na juventude parece tornar mais provável o desenvolvimento de efeitos colaterais relacionados à saúde mental, que podem durar anos.

Não só os hormônios exógenos apresentam um risco elevado de transtornos de humor como a pílula também causa inflamação[24] e deficiência de nutrientes (em especial vitaminas do complexo B, que têm relação com ansiedade e depressão),[25,26] e há a hipótese de que induza mudanças no microbioma.[27] Vale ainda notar que, em longo prazo, alguns contraceptivos orais aumentam o risco de problemas na vesícula[28] e certas doenças autoimunes.[29,30] Um aspecto desses anticoncepcionais que sempre me pareceu perturbador é que eles aumentam a produção de proteínas de ligação, como a globulina de ligação de hormônios sexuais (SHBG, na sigla em inglês), que então circulam pela corrente sanguínea e ligam outros hormônios, como androgênios (aquilo que em geral entendemos como testosterona).[31] Isso tem o efeito de abaixar o androgênio disponível, o que pode, por sua vez, impactar energia, libido e, sim, humor.[32]

Uma vez, tratei uma mulher de 36 anos chamada Naomi, que me procurou tomando vários remédios para vários diagnósticos, incluindo bupropiona para depressão, Adderall* para déficit de atenção e alprazolam para ansiedade. Ela também tomava pílula anticoncepcional. Em nossa primeira consulta, perguntei se estaria aberta a parar a pílula. Ela falou que de jeito nenhum, porque ajudava com a acne e as cólicas menstruais, sem mencionar que dependia

* Medicamento que combina sais de anfetamina com dextroanfetamina e é usado em alguns países para o tratamento do TDAH. (N. T.)

daquilo como método contraceptivo. Trabalhamos muito para lidar com as raízes da depressão, da ansiedade e do TDAH. Ela mudou a dieta, começou a priorizar o sono, introduziu pequenas quantidades de exercício diário e até estabeleceu novos limites no trabalho. No fim, tiramos a bupropiona e o Adderall, o que ela achou muito libertador. Ela comemorou não ter mais uma "baixa" causada pelo Adderall toda tarde, em que se via exausta, faminta e irritada. Também melhorou a depressão e a concentração. Mas continuava lutando com uma ansiedade de fundo. Aí, depois de alguns anos de tratamento, ela terminou com o namorado e decidiu parar de tomar a pílula.

O efeito foi imediato e marcante. A ansiedade de Naomi simplesmente desapareceu. As crises de pânico pararam e ela se sentia *bem*. A vida ainda tinha estresse, mas ela se via lidando com os estressores que chegavam com uma resiliência que nenhuma de nós vira antes. Ela continuou brilhando — até entrar em outro relacionamento e decidir colocar um dispositivo intrauterino (DIU) que libera progesterona. Sugerem que essa progesterona só tem "efeito local", o que significa que só impacta o revestimento uterino. Mas, na verdade, se a progesterona está sendo liberada no útero, ela está entrando na corrente sanguínea e indo para todo lado, incluindo o cérebro.

Embora eu tenha tentado levar Naomi na direção de opções de anticoncepcionais não hormonais — como o DIU de cobre, métodos baseados na percepção de fertilidade e camisinhas —, ela resistiu: as amigas lhes contavam "histórias de terror" sobre fluxos mais intensos com o DIU de cobre, ela não se sentia segura para fazer a percepção de fertilidade de modo confiável e o namorado não queria nem ouvir falar de camisinha. Uma ou duas semanas depois de colocar o DIU liberador de progesterona, Naomi tinha voltado a ser a mesma bola de ansiedade que era quando eu a conheci.

Apontei a conexão cronológica entre a colocação do DIU e o ressurgimento da ansiedade. Naomi respondeu com um relato em frangalhos de como o trabalho andava insano. Sim, o trabalho andava insano. O trabalho *sempre* estava insano. Mas o mesmo trabalho insano tinha passado de intoleravelmente estressante para toleravelmente estressante, e agora tinha voltado a intoleravelmente estressante. O trabalho não mudara; os hormônios de Naomi sim. Depois de alguns meses, sua ansiedade chegou a tal pico que ela estava disposta a tentar qualquer coisa, incluindo remover o DIU. Semanas depois de tirá-lo, a ansiedade se resolveu de novo.

Ficou claro que o anticoncepcional hormonal estava na raiz da ansiedade de Naomi. Dei um passo para trás para refletir sobre seu histórico médico. Quando revisitei as anotações de nossa sessão inicial, notei algo a que não tinha dado atenção: Naomi começou a tomar anticoncepcional para acne aos dezesseis anos, mais ou menos na mesma época em que foi diagnosticada pela primeira vez com depressão e ansiedade. Foi um momento de clareza para mim: *todos* os seus diagnósticos de saúde mental tinham começado logo depois de ela passar a tomar anticoncepcional na adolescência. Às vezes, novos sintomas são, na verdade, efeitos colaterais de novas medicações. Ninguém — nem eu, de imediato — ligou os pontos cronológicos entre o início da depressão e da ansiedade de Naomi e o início do anticoncepcional hormonal.

Fico tomada de tristeza e raiva quando penso em como isso impactou a vida de Naomi nos últimos vinte anos — o sofrimento que causou, o impacto que teve em seus relacionamentos, carreira e identidade. E Naomi é só uma de minhas muitas pacientes cuja ansiedade acompanha o anticoncepcional hormonal. O seu transtorno de ansiedade data da primeira vez que lhe receitaram a pílula — e acompanha perfeitamente o fato de ela estar tomando ou não. E, apesar disso, ela passou a vida ouvindo que tinha doenças mentais. Felizmente, Naomi planeja usar contraceptivos não hormonais daqui em diante. Se esta história faz com que se lembre de sua própria jornada de saúde mental, considere o seguinte: antes de definir o seu diagnóstico, descarte estar sofrendo com efeitos colaterais que *imitam* doenças mentais — sendo o anticoncepcional hormonal um culpado comum.[33] Esses rótulos, diagnósticos e aparentes destinos que podem ficar tão amarrados à identidade, às vezes, são apenas desequilíbrios temporários, sujeitos a mudanças.

Sobre sop e a ideia de uma "cura"

Quando postei nas redes sociais sobre minha abordagem funcional baseada em medicina para resolver a síndrome do ovário policístico (SOP), um transtorno hormonal que causa menstruações infrequentes ou prolongadas e sintomas de excesso de androgênio, recebi algumas críticas sugerindo que eu estava enganando as pessoas, porque não há "cura" para isso.

A ideia geral de "cura" é uma noção datada que implica que cientistas terão um momento de genialidade e encontrarão a solução para uma doença. Mas processos de enfermidade muitas vezes são mais complexos do que isso, e a prevenção sempre será preferível ao tratamento. Nossa saúde é determinada por uma combinação de predisposições genéticas e influências ambientais (por exemplo, dieta, estilo de vida, estresse e exposições). E, embora não controlemos os genes, *podemos* controlar as influências ambientais e a *expressão* genética.

A vulnerabilidade genética à SOP é antiquíssima,[34] mas a prevalência da síndrome está aumentando,[35] e isso se deve a influências ambientais.[36,37,38] As causas que estão na raiz da SOP incluem altos níveis de cortisol,[39] resistência à insulina e obesidade,[40] e inflamação crônica.[41] Quando largamos a dieta e o estilo de vida modernos básicos que estão adoecendo tantos de nós, os sinais e sintomas da SOP muitas vezes cessam. Podemos debater a semântica — curar, reverter, recuperar, resolver —, mas, se você for de menstruação irregular, infertilidade e hirsutismo para um estado de equilíbrio hormonal, menstruações que parecem um reloginho e reestabelecimento da fertilidade, provavelmente não vai ligar para a palavra que usamos.

FERTILIDADE E ANSIEDADE

Vivemos em tempos estranhos. Na vida diária, somos imersos em um mar de fatores que afetam a fertilidade feminina e masculina — de estresse crônico, pesticidas e disruptores endócrinos a celulares no bolso que afetam a contagem de espermatozoides.[42] E, apesar disso, nossa cultura continua miopemente focada em uma questão no que diz respeito à fertilidade: a idade da mulher. Há uma ênfase aguda e inegável no "relógio biológico" feminino e, embora hoje tenhamos mais controle da fertilidade do que nunca, também corremos mais risco de ter ansiedade por isso. Os ambientes de trabalho exigem longas horas, e mães trabalhadoras fazem malabarismo entre estar presentes com a família (e ser o primeiro número para o qual ligam quando um filho tem febre na escola) e o risco de ser "desviada pela maternidade" durante os principais anos de generatividade.* Então, muitas de nós tomam anticoncepcionais hormonais para evitar filhos quando não estamos prontas, e aí acabamos precisando de tratamentos de fertilidade para engravidar quando estamos. Algumas podem congelar os óvulos na tentativa de escapar do dilema moderno da fertilidade. Todas essas podem ser escolhas empoderadoras, mas devemos ter em mente a corda bamba em que caminhamos como resultado: há a pressão de procriar, a pressão de não deixar a gestação atrapalhar o trabalho e a pressão de não esperar tanto para ter filhos que acabamos com uma gravidez de risco ou perdemos completamente a chance de ter uma família. E, mesmo que você tenha zero interesse em ter filhos, isso vem com sua própria pressão de responder perguntas incessantes e não solicitadas

* Conceito criado por Erik Erikson que é o oposto à estagnação, acontecendo entre os quarenta e sessenta anos de idade. Diz respeito, entre outras coisas, a transmitir conhecimento e criar laços com outras gerações. (N. T.)

sobre essa escolha. Do peso que isso coloca no ombro das mulheres até a gama vertiginosa de decisões com prazo de validade a tomar, minhas pacientes em idade reprodutiva estão cada vez mais ansiosas.

E a ansiedade não acaba quando você engravida. Em vez disso, parece que o cérebro cria uma dobra adicional dedicada a passar a noite acordada pensando em tudo o que pode dar errado (o que continua, bravamente, durante a maternidade). Inclusive, um estudo de 2018 que observou 634 mulheres grávidas durante o primeiro trimestre descobriu que a prevalência de "estado de alta ansiedade" era de 29,5%.[43]

Há ainda, claro, desafios particulares em torno da perda gestacional. Embora grandes avanços tenham sido feitos recentemente para tirar o estigma de abortos espontâneos, essa ainda é uma parte da jornada de saúde da mulher que não conta com recursos, compreensão e apoio adequados. Em parte, porque, por muito tempo, as mulheres se sentiram desencorajadas a compartilhar essas experiências. E, apesar disso, o aborto espontâneo ocorre em 8 a 15% de gestações clinicamente reconhecidas (e 30% de todas as gestações),[44] com a grande maioria do risco caindo nas primeiras doze semanas. Assim, muitas mulheres não se sentem confortáveis em compartilhar a notícia da gravidez até chegar com segurança ao segundo trimestre. Entendo o desejo por privacidade e limites, embora desejasse que nos sentíssemos seguras o bastante para compartilhar a notícia antes para que menos mulheres sofressem em silêncio. Tenho opiniões tão fortes sobre isso que, aliás, corri o risco e compartilhei a notícia de minha própria gravidez no início. Com dez semanas de minha segunda gestação, postei a notícia no Instagram.

E, aí, com onze semanas e meia, perdi o bebê.

Como médica, eu entendia muito bem que abortos são comuns, normais e naturais. Uma porcentagem significativa dos embriões tem erros genéticos (como erros de digitação), e o aborto espontâneo é o sistema de freios e contrapesos que evita que embriões inviáveis passem dos estágios iniciais da gestação. Esse sistema existiu por toda a evolução humana. Embora erros genéticos aumentem com a idade — materna e paterna —, podem ocorrer em *qualquer* idade. Além disso, anormalidades cromossômicas não são a única causa de aborto; posicionamento e viabilidade da placenta, tendência a formar coágulos e outros fatores mais intangíveis também estão em jogo. O aborto espontâneo pode ocorrer com qualquer uma, eu sabia, e não significa que haja nada de errado com você nem que você tenha feito algo de errado — e, ainda assim, todo esse conhecimento não tornou a experiência mais fácil.

Passei muito tempo convivendo com o desconforto emocional bruto. E, quando a poeira baixou, senti uma mescla de luto e paz. Ainda tenho esses dois sentimentos aparentemente contraditórios ao mesmo tempo. Um aborto é uma perda abrupta, e tratei muitas pacientes lidando com ansiedade e depressão depois de perder um bebê. Aliás, trabalhei com algumas mulheres que tiveram vários abortos espontâneos seguidos — depois de passar por rodadas aparentemente intermináveis de FIV— e perceberam que o luto contínuo e as quedas hormonais súbitas se metamorfoseiam em formas mais sérias de ansiedade e depressão. É perfeitamente normal passar por uma mistura desorientadora de devastação, desesperança, raiva, entorpecimento e até alívio, tudo de uma vez. Não há coisas certas e erradas a sentir.

A experiência com a perda gestacional me revelou que o campo médico compreende mal aquilo de que um corpo e uma mente precisam depois de um aborto espontâneo. Eu estava sangrando muito, com tontura e esgotada. Meu útero estava começando a prolapsar (ou seja, cair, saindo de sua posição normal). Meu corpo pedia descanso. Em vez disso, fui aconselhada a correr para fazer mais ultrassons, exames de sangue e tomar fluidos intravenosos na manhã seguinte ao aborto. Eu não precisava esperar na triagem só para depois ser empoleirada desconfortavelmente em uma maca de pronto-socorro; precisava tomar um chá deitada no sofá sob uma coberta, processando o que acabara de acontecer. Depois de um aborto espontâneo, é claro que é importante seguir os conselhos médicos, já que às vezes pode haver complicações sérias, mas também é necessário ouvir o corpo e defender nosso bem-estar mental e físico.

Tive a sorte de ter Kimblerly Ann Johnson — doula, especialista em trauma e autora de *Call of the wild* [Chamado selvagem] — ao alcance de um telefonema. Quando busquei o apoio dela durante essa experiência, ela explicou que "um aborto espontâneo é essencialmente um período pós-parto", proporcional ao tempo que você ficou grávida. Uma diferença importante entre um pós-aborto e um pós-parto é que, pelo menos em nossa cultura, não temos a tradição de descansar e nos afastar do trabalho depois de perder uma gestação. E como poderíamos, quando gestações e abortos de primeiro trimestre mal são debatidos? (Dado que as instituições mal reconhecem a necessidade de tempo de afastamento e recuperação depois de um parto, pareceria que estamos bem longe de reconhecer o tempo necessário para se recuperar de um aborto espontâneo.)

Depois que passei algumas semanas me curando e refletindo, voltei ao Instagram para compartilhar a notícia de meu aborto. O post foi recebido com muito afeto e apoio, pelo que, claro, fui muito grata; porém, mais importante, pareceu tocar em um ponto em comum entre aquelas que tinham passado por uma experiência similar. Mulheres vieram me contar de suas experiências variadas com perda gestacional, e reconheci como era uma honra dar espaço a tantos processos sensíveis. Ouvi um suspiro de alívio coletivo de mulheres de todos os cantos do mundo, essencialmente dizendo: "Que bom que podemos falar disso". Como sociedade, acho que estamos prontos para carregar o peso da perda gestacional. Minha esperança é que possamos todas começar a discutir nossas gestações sempre que nos sentirmos prontas, normalizar a conversa sobre aborto espontâneo, libertar-nos da culpa e sistematizar o cuidado e apoio que devemos receber durante esse capítulo doloroso da vida.

ANSIEDADE PÓS-PARTO

Dentre todos os países desenvolvidos, os Estados Unidos oferecem algumas das piores condições para mães. Devastadoramente, em 2018, houve cerca de 660 mortes maternas no país (uma taxa de 17,4 mortes por cada 100 mil gestações) — colocando-nos em último lugar entre os países industrializados.[45] Além disso, segundo o Centro de Controle e Prevenção de Doenças, mulheres negras têm três vezes mais chance de morrer de uma causa relacionada à gravidez do que mulheres brancas.[46]

E, uma vez que passamos do parto, começamos a jornada, com todas as outras mulheres do mundo, de desigualdade salarial no trabalho e, em média, uma divisão desigual de trabalho doméstico não remunerado.[47] Muitas de nós — em torno de 11% da população americana[48] — não têm seguro-saúde para cobrir o pré-natal e o parto. Mães que trabalham fora então enfrentam políticas de licença parental inadequadas ou inexistentes, opções inacessíveis de cuidados infantis e potencial insegurança no trabalho. Não é de espantar que cada vez mais novas mães estejam ansiosas. De fato, de 2017 a 2018, das mães recentes ou grávidas que fizeram um teste de triagem da organização Mental Health America, 74% tiveram pontuação positiva para transtorno mental de moderado a grave.[49] A prevalência de transtornos de ansiedade no período pós-parto é 17%, excedendo a taxa de depressão pós-parto (4,8%).[50] E, apesar disso, a conscientização sobre a ansiedade pós-parto (APP) ficou muito para trás daquela sobre a depressão pós-parto (DPP). Em parte, é porque APP é um diagnóstico mais recente do que DPP,[51] mas também o público permanece menos informado sobre essa forma de ansiedade, tendendo a supor que depressão seja o problema de saúde mental de que as mulheres costumam sofrer no pós-parto. Na verdade, APP pode ocorrer sozinho ou junto com DPP, levando a mulher a se sentir temerosa e sobrecarregada. Alguns dos outros sintomas de APP incluem pensamentos acelerados, incapacidade de ficar parada e sintomas físicos como tontura, ondas de calor ou náusea. Vale notar que a privação de sono que vem com o cuidado de um recém-nascido também pode contribuir para esses sentimentos — ou agravá-los.

Como se esses fatores culturais, sociais e financeiros não fossem desafio suficiente, as realidades físicas de fazer um bebê crescer dentro do corpo, passar pelo parto e se recuperar dele, adicionando ou subtraindo a amamentação, tudo isso, sem dormir e com pouco tempo, é a receita perfeita para deficiência nutricional. Acredito que essa depleção dos estoques nutricionais do corpo seja uma causa-raiz importante e subvalorizada de APP, o que significa que o caminho para a recuperação pode ter a ver com repor nutrientes tanto quanto com fazer terapia e processar a transição para a maternidade.

Há outra janela de vulnerabilidade de saúde, embora de outro tipo, no período pós-parto. *Durante* a gravidez, o corpo naturalmente diminui a atividade imune para não atacar o bebê e a placenta, que poderiam ser percebidos pelo sistema imunológico como "estranhos".[52] Muitas de minhas pacientes com doenças autoimunes experimentam alívio dos sintomas durante a gravidez. No período pós-parto, porém, o sistema imunológico volta a atuar de forma vertiginosa, tornando as novas mães particularmente vulneráveis à inflamação e ao desenvolvimento de uma doença autoimune.[53]

Consequentemente, é imperativo ser gentil com seu sistema imune, para não o tentar a entrar em um estado de desregulação. Se você sabe que tem uma intolerância alimentar, faça o melhor para evitar o alimento em questão naquelas primeiras semanas depois de parir. Mais para a frente, você pode julgar se aquele croissant vale a pena. Mas o período pós-parto são alguns meses sensíveis em que você está particularmente suscetível a desenvolver ou exacerbar doenças autoimunes. E, claro, a inflamação excessiva contribui diretamente para a ansiedade. Portanto, minimizando a inflamação, você ajuda a minimizar a ansiedade pós-parto.

Novas mães precisam de uma aldeia de apoio, gerações de sabedoria, orientação sobre lactação, caldos quentes, comidas ricas em nutrientes e alguém para escutar enquanto processam a experiência de parto e as mudanças no corpo, na vida e na identidade delas — sem mencionar alguém para preparar esses caldos quentes e segurar o bebê enquanto elas tomam um banho e tiram uma soneca. Em nosso sistema atual, o que elas têm, em vez disso, além de uma enorme transição de vida e um calvário físico, são as condições perfeitas para a ansiedade. Vamos aumentar o volume dessa conversa e reconhecer a imensa necessidade e os passos práticos que podemos dar para apoiar a nós mesmas e outras mães.

10

A epidemia silenciosa

"Nunca mais uma única história será
contada como se fosse a única."
— John Berger

Embora eu acredite que médicos levam a sério o juramento de Hipócrates de "não fazer mal", também acredito que, hoje, criamos uma crise não intencional na saúde, em que as medicações receitadas com muita frequência criam seu próprio tipo de ansiedade falsa. Isso é ainda mais verdadeiro no campo da saúde mental. E é aqui que a psiquiatria se encontra hoje: rotulando pessoas com diagnósticos como se fosse um destino genético enquanto oferece medicamentos que podem deixar passar a causa-raiz da doença mental e, em alguns casos, exacerbar os próprios problemas que deveriam consertar. Enquanto isso, também negligenciamos os efeitos colaterais e consequências de longo prazo desses remédios, além do processo às vezes torturante de abstinência que pode ocorrer se e quando o paciente decidir parar de tomá-los.

Essas circunstâncias são especialmente significativas agora, dado que estamos em um pico histórico de medicamentos: os Estados Unidos são o país mais medicado do mundo, com uma em cada duas pessoas tomando remédio controlado, sendo os mais prevalentes, no caso de americanos com menos de sessenta anos, os antidepressivos.[1] Além disso, o número de pessoas tomando remédios psiquiátricos deu um salto notável durante a epidemia de Covid-19: nos Estados Unidos, receitas de ansiolíticos — como a classe de drogas conhecida como benzodiazepinas (ou benzos), incluindo clonazepam, alprazolam e lorazepam — cresceram 34,1% de meados de fevereiro a meados de março de 2020, enquanto as prescrições de antidepressivos cresceram 18,6% no mesmo período.[2]

A ansiedade falsa causada por esses remédios psiquiátricos pode ocorrer por diversas vias: certos medicamentos, como os estimulantes Adderall e Vyvanse, além do antidepressivo bupropiona, exacerbam diretamente a ansiedade por meio da modulação de dopamina e hormônios do estresse, como noradrenalina, e criam um estado ativado que pode parecer ansiedade; outros remédios, como ISRSs e benzos, podem deixar as pessoas em uma "abstinência interdose", ou seja, um estado de relativa abstinência enquanto o corpo chega ao nadir farmacológico, ou ponto mais baixo entre as doses, o que cria repercussões químicas em que o corpo fica ansiosamente esperando a próxima dose. Talvez a consequência mais substancial, porém, seja que os benzos podem impactar a expressão de receptores de Gaba no longo prazo, tornando difícil a pessoa se sentir calma sozinha sem tomar mais.

Sobre o último ponto: a subida íngreme de pessoas tomando benzos, especificamente, criou um apuro incômodo que é amplamente ignorado pelo mundo médico. Keith Humphreys, psicólogo e professor da Universidade de Stanford, chegou a se referir a essa classe de medicamentos como "os 'Rodney Dangerfield' das drogas",* porque não recebem a atenção que deviam, considerando o quanto podem ser viciantes e destrutivos. "Talvez as pessoas achem que, como vêm de um médico, não podem ser assim tão ruins", concluiu ele.[3]

Um dos maiores problemas com os benzos é seu impacto no comportamento dos receptores de Gaba. Como você deve se lembrar, Gaba é o neurotransmissor inibitório primário do sistema nervoso central. É aquele que diz: "Shhhh, tranquilo, tranquilo, está tudo bem", criando a capacidade de nos sentirmos calmos e relaxados.[4,5] Ao contrário do alvo disperso dos ISRS — que deveriam alvejar um neurotransmissor na mosca, mas interferem em muitos outros no processo —, os benzos oferecem uma mira reta. Agem diretamente no receptor $Gaba_A$, criando o efeito de uma onda de Gaba nas sinapses — que, claro, pode ser deliciosa.[6] Para muitos, ao engolir um benzo, o mundo de repente parece um lugar pacífico e acolhedor. Entendo completamente por que tanta gente reluta em reconsiderar a relação com esses medicamentos.

* Rodney Dangerfield (1921-2004) foi um comediante norte-americano famoso pelo slogan "ninguém me respeita!", que repetia em apresentações. (N. T.)

Quando você está lidando com ansiedade, tomar um benzo é como um abraço quentinho. Quem não quer uma forma rápida e confiável de se reconfortar nesses tempos cada vez mais estressantes?

Infelizmente, porém, não é o fim da história. Benzos só podem fazer sua mágica em curto prazo, acabando por deixar a pessoa pior do que no início. A realidade é que o corpo é programado para a sobrevivência — não para se sentir calmo. Então, quando criamos uma onda de Gaba nas sinapses, ele reage tentando restabelecer a homeostase — ou o estado de equilíbrio original. Ele diz: "É um excesso de Gaba. E se vier uma ameaça de verdade? Vamos estar relaxados demais para ligar — e não vamos sobreviver". Então, ele reage infrarregulando os receptores de Gaba.[7] Depois disso, é como se o cérebro não conseguisse mais *sentir* o Gaba. E, quando o efeito da medicação passa, ficamos com quantidades normais de Gaba, mas anormalmente poucos receptores. Isso causa um estado de abstinência relativa de Gaba e, com o tempo, os benzos têm um impacto cumulativo na sinalização de Gaba, criando um estado de abstinência significativo — uma sensação que pode ir de ansiosa e irritável a insuportável ou, segundo um de meus pacientes, comparável a ser arrastado pelo inferno pelos cabelos. A tolerância a benzodiazepinas — quando o corpo se aclimata a elas e exige mais para ter o mesmo efeito[8] — deixa muitas pessoas mais ansiosas do que antes de começarem a tomar a medicação, em primeiro lugar. Aliás, já se mostrou que os benzos exacerbam a ansiedade — o exato problema que estão sendo usados para tratar — em longo prazo.[9] Podemos pensar neles como um Band-Aid que deixa um corte maior do que aquele que estava sendo usado para cobrir. E esse novo corte é, essencialmente, ansiedade falsa gerada por benzodiazepinas.

Mas já se sabe muito bem que benzos também formam um hábito — eles criam "dependência física", um eufemismo médico para vício. Então, muitas vezes, quando os pacientes voltam ao psiquiatra depois de duas semanas para reabastecer (porque agora essa pílula é a única coisa que vai acalmar a ansiedade deles), o médico passa a ter uma atitude de recusa e culpabilidade. Agora é: "Você precisa parar com esse negócio — não é bom tomar a longo prazo". "Seria de esperar que médicos levassem em conta a dificuldade de parar com esses remédios", aponta o psiquiatra e blogueiro com o pseudônimo de Scott Alexander, "mas seria de esperar de médicos muitas coisas que nem sempre acontecem."[10]

ABSTINÊNCIA: A EPIDEMIA SILENCIOSA

Testemunhei em primeira mão como pode ser duríssimo para algumas pessoas parar com remédios psiquiátricos. Aliás, tratei tanta gente sofrendo de abstinência desses medicamentos que considero uma epidemia silenciosa. De fato, uma análise de 2019 feita pelos drs. James Davies e John Read, pesquisadores baseados em Londres, descobriu que 56% das pessoas que tentam parar de tomar antidepressivos experimentam efeitos de abstinência e, desse grupo, 46% descrevem os sintomas como severos.[11] O que quer dizer que a recente ascensão meteórica no número de pessoas tomando tanto antidepressivos quanto benzodiazepínicos, ocorrida durante a pandemia, provavelmente terá um impacto drástico quando alguns desses milhões decidirem que gostariam de parar.

Se fosse mais fácil descontinuar os remédios, eu estaria mais inclinada a receitá-los. Mas há legiões de pessoas por aí em meio à abstinência — tendo sintomas como insônia, irritabilidade, depressão, ansiedade, névoa mental, fadiga, náusea, crises de pânico e "zaps" cerebrais (que parecem um choque elétrico no cérebro) — que se sentem sozinhas nessa experiência e têm dificuldade de achar apoio ou orientações apropriadas de médicos. O mais preocupante para mim é que muitos têm pensamentos suicidas em meio à abstinência. Cheguei a ver ideação suicida aparecer em pacientes que, antes da abstinência, nunca tiveram esse tipo de pensamento.

Benzos provocam uma situação de abstinência especialmente perturbadora. Como Gaba é a essência de se sentir bem, a abstinência de Gaba é, também por essência, a sensação de que *nada* está bem. Faço isso há algum tempo e, de todos os estados de abstinência que já testemunhei, de Adderall até heroína, a de benzo é, provavelmente, a mais dolorosa para meus pacientes. Eu os vi irritáveis, ansiosos, sem conseguir dormir, em uma espiral de pânico, desesperando-se, suicidas e sentindo que queriam sair do corpo.

Inclusive, depois de três ou quatro meses de uso diário, parar com os benzos pode ser imensamente desafiador para algumas pessoas. É difícil prever quem conseguirá se safar ileso e quem vai ficar viciado. Nenhum médico tem a intenção de viciar o paciente em benzos, mas acontece com tanta frequência porque esses remédios criam a necessidade deles mesmos. Quando você entra em abstinência, por exemplo, precisa tomar mais só para voltar a se sentir normal — ou seja, de volta à antiga ansiedade que sentia antes de começar o remédio —, que dirá relaxado. E, infelizmente, por quanto mais tempo e com quanto mais consistência as pessoas tomam esses medicamentos, mais difícil fica para os receptores de Gaba voltarem a funcionar normalmente. Como essa pode ser a melhor maneira de ajudar quem tem ansiedade?

Em minha abordagem com pacientes que sofrem dessa abstinência, foco em ajudar a reconstruir a atividade natural do Gaba (como discutimos no capítulo 7), melhorando a nutrição e o sono; diminuindo o consumo de álcool; e instituindo trabalho de respiração, meditação, ioga, cânticos ou acupuntura — tudo isso estimula a resiliência natural do Gaba. Embora esses passos sejam úteis, também reconheço que nem sempre é fácil.

A situação é ainda mais complicada porque os psiquiatras nem sequer aprendem *como* ajudar as pessoas a tirar o medicamento; aliás, a maioria nega a própria ideia de que parar com remédios como ISRSs possa causar abstinência. Em nossa formação, aprendemos que, se um paciente ficar sintomático logo depois de parar o antidepressivo — exibindo sinais de aumento da ansiedade, pânico, insônia, crises de choro ou piora no humor, isso deve ser considerado uma *recaída*, não uma *abstinência*. Embora, claro, uma recaída seja possível, acho difícil verificar se alguém está recaindo durante as primeiras semanas pós-descontinuação do remédio, quando a química cerebral e expressão dos receptores está no processo de reequilíbrio. Se alguém com histórico de depressão acordasse na manhã seguinte a uma farra com cocaína se sentindo disfórico e letárgico, a gente chamaria de recaída da depressão ou reconheceria que o humor está temporariamente afetado pela abstinência da droga? Não se engane, antidepressivos são substâncias psicoativas poderosas, e sua descontinuação leva a uma abstinência real. Atualmente, temos uma epidemia de pessoas experimentando sintomas de abstinência pela descontinuação, sem saber que deviam atribuir tais sintomas ao remédio. Em vez disso, elas se culpam, ou culpam as circunstâncias da vida, ou simplesmente veem como recaída — e um indicativo de que o remédio estava ajudando.

Por exemplo, tive uma paciente chamada Tova que tinha depressão e ansiedade moderadas havia anos — da adolescência à casa dos vinte — até seu médico lhe receitar escitalopram quando ela tinha 25 anos. Embora Tova não tenha experimentado uma melhoria imediata no humor, notou, com o tempo, que estava chorando menos e parecia conseguir funcionar melhor no trabalho e na vida pessoal. Tova logo se sentiu tão bem que começou a questionar se ainda precisava do escitalopram, então, parou de tomar abruptamente, e aí, como diz ela, "começou o inferno". Ela se sentia irritada e ansiosa, descontava nas colegas de apartamento e na mãe, e não conseguia dormir por nada neste mundo. Então, voltou a tomar o remédio. Esses ciclos de descontinuação — em que Tova começava a se sentir bem, parava de tomar a medicação e aí ficava cada vez mais infeliz — ocorreram repetidas vezes durante vários anos. E, a cada vez, o escitalopram descia como um presente dos céus, restaurando a normalidade e a calma de Tova. Quando ela me procurou, dava ao remédio crédito total por salvar sua vida.

O histórico clínico de Tova, porém, me sugeriu que a causa dos seus problemas de saúde mental podiam ser algo além de um desequilíbrio químico clássico. Além disso, eu suspeitava que a cada vez que ela parava e retomava, a medicação a resgatava da abstinência. Então, embora Tova elogiasse o escitalopram por salvá-la da depressão e da ansiedade, eu acreditava que ele tinha inicialmente embotado as emoções dela o suficiente para parecer eficaz e, depois disso, estava apenas aliviando a abstinência dele mesmo. Tova comentou que o escitalopram diminuía sua libido, mas, quando comecei uma conversa sobre desmamar, ela ficou compreensivelmente na defensiva. Sentiu-se julgada e se fechou, achando que eu estava negando a ela esse apoio tão essencial. Garanti que entendia a enormidade de sua batalha e o valor de algo que proporcionava alívio. E, claro, em meu consultório, não há nenhum estigma ou vergonha em administrar a saúde mental com remédios — mas sempre é um reconhecimento das contrapartidas que vêm junto com eles.

Durante vários meses, Tova e eu exploramos quais poderiam ser as raízes de sua depressão e ansiedade. Começamos a ver padrões que sugeriam que seus problemas de humor podiam ser baseados em uma mescla de dieta e restrição calórica, gorduras saudáveis insuficientes na alimentação, sensibilidade a cafeína, efeitos colaterais da pílula anticoncepcional, comprometimento de suas crenças para agradar os outros em sua vida e doença de Lyme crônica. Um a um, trabalhamos em cada problema, corrigindo-os na base. Com as mudanças, Tova se sentiu bem o bastante para tentar um desmame gradual do escitalopram, reduzindo-o em 10% por mês, em vez do método abrupto que estava usando sozinha.

Também apoiamos o desmame incorporando uma nutrição melhor, bastante descanso, meditação e uso de uma sauna infravermelha para apoiar a desintoxicação enquanto resolvíamos a infecção de Lyme. Concordamos em maneiras de colocar limites em relacionamentos e argumentar a favor das próprias necessidades. Depois de cerca de um ano, Tova estava livre do escitalopram, bem como da depressão e da ansiedade.

MANUAL DA ABSTINÊNCIA

Quando estou cuidando de pacientes que estão tentando fazer o desmame dos remédios psiquiátricos, trato cada caso como uma situação inteiramente única, já que percebo que a descontinuação tem muitas variações individuais. Há, porém, algumas abordagens confiáveis que emprego com todos os pacientes enquanto desmamam: definir a taxa inicial de diminuição do remédio em 10%, auxiliar a desintoxicação, dar apoio ao sistema nervoso e criar espaço para escapes emocionais.

Normalmente, recomendo diminuir a medicação a uma taxa de 10% da dose mais recente ao mês para minimizar os sintomas de abstinência.[12] Para possibilitar isso sem que seja necessário cortar os comprimidos em casa (o que pode ser uma ciência inexata), trabalho com farmácias de manipulação — que usam medicamento genérico em pó e pesam as quantidades exatas para criar pílulas personalizadas — em vez de ficar restrita aos comprimidos comercialmente disponibilizados pelo fabricante.

Quando os pacientes se sentem apreensivos em fazer o desmame porque ficaram traumatizados com uma abstinência anterior, comento que desmamar lentamente é um processo consideravelmente menos doloroso do que eles experimentaram ao descontinuar de forma abrupta. Por outro lado, há pacientes que mal podem esperar para parar de tomar o remédio e que às vezes acham que diminuir 10% a cada mês vai demorar demais. (O processo costuma levar cerca de um ano, dependendo de pausas ou ajustes da taxa.) Para eles, enfatizo que é essencial ir devagar, mas com sucesso, ao invés de rápido, mas de forma insustentável, o que muitas vezes implica em voltar a tomar o remédio para lidar com os sintomas de abstinência. Também informo a meus pacientes que, conforme atingem doses mais baixas, o importante não é o fato de ainda estarem tomando remédio, e sim de já não estarem tomando uma dose terapêutica — eles simplesmente estão tomando remédio *suficiente* para o corpo não ser jogado na abstinência. Inclusive, nos últimos vários meses de um desmame, os pacientes estão efetivamente "sem" medicação, só afastando a abstinência com quantidades pequenas do remédio.

Durante esse processo, é importante apoiar os mecanismos de desintoxicação do corpo para ajudar a limpar os produtos da decomposição do metabolismo do medicamento. Costumo recomendar manter-se hidratado, tomar banhos de sal de Epsom e, se for viável logística e financeiramente, usar com regularidade uma sauna infravermelha. Um subconjunto de meus pacientes percebeu que enemas de café são especialmente úteis. Isso envolve inserir café em temperatura ambiente no reto para provocar uma evacuação completa do intestino grosso e promover a desintoxicação. Embora não seja a atividade favorita de ninguém, vi esse tratamento resgatar muitos de meus pacientes de desmames desafiadores.

Vejo sistematicamente que o sistema nervoso fica bastante desorientado durante um desmame, que pode se apresentar na forma de mudanças de humor, irritabilidade, insônia, e sobrecarregado com facilidade, então, também recomendo meditação diária e exercícios de respiração para o paciente retomar um estado de relaxamento pelo menos uma vez por dia. E, como sempre, encorajo os pacientes a priorizar bons hábitos de sono e comidas nutritivas — coisas criticamente importantes para permitir que o corpo reconstrua receptores e depósitos de neurotransmissores no cérebro.

Por fim, a maioria das pessoas experimenta um grau importante de escape emocional durante um desmame. Meus pacientes expressam isso de formas diversas — alguns sentem ondas de tristeza ou raiva; outros entram e saem de estados de desespero. Em nível prático, isso provavelmente se deve a um reequilíbrio da neuroquímica. Em nível psicoespiritual, porém, acredito que seja a recapitulação e a liberação de emoções que foram embotadas pelo remédio. Se alguém perdeu um ente querido enquanto tomava a medicação, por exemplo, muitas vezes passa por um processo de luto tardio durante o desmame. Lido com o escape emocional na descontinuação do medicamento como uma parteira lida com um parto saudável: reconheço que é doloroso, mas não reajo com medo. Fico por perto, dando espaço para tudo o que aparece, enquanto reasseguro repetidamente ao paciente: "Estou aqui e você vai conseguir passar por isso". É um processo, mas também é confiável, no sentido de que, invariavelmente, meus pacientes acabam encontrando o equilíbrio, sentindo-se mais estáveis depois de se ajustarem à nova vida emocional.

CONSENTIMENTO ESCLARECIDO

No fim das contas, a decisão de adotar ou não o remédio deve ser tomada após uma conversa — ou uma série de conversas — profunda e ponderada entre paciente e médico. Esse é o verdadeiro consentimento esclarecido. Infelizmente, essas trocas são cada vez mais raras no atual mundo de consultas apressadas. Em muitos casos, os pacientes não são informados por completo dos potenciais efeitos colaterais dos remédios psiquiátricos — que comumente incluem ganho de peso, alterações digestivas e baixa libido. O que acho mais perturbador, porém, é que quase nunca há uma discussão sobre a abstinência que pode ocorrer se e quando ele quiser parar de tomar o medicamento. Acredito que todos os médicos tenham a obrigação de ajudar os pacientes a levarem isso em consideração junto com os benefícios do remédio antes de receitar o primeiro comprimido.

Por fim, também é essencial apontar: se esta discussão faz com que você se sinta desencorajado — preso aos remédios ou antecipando uma abstinência difícil —, saiba que nunca é irremediável. O cérebro é, mesmo, bastante plástico e adaptável. É isto que o cérebro faz: ele aprende. Ele aprende a confiar nos remédios e também pode aprender a se recuperar e se reconstruir depois dos remédios. Sempre há esperança.

11

Descarregando o estresse e cultivando o relaxamento

"Essas montanhas que você está carregando eram só para você subir."
— Najwa Zebian

A ansiedade falsa gerada pela reação de estresse do corpo pode ser evitada, em parte, com mudanças na dieta e nos hábitos diários. Mas há algumas outras considerações importantes que são levadas em conta na experiência fisiológica de ansiedade do corpo: cultivar a reação de relaxamento e completar o ciclo de estresse.

A primeira — *cultivar* a reação de relaxamento — é meio como tomar um polivitamínico contra a ansiedade. Essa prática ajuda o corpo a aumentar o limiar de estresse, tornando mais difícil que a ansiedade o jogue no ciclo de estresse, para começo de conversa. A segunda — *completar* o ciclo de estresse — reconhece que há estresses inevitáveis na vida e que é importante expelir a energia carregada para o corpo poder voltar ao estado basal. No fim das contas, quanto mais conseguirmos fazer no dia a dia para aumentar o volume do sistema nervoso parassimpático responsável pela reação de relaxamento e diminuir o volume do sistema nervoso simpático responsável pela reação de estresse, menos ansiosos ficaremos.

A REAÇÃO DE RELAXAMENTO

Com certeza, em algum momento, alguém já gritou para você "relaxa aí!", então, você, como todo mundo, sabe que essa ordem é inútil e muitas vezes só amplifica o estado de ansiedade ou desregulação em que já estamos. Mas *há*, sim, formas de usar a ciência para aumentar a capacidade do corpo de voltar a um estado de calma. Arrumar tempo para essas práticas diárias é uma ótima forma de manter os níveis gerais de ansiedade controlados.

O sistema nervoso autônomo é onde acontece toda a ação. Essa parte do sistema nervoso tem dois braços: simpático e parassimpático. Podemos pensar neles como reação de estresse (simpático) e de relaxamento (parassimpático). O estado simpático é aquele que estamos debatendo até aqui — ele dirige a reação de estresse, determinando quando fugir ou lutar. Comunicando-se por meio dos hormônios do estresse cortisol, adrenalina e noradrenalina, o sistema simpático nos diz quando não estamos bem e tenta nos levar a fazer algo, com o objetivo de priorizar a sobrevivência no momento. Para muitos de nós, esse estado é sinônimo de ansiedade. A reação de relaxamento, porém, é o oposto da reação de estresse. Ocorre quando o sistema nervoso parassimpático "acorda" com neurotransmissores como acetilcolina, serotonina e Gaba, como diz Herbert Benson, médico e diretor emérito do Instituto Benson-Henry para Medicina, Mente e Corpo, afiliado a Harvard, em seu livro *The relaxation response* [A reação de relaxamento], levando o corpo a tirar um tempo para descansar, digerir e reparar-se.

Os processos de estresse e relaxamento são mutualmente exclusivos — o tom dominante do sistema nervoso não pode estar nos dois estados ao mesmo tempo. Isso quer dizer que, desde que consiga colocar o corpo em uma reação de relaxamento, você não só está evitando a reação de estresse, mas também elevando o limiar do corpo para o estresse. É como se o sistema nervoso tivesse uma linha zero e, quanto mais você o elevasse acima daquela linha, entrando no território de relaxamento, mais longe tivesse que viajar para mergulhar abaixo de zero e ter uma reação de estresse. Então, alguns minutos de relaxamento cultivado podem tornar menos provável que você entre em um estado de ansiedade em determinado dia.

Como podemos passar mais tempo em relaxamento? Bem, para começar, podemos chegar lá do jeito clássico: ou seja, literalmente estando relaxado (quem diria?!). Isso costuma exigir dormir o bastante, encher o corpo dos nutrientes de que ele precisa, acalmar o intestino, não ter traumas mal resolvidos, o mundo ser seguro para você e sua família, você não estar de luto, ter o suficiente, saber que você é suficiente e não estar isolado em casa durante uma pandemia. Ou seja: estar relaxado não é fácil hoje em dia. Então, vamos precisar de alguns truques.

Primeiro, é importante compreender que a conexão mente-corpo é uma via de mão dupla. Quando a mente está relaxada, ela diz para o sistema nervoso desacelerar e aprofundar a respiração. A mandíbula relaxa, a digestão acorda e os vasos sanguíneos nas mãos e nos pés dilatam. O resultado é uma sensação de calma corporal. Ao mesmo tempo, um corpo relaxado também manda um sinal para o cérebro fazer o mesmo, levando os pensamentos na direção da calma, da gratidão e do maravilhamento. Você deve se lembrar de que uma boa porção da comunicação do nervo vago é *aferente* — ou dados sensoriais —, o que significa que ele está se comunicando *do* corpo *para* o cérebro.[1,2] Assim, podemos enganar o cérebro ingênuo para relaxar criando algumas das condições de um corpo relaxado.

Há uma série de formas de gerar as condições físicas de relaxamento no corpo, incluindo ioga, meditação, Tai Chi, acupuntura, terapia craniossacral, *reiki*, *yoga nidra*, exercícios de respiração (ver abaixo) e relaxamento muscular progressivo, para falar só de alguns. Também é possível estimular diretamente o nervo vago com práticas como gargarejar, entoar cânticos, cantarolar, trabalho respiratório, banhos frios e até mergulho na água gelada.

Dê um curto-circuito na reação de estresse

Um ponto de entrada particularmente eficaz para cultivar a reação de relaxamento é alterar a maneira de respirar. Quando desaceleramos a respiração, o diafragma envia uma mensagem ao cérebro: "Minha nossa! Não acredito que estou dizendo isso, mas, para variar, parece que estamos relaxados!". Em outras palavras, respire como uma pessoa relaxada e o corpo vai dizer ao cérebro que você *é* uma pessoa relaxada.

Exercícios de respiração que prolongam a exalação em relação à inspiração podem induzir uma reação de relaxamento no corpo porque exalar mais longamente imita o que o corpo faz quando está genuinamente relaxado.[3,4] Você pode testar agora mesmo. Tire um minuto para se deitar de costas, colocar as mãos na barriga e respirar com o seguinte padrão: inspire contando até quatro, segure até sete e expire contando até oito. Permita que seja algo calmo e fácil. Uma contagem não é necessariamente um segundo — deve ser a unidade de tempo que lhe permita fazer o exercício sem sofrimento. Depois de algumas rodadas, analise-se. Como você se sente? Sentiu alguma mudança no nível de ansiedade?

Alerta: às vezes, quando começamos a prestar atenção a nossa respiração, podemos, sem perceber, prendê-la de maneiras esquisitas e, assim, dificultá-la e criar ansiedade. Se a respiração ficar difícil, só se concentre em *permitir* que ela seja fácil e natural, em vez de *forçá-la* a seguir determinado padrão. Se precisar reiniciar a respiração, você sempre pode fazer o que chamamos de respiração purificadora — inalar pelo nariz e exalar pela boca com um suspiro audível.

A respiração também fornece um ponto de entrada de outro tipo na administração da ansiedade falsa. Com frequência, uso exercícios de respiração para ajudar os pacientes a quebrarem o hábito de respirar de forma curta e superficial, e cultivar um padrão de respiração mais relaxado. Mas alguns de meus pacientes não conseguem respirar direito devido a problemas estruturais ou fisiológicos, e isso pode contribuir profundamente para a ansiedade. Lembre que a ansiedade muitas vezes é consequência de uma reação de estresse do corpo — e o que poderia ser um sinal mais forte do que o corpo achar que está sufocando muito de leve?

Se você suspeita que não respira direito — talvez respire pela boca ou ronque pesado à noite —, vale a pena examinar isso, seja consultando um fisioterapeuta para ampliar o palato duro e ajudar a abrir as vias aéreas, ou um osteopata para ajudar com a função do diafragma, ou verificar se tem apneia do sono. Pode ser que você só precise de capa antiácaro no travesseiro. Qualquer que seja a causa, reconheça que a respiração é fundamental para a ansiedade, e voltar a respirar fundo, devagar, com o diafragma e *pelo nariz* é um dos caminhos mais potentes para sair da ansiedade falsa e entrar em um estado de relaxamento.

TEORIA POLIVAGAL

Até aqui, em nome da simplicidade, estamos discutindo o sistema nervoso como um sistema dual com dois braços: o parassimpático (descanso, digestão e reparação) e o simpático (fuga ou luta). Na realidade, porém, como todos os outros aspectos do corpo, é bem mais complexo do que isso, e pesquisas recentes propuseram uma compreensão inteiramente nova do sistema nervoso. Em 1994, o psicólogo Stephen Porges propôs um novo modelo conhecido como teoria polivagal. Nesse paradigma, o entendimento do sistema simpático continua mais ou menos o mesmo — ele corresponde a estados variados de mobilização (lutar e fugir). Como você deve se lembrar, a reação simpática é um estado de hiperexcitação — acompanhado de uma onda de adrenalina e os consequentes aceleramento do coração, pressão arterial elevada, tensão muscular e respiração superficial. Nesse estado, podemos nos sentir ansiosos, irritados, agressivos e assustados.

No modelo de Porges, porém, o sistema parassimpático ganha matizes adicionais. A teoria polivagal propõe que seres humanos têm dois braços de reação parassimpática: vagal ventral e vagal dorsal. O complexo vagal ventral é responsável pelas funções que geralmente consideramos como a reação parassimpática (descanso, digestão e relaxamento), enquanto o complexo vagal dorsal inclui estados de imobilização (dissociação ou a reação de paralisia).[5]

O complexo vagal dorsal representa uma reação de estresse diferente e, de muitas maneiras, mais tardia. Em vez de mobilizar, paralisamos; é um estado de *hipo* excitação durante o qual às vezes nos sentimos cansados e emocionalmente embotados. Pensamentos vagais dorsais podem incluir "Tudo parece sem sentido" ou "Qual é o propósito disso?". Estar preso em uma reação vagal dorsal também é frequentemente associado a experiências traumáticas passadas, em que o estado imobilizado e dissociado era adaptativo para suportar e sobreviver ao trauma.

Na reação vagal ventral, por outro lado, o corpo fica relaxado; experimentamos capacidade pulmonar aumentada, conseguimos respirar fundo e temos variabilidade da frequência cardíaca melhorada (uma medida da variação entre cada batida do coração que é associada a saúde e longevidade[6,7]).

Temos um olhar positivo, e os pensamentos ficam centrados em torno de confiança, segurança e o sentido de sermos capazes de cuidar do que quer que chegue a nós. Nesse estado, conseguimos superar desafios com diplomacia e podemos chegar à compreensão mútua. Para quem sofre de ansiedade, o objetivo é não só passar mais tempo em um estado vagal ventral (através das práticas apresentadas aqui que cultivam o relaxamento), mas também estabelecer conexões entre as reações vagais dorsal e ventral como forma de engajar o nervo vago e reprogramar as reações automáticas ao estresse para sair da imobilização e desesperança.

Cuidar e proteger

Em 2000, psicólogos da Universidade da Califórnia, Los Angeles, descobriram que, até pouco tempo antes, tínhamos desprezado por completo outra reação predominantemente feminina ao estresse: *cuidar e proteger*.[8] "Um fato pouco conhecido sobre a reação de luta ou fuga é que a preponderância de pesquisas explorando seus parâmetros foi conduzida com machos, especialmente ratos", escreve Shelley E. Taylor, professora de psicologia na Ucla.[9] Em outras palavras, a compreensão da reação de estresse, como boa parte da medicina, deixou de fora a biologia única das mulheres.

Felizmente, Taylor e seus colegas mergulharam em pesquisas na tentativa de esclarecer isso. Descobriram que a reação masculina ao estresse pode estar mais ligada à excitação simpática — organizada e ativada por andrógenos (por exemplo, testosterona) — e à teoria de luta ou fuga que dominou as pesquisas sobre estresse nos últimos setenta anos; a reação *feminina* ao estresse, por outro lado, talvez esteja ligada, pelo menos em parte, à liberação de ocitocina e sua associação biocomportamental com cuidado, também conhecida como instinto de cuidar e proteger. Isso faria sentido em termos evolutivos, já que, como apontam os pesquisadores, uma reação de estresse direcionada a lutar ou fugir não lida com desafios particulares enfrentados por mulheres, em especial no que diz respeito a proteger as crias. "As exigências da gravidez, amamentação e cuidado das crianças deixam as fêmeas extremamente vulneráveis a ameaças externas", explicam os pesquisadores.

> Se uma ameaça se apresentar nesse momento, a mãe atacar o predador ou fugir poderia deixar as crias desprotegidas. Em vez disso, comportamentos que envolvem tirar a cria do caminho, afastando-as de circunstâncias ameaçadoras, acalmando e aquietando, protegendo de novas ameaças e antecipando medidas protetivas contra estressores iminentes podem aumentar a probabilidade de sobrevivência da cria.[10]

Então, em vez de lutar ou fugir, essa teoria propõe que as mulheres, ao serem confrontadas com uma ameaça, protegem suas crias e não apenas buscam relações íntimas para proteção, mas podem até fazer amizade ou se insinuar para aqueles que apresentam ameaça, num esforço de manter seguras a si e a suas crias. É de fato uma reação bem diferente da luta ou fuga registrada há décadas em nossos livros didáticos.

COMPLETANDO O CICLO DE ESTRESSE

Embora as reações de luta ou fuga sejam relativamente diretas, a teoria vagal nos ajuda a entender a reação de paralisia. Quando uma presa como um coelho enfrenta um predador, como um lobo, seu cérebro faz uma avaliação automática: *Sou rápido o bastante para correr e salvar minha vida? Sou forte o bastante para lutar? Ou as duas opções são um caso totalmente perdido?* No terceiro cenário, de repente, o coelho fica paralisado e se faz de morto enquanto o predador se aproxima. É um ato involuntário, e o coelho fica imobilizado e se dissocia da situação ameaçadora. O predador, por sua vez, provavelmente vai cutucar o coelho inerte, achar que é um animal doente e ir embora. Uma vez que o sistema nervoso determina que está tudo bem, ele volta à tona e treme vigorosamente. Tremer é sua forma de descarregar a adrenalina e restaurar um nível basal de relaxamento. Nós, humanos, também enfrentamos estressores intensos e ficamos, às vezes, imobilizados e dissociados frente a uma ameaça. Mas a diferença crucial entre o coelho e nós é que não trememos. Por que não? Bem, principalmente porque somos socialmente condicionados a evitar fazer esse tipo de coisa.

Lembra a última vez que você estava andando pela rua e tropeçou, mal recuperando o equilíbrio antes de quase cair de cara? Quando isso aconteceu, seu corpo experimentou uma pequena reação de estresse. Você tirou um momento para parar, recompor-se e superar? Não, claro que não. Você continuou caminhando, tentando não chamar atenção. Mas provavelmente se sentiu trêmulo por alguns momentos depois, enquanto a adrenalina continuava correndo por suas veias.

Tendemos a viver passando por cima de pequenos momentos como esses, assim como por ameaças mais sérias à nossa existência, como sofrer ou testemunhar violência física, viver sob a opressão do racismo sistêmico e sobreviver a ameaças como desastres naturais ou pandemias. Na maior parte do tempo, nos permitimos poucas oportunidades para descarregar o estresse que o corpo está vivenciando e voltar ao nível basal.

Quando, na tentativa de permanecer tranquilos, não terminamos o ciclo de estresse, porém, esse estresse nunca se dissipa. Em vez disso, ele se acumula. E, quando nos dissociamos dos sentimentos ou os suprimimos, o sistema límbico permanece ativado. Subsequentemente, quando o estressor não está mais presente, não conseguimos *nos sentir* seguros, porque o corpo continua carregando os padrões da excitação do sistema nervoso daqueles velhos estresses e traumas. Experimentamos isso como ansiedade. Hoje em dia, os pensamentos e as emoções podem parecer as questões que estão causando sofrimento, mas o problema real é que o sistema límbico está preso na posição "ligada". Tipicamente, não há quantidade de pensamentos capaz de desligar esse interruptor — a última forma de liberá-lo é reprogramando o sistema nervoso para um estado de calma. O primeiro passo é completar o ciclo de estresse.

Há três formas principais para descarregarmos com sucesso o estresse e voltarmos ao nível basal: movimento, autoexpressão e conexão. Movimento pode envolver dançar, se exercitar ou até uma prática formal de se chacoalhar. Autoexpressão pode incluir fazer um diário, cantar, tocar um instrumento ou fazer arte (mas fazer arte livremente, como uma criança de três anos; em vez de criticar ou dizer que não presta, você só desenha o que está vivo em você). Sentir-se conectado com os outros também pode completar o ciclo de estresse. Isso pode significar abraçar ou se aninhar a alguém; gargalhar ou chorar feio; ou apenas se mostrar como seu eu bruto, autêntico, falar sua verdade e ter alguém que realmente escute e mostre de volta que você ainda é aceito, ainda pertence. Como escrevem Elisabeth Kübler-Ross e David Kessler em *On Grief and Grieving* [Sobre o luto]: "Quando uma pessoa lhe conta a história dela repetidas vezes, está tentando entender algo".[11] Processar em voz alta o emaranhado de emoções que carregamos, e nos sentirmos vistos e aceitos assim, pode ser profundamente terapêutico para o sistema nervoso.

Minha prática favorita para completar o ciclo de estresse é o chacoalhar xamânico. Aprendi a fazer isso em 2012, quando estudava medicina integrativa na Universidade do Arizona, usando uma faixa musical em particular chamada "Amma (Extended Mix)", de James Asher — e é a música que uso até hoje, dez anos depois. A prática é simples: coloque a música, feche os olhos, permita que os joelhos se dobrem suavemente e deixe o corpo parecer uma boneca de pano. Aí, simplesmente se chacoalhe e se mova da forma como o corpo quiser por alguns minutos.

Quando o corpo fica travado, como um computador, em um padrão de estresse, chacoalhar é como apertar <ctrl-alt-delete>, permitindo que você quebre a reação de estresse e volte a uma reação de relaxamento. Tambores xamânicos também ajudam a colocar as ondas cerebrais em um padrão especialmente relaxante conhecido como ondas theta,[12] e o movimento de chacoalhar se aproxima da forma como animais tremem depois de uma experiência estressante. Como qualquer coisa que completa o ciclo de estresse, isso parece dizer ao sistema nervoso, de uma maneira antiga e programada, que a ameaça passou e você agora está em segurança. Também percebo que o movimento libera tensão muscular e escava emoções presas; isso às vezes pode ajudar a desenterrar bloqueios inconscientes. Ocasionalmente, uma memória antiga vem à superfície. Quando ocorrer, eu o encorajo a ficar com ela e meditar sobre isso. Chacoalhar-se livremente tem o benefício adicional de ajudar você a se mover da forma como *seu corpo* deseja, não só da forma como você acha que ele *deveria*. Permitir que o corpo tome as decisões e honrar as necessidades dele tem o potencial de ser profundamente reparador, reprogramando você para se sintonizar com suas necessidades internas, em vez de pressões externas. Vou admitir que é bem estranho; mas também é livre, leva dois minutos e pode ajudar muito a completar o ciclo de estresse e aliviar a carga da ansiedade.

ATM

Imagine um cachorro prestes a brigar: ele aperta a mandíbula, mostra os dentes e rosna. De forma similar, durante uma reação de estresse, os músculos da mandíbula humana, junto com os flexores do quadril e o trapézio, que são muito enervados por nervos simpáticos, ficam tensos. Automaticamente tensionamos a mandíbula quando estamos estressados, porque, originalmente, era uma forma de sinalizar agressão, força e prontidão para uma rixa. Pode ser ok para um cachorro que se prepara para brigar, mas, se você é apenas um funcionário cronicamente estressado em um escritório, não é tão bacana acordar no meio da noite com dor no maxilar. Além do mais, há uma conexão de mão dupla entre a mandíbula e o sistema nervoso central. Então, assim como o estresse nos manda apertar o maxilar, um maxilar apertado pode comunicar de volta ao cérebro que estamos em uma briga, deixando-nos ansiosos — e assim por diante, sem parar.

ATM (sigla para articulação temporomandibular) coloquialmente se refere a uma doença comum, também chamada de disfunção temporomandibular (DTM), que traz tensão crônica e muitas vezes dolorosa da mandíbula; isso também está frequentemente conectado ao bruxismo (ranger os dentes). Há, na verdade, múltiplos aspectos da vida moderna que podem nos prender em um padrão de ATM: (1) estresse não processado; (2) certos medicamentos e drogas, incluindo alguns ISRS e estimulantes,[13] além de drogas ilícitas como cocaína e MDMA (3,4-metilenodioximetanfetamina, também conhecido como ecstasy);[14] (3) uma dieta de comidas macias e processadas (comer comida de verdade, especialmente na infância, dá ao corpo feedback tátil que ajuda a desenvolver mandíbulas fortes e adequadamente alinhadas; assim, quando crescemos comendo sanduíches de pasta de amendoim com geleia em vez de roer a carne de um osso, a mandíbula pode não se formar direito);[15] e (4) a posição comum do pescoço quando estamos olhando telas e nos dobrando para ver o celular, que cria tensão no pescoço e no músculo da mandíbula.

Embora não dê para fazer muita coisa em relação aos sanduíches da juventude, podemos completar os ciclos de estresse atuais e tomar atitudes para liberar a tensão da mandíbula. É interessante notar que se imagina haver uma relação de tecido conjuntivo entre a mandíbula e os quadris. Então, se você está com dificuldade de liberar a tensão da mandíbula, tente alguns alongamentos de ioga para abrir os quadris, como a posição do pombo, ou qualquer outra que ajude a alongar e soltar o flexor do quadril, como a postura de um corredor. Assim como uma mandíbula tensa sinaliza que estamos prestes a lutar, uma mandíbula relaxada nos reassegura de que não há nada pelo que precisamos lutar.

Ficar parado é o novo fumar — e fazer exercício é o novo alprazolam

Você provavelmente leu as manchetes anunciando o exercício como tratamento eficiente para ansiedade e alertando para os perigos de um estilo de vida sedentário. De fato, quase todas as vezes que o exercício foi testado, viu-se que é um agente ansiolítico eficaz.[16,17,18] Mecanismos que se imagina serem responsáveis por esse benefício incluem o impacto do exercício na inflamação,[19] modulação de noradrenalina[20] (ou seja, diminui o estresse) e liberação de opioides endógenos[21] — em outras palavras, o exercício faz os corpos liberarem um analgésico caseiro, que nos relaxa. O exercício também é uma excelente técnica para completar o ciclo de estresse.

Se você perdeu o hábito de se exercitar, antes de mais nada, eu entendo. O exercício, como atividade isolada com seu próprio conjunto de roupas (apertadas), pode tomar uma porção considerável do dia e, em nossa vida já atribulada demais e exaustiva, pode parecer difícil encaixá-lo. Talvez você fique motivado todo ano no dia 1º de janeiro. Você se matricula na academia ou compra um pacote com um *personal trainer*. Aí, em torno de 19 de janeiro, acontece alguma coisa — você viaja a trabalho, fica resfriado ou perde o hábito, e então se passam meses praticamente sem uma única flexão.

Bem, estou aqui para pedir que você baixe suas expectativas porque eis a questão com o exercício: não precisa ser uma proposição de tudo ou nada. A verdade é que mesmo pequenas quantidades de movimento reduzem significativamente a ansiedade e melhoram os níveis gerais de energia. Em algum lugar entre nada de exercício e correr ultramaratonas fica seu regime de exercícios ideal — o movimento que lhe cai bem e você consegue encaixar de forma realista no dia a dia.

Antigamente, eu fazia várias aulas de ioga de uma hora e meia por semana. Entre ir até a academia, trocar de roupa e tomar banho, era uma atividade que durava pelo menos duas horas no total. Agora, com um consultório lotado e uma família, não tenho duas horas livres *por semana*, quanto mais por dia. A forma como faço o exercício funcionar na minha vida é o que chamo de "microscopizar", o que significa fazer algo gratuito, conveniente, divertido e rápido na minha sala ou perto do meu apartamento por alguns minutos. Encaixo logo após a hora de dormir da minha filha. Alguns dias, dou uma rápida caminhada ao ar livre; outros dias, coloco Whitney Houston e danço pela sala. Muitas vezes, simplesmente abro o tapetinho e faço quinze minutos de ioga ou Pilates. Não estou perto de vencer um triátlon, mas o que estou fazendo é realista e sustentável. E, no que diz respeito a saúde e administração da ansiedade, algo que você pode *fazer* de verdade é

100% melhor do que qualquer objetivo mais robusto, porém menos realista. Achar o exercício que funciona para sua vida e fazê-lo com consistência é o alprazolam da Mãe Natureza.

LIDANDO COM O PÂNICO

Todas as práticas deste livro criam as condições para diminuir ansiedade geral, o que, por sua vez, aumenta a capacidade de tolerar estressores sem cair no pânico agudo; mas, às vezes, a ansiedade passa o ponto sem volta e nos vemos em uma crise de pânico — um episódio repentino de medo intenso, acompanhado por reações físicas como coração acelerado e falta de ar, sem perigo real ou causa aparente. Vi meus pacientes entrarem no meu consultório com o rosto vermelho e as mãos trêmulas, pedindo ajuda. Quando isso acontece, tento ajudá-los a fazer três coisas: (1) permitir que o pânico cumpra o ciclo, em vez de resistir; (2) aterrar-se no corpo; e (3) tornar-se cientistas observando a própria ansiedade.

Quando tentamos pegar a ansiedade à força, em vez de lidar com ela com suavidade e permitir senti-la, estamos, na verdade, dando-lhe *mais* poder. Em seu livro *Dare* [Ouse], Barry McDonagh explica como e por que devemos deixar que a ansiedade flua em vez de resistir a ela: "A ansiedade é excitação nervosa. [...] O segredo da recuperação é que, uma vez que você chega a um ponto em que realmente dá permissão a ela e a aceita, ela começa a diminuir e se descarregar de forma natural. É o paradoxo essencial para curar a ansiedade".[22] McDonagh chega a aconselhar que "corramos na direção" da ansiedade, em vez de tentar *fugir* dela: "Pedir mais é o movimento mais empoderador e paradoxal que você pode fazer ao enfrentar uma crise de pânico. [...] É um pedido que a ansiedade não pode conceder. O medo logo diminui porque o combustível que o alimenta, o medo do medo, de repente foi cortado".[23]

Muito do pânico está inserido no pensamento *sobre* as sensações desconfortáveis ou os próprios pensamentos ansiosos, criando um efeito bola de neve. A emoção no cerne de uma crise de pânico não é necessariamente uma barreira insuperável; com frequência, é relativamente administrável e passageira, capaz de ser reemoldurada ou desafiada (é aqui que a terapia cognitivo--comportamental brilha). O que permite que a emoção saia do controle é anexar uma narrativa a ela, que muitas vezes alimenta o fogo da ansiedade. Quando vejo um paciente entrando em pânico, eu me esforço para dar o exemplo de aceitação e calma frente àquilo. Em vez de reagir com medo, tento mostrar-lhes que *eu* consigo lidar com a ansiedade deles para ajudá-los a ver que *eles* também podem. Só quando permitimos que o pânico flua é que ele pode se resolver.

Na ausência de um amigo de confiança ou terapeuta para ajudar durante um momento agudo de sofrimento, outra forma de surfar a onda e chegar ao outro lado com mais facilidade é fisicamente se aterrar no presente — em essência, lembrar-se de que ainda está vivo, ainda está respirando. O pânico é como um trem desgovernado ou como energia fora de controle em uma espiral ascendente. Jogar água fria no rosto ou abrir uma janela para uma rajada de ar fresco pode ajudar a trazê-lo de volta ao corpo físico e ao momento presente. Certas posturas de ioga também podem colaborar. Nesses momentos, gosto da postura da criança. Primeiro, sente-se de joelhos e aí dobre-se à frente para colocar a testa no chão. Permita que seus braços descansem confortavelmente ao lado do corpo. Se estiver em algum lugar em que não possa de fato ficar de joelhos (digamos, um escritório aberto ou a fila da segurança no aeroporto), simplesmente sente-se e foque na sensação do seu corpo sendo apoiado pela cadeira. Outra técnica eficaz de aterramento é contar cinco coisas que você pode ver, quatro coisas que você pode ouvir, três coisas que você pode tocar, duas coisas que você pode cheirar e uma coisa cujo gosto você pode sentir. Isso treina a atenção para o momento presente. O pânico muitas vezes nasce de "viajar no futuro" ou morar no passado, onde nos emaranhamos com problemas imaginados ou mágoas que não podemos mudar. A consciência do momento presente é como alho para o vampiro do pânico. Uma vez que você estiver de volta ao corpo, lembre-se de que está experimentando pânico — e que é só uma reação de estresse. É incrivelmente desconfortável, mas você está seguro.

Por fim, peço que meus pacientes explorem seu pânico com a curiosidade desapaixonada de um pesquisador. Faça um inventário das sensações em seu corpo: *O coração está acelerado; a respiração, rápida; as mãos, tremendo*. Pense consigo mesmo: *Que interessante, este é meu corpo em uma reação de estresse. Agora sei disso. É só isso. Veja como meu corpo funciona bem, fazendo o que precisa fazer quando estou me sentindo ansioso*. Essa mudança de perspectiva — ver o pânico como indicação de que o corpo está funcionando direito, em vez de uma indicação de que tem algo errado — pode ser muito útil. Isso tira a potência emocional da reação, ressignificando-a com interesse, curiosidade e até apreço, em vez de medo.

Colinha para crises de pânico

Se você tem crises de pânico com regularidade, pode ser útil ter um punhado de estratégias confiáveis para ajudá-lo a passar por esses momentos difíceis. A lista abaixo oferece algumas ideias de intervenções rápidas e eficazes. Recomendo anotar algumas e mantê-las na carteira ou na geladeira.

- Saia e mova o corpo para liberar adrenalina acumulada.
- Chacoalhe-se ouvindo música de tambores xamânicos — funciona para completar o ciclo de estresse e para o pânico.
- Foque em informações sensoriais no momento presente:
    - Conte cinco coisas que você vê.
    - Faça uma respiração 4-7-8.
    - Conte quatro coisas que está tocando (por exemplo, pernas, suéter, chão e cadeira).
    - Faça uma respiração 4-7-8.
    - Conte três coisas que você ouve.
    - Faça uma respiração 4-7-8.
    - Conte duas coisas que você cheira.
    - Faça uma respiração 4-7-8.
    - Conte uma coisa cujo gosto você sente.
- Faça respirações quadradas — inale contando até 4, segure por 4, exale por 4, segure por 4 e repita.
- Firme seus pés e empurre uma parede com as duas mãos.
- Conte de cem para trás de sete em sete.
- Passe as mãos ou os pés por algo sensorial, como água, areia ou massinha de modelar.

Ansiedade na hora de voar

Mais da metade dos norte-americanos têm ansiedade na hora de voar. Parte disso pode ser atribuída à ansiedade falsa gerada por estressores típicos das viagens de avião: perturbações de sono, correr pelo aeroporto, preocupação em perder o voo, procedimentos de segurança, pular refeições e comer fast-food. Mas também penso na ansiedade na hora de voar em termos da abordagem da medicina Ayurvédica aos *doshas* ou tipos bioenergéticos.

Na Ayurveda, um antigo sistema de cura do subcontinente indiano, há três *doshas* principais: *vata, pitta* e *kapha*. *Vata*, em particular, é caracterizado por uma tendência ao frio, secura, movimento e mudança, além de pensamentos acelerados, preocupação, inquietação e ansiedade. *Vata* também é o elemento ar, que governa o movimento. A melhor forma de manter *vata* em um estado de equilíbrio é com a consistência da rotina diária. Se você pensar na viagem de avião, é a combinação perfeita de exacerbação *vata* — perturba a rotina e envolve ser lançado pelo ar em um avião frio e seco. Nada como mudar de fuso horário e *voar literalmente pelo ar* para desequilibrar especialmente o *vata*. Pode ser por isso que tipos *vata*, como muitos de meus pacientes ansiosos, se veem como uma bola de ansiedade em voos, engolindo alprazolam e agarrando o apoio de braço toda vez que há turbulência.

O melhor antídoto para a ansiedade na hora de voar, então, é equilibrar o *vata*. Em dia de viagem, esse equilíbrio inclui ficar aquecido usando um cachecol e meias aconchegantes; levar saquinhos de chá de ervas na mala de mão para poder tomar algo quente como chá de *tulsi* no avião; fazer refeições regulares (nada de pular o café da manhã) e preferir comidas quentes feitas com gorduras saudáveis, evitando comidas cruas e frias; dormir bastante (o que às vezes exige pagar mais para evitar um voo às seis da manhã ou noturno); evitar estimulantes como café e açúcar; e, se você gostar, fazer um ritual calmante de aromaterapia com óleos pacificadores de *vata* como bergamota, sândalo e rosa. Todas essas práticas ajudarão a manter o nível de ansiedade mais baixo durante a viagem. E, no fim das contas, o mais importante é ter paciência consigo, reconhecer que dias de viagem podem ser um vórtice de ansiedade e que você automaticamente ficará mais calmo quando se acomodar em seu destino.

Por fim, sugiro uma reverência ao poder metafórico do voo, em que estamos sendo lançados através do espaço com muito pouco controle mesmo. Em outras palavras, é bem parecido com a vida. O controle sempre foi uma ilusão; nunca o tivemos. Comece a ver a ansiedade na hora de voar como uma forma de ansiedade verdadeira, tentando lhe dizer para abrir mão da necessidade de controle. Não somos nós que estamos pilotando esse foguete. E se nos entregarmos e confiarmos no que quer que seja, sabendo que acabaremos chegando ao destino? É bom, às vezes, não estar no comando.

Parte III

Ansiedade verdadeira

12

Sintonizando

> "Como ficar conectado com sua alma: quando acontece algo errado no mundo, não tente seguir sua vida como se estivesse certo. A voz dentro de você que diz 'isso não está certo' é um chamado direto da bondade básica de sua alma. Atenda. Toda vez. Atenda. E fique na linha até descobrir como ajudar."
>
> — Cleo Wade

Às vezes, você pode ajustar e otimizar cada aspecto de sua fisiologia, mas continua experimentando desconforto ou uma incapacidade de relaxar ou se sentir otimista sobre a vida. Isso é ansiedade verdadeira, que podemos considerar como uma bússola emocional nos dizendo: "Algo não está bem". Essas sensações e emoções não são algo que devemos querer erradicar, nem conseguiríamos se tentássemos; elas são do campo dos insights, traumas e do sentimento mais profundo de vulnerabilidade e propósito. Quando compreendemos que a ansiedade tem informações importantes a oferecer, uma mudança crucial ocorre. Os sentimentos desconfortáveis já não são inimigos ou algo a derrotar — em vez disso, tornam-se ferramentas e aliados.

Isso dito, os insights oferecidos pela ansiedade verdadeira nem sempre nos transformam em uma escala tão grandiosa. Em um dia, sua bússola interna pode levá-lo diretamente a seu destino ou pode simplesmente guiá-lo na direção do próximo passo, que pode ser tão simples quanto ter mais paciência com seu filho ou se permitir um dia de descanso quando precisa. Mas até esses pequenos fios na tapeçaria da sua vida têm um impacto infinito. A ansiedade verdadeira está aqui para lhe dar um cutucãozinho e dizer que é hora de *sair daquele emprego ingrato* ou *colocar alguns limites naquele relacionamento que não está sendo bom para você* ou *criar algo e fazer sua oferta ímpar e poderosa para este mundo*.

Estamos isolados e solitários, esgotados devido a excesso de trabalho e preocupados, afastados da natureza e exaustos, cada um na sua própria roda de hamster, desconectados da comunidade e da criatividade, alguns hermeticamente fechados para o sofrimento ao redor, outros se afogando nele. Se o mundo agora não lhe parece seguro, pode ser porque não é. Violência e discriminação não faltam. Se você é membro de alguma das populações vulneráveis e marginalizadas da sociedade, há bons motivos para estar ansioso. Aliás, a capacidade de mudar como sociedade depende de você ouvir sua ansiedade e da sociedade ouvir *você*. Este é um momento mais do que necessário de ajuste de contas. E é hora de confrontar as verdades poderosas que a ansiedade oferece.

Para escutar essas verdades, porém, temos que ficar quietos — e a maioria de nós faz qualquer coisa para evitar a quietude. Quando foi a última vez que você ficou na fila do banheiro ou esperou o elevador sem pegar o celular? Muitas vezes, achamos que estamos sendo produtivos ao checar o telefone enquanto não temos mais nada para fazer quando, na verdade, é exatamente esse tipo de momento — de simplesmente ficar conosco e nossos pensamentos — que é necessário para escutar o sussurro da ansiedade verdadeira. Conseguir se conectar com a verdade do que ela pode estar nos dizendo baixinho exige imobilidade e silêncio, além de estar pronto, disposto e capaz de surfar as ondas emocionais que se apresentam.

Achamos esse estado de aceitação silenciosa difícil por alguns motivos fundamentais: primeiro, somos ensinados desde jovens que, quando algo é difícil, precisamos nos distrair. Quando uma criança dá um chilique, pensamos: *Como posso fazer o choro parar?* Sabemos que, se entregarmos açúcar ou uma tela à criança, provavelmente ela vai ficar satisfeita. Problema resolvido, certo? Bom, na verdade, agora ensinamos a essa criança: não consigo lidar com suas emoções grandes, *você* não consegue lidar com suas emoções grandes, então, se um dia sentir essas emoções em sua vida futura, ache rápido algo com que se distrair, dê uma onda de dopamina ou se entorpeça. Óbvio que, mesmo adultos, procuramos o celular ou comemos nossas emoções quando, na verdade, precisamos só sentir o que estamos sentindo e deixar nossos chiliques chegarem ao fim por si mesmos.

Mas também temos dificuldade de nos sentar sozinhos em silêncio porque vivemos em uma era de controle da climatização e gratificação instantânea. Que nossos cômodos estejam sempre à temperatura de 21°C, nunca um grau mais quente ou mais frio. A vida real, porém, não é climatizada, e não podemos nos medicar uniformemente para acabar com a tristeza, a insônia ou a distração. Estamos sendo cognitivamente reestruturados por essas promessas tão impraticáveis. Sentimos que temos direito de ouvir qualquer música, ver qualquer filme ou realizar qualquer fantasia clicando em algumas telas; vemos claramente do outro lado do mundo com o FaceTime; podemos conter a reflexão deliberada navegando pelo TikTok. Mas, para estar disponível à verdade da ansiedade, precisamos estar disponíveis para o desconforto. Às vezes, a verdade é uma nevasca, e precisamos estar dispostos a nos sentar no meio da tempestade por um tempo para absorvê-la e interpretar sua sabedoria. E usar essa ansiedade para alimentar mudanças significativas às vezes pode parecer tão gradual quanto esculpir cânions com rios.

Talvez mais crucialmente, estamos quase sempre cercados por influências que nos sugam para fora do momento presente. Mesmo quando não estamos dando chilique e sendo aplacados por uma tela ou um lanchinho, estamos constantemente sendo seduzidos por outras distrações, perseguindo desde sapatos melhores até um corpo melhor e uma casa melhor. E, zumbindo embaixo de tudo, claro, está a garantia implicada de escapar da mortalidade.

A ansiedade verdadeira, porém, não é um estorvo ou um sintoma debilitante a ser suprimido com medicamentos nem ignorado em troca de promessas reluzentes. Para escutar, precisamos desacelerar, parar e escutar com mais atenção. E a única pessoa que pode ouvir a verdade se agitando é você.

OS SUSSURROS DO CORPO

"Escutar é se debruçar, suavemente, com disposição de ser transformado pelo que escutamos."
— Mark Nepo

Embora a ansiedade verdadeira em geral comece como um sussurro, se você não escutar, ela vai se transformar, com o tempo, em um grito. E, em geral, é o corpo que comunica em nome da ansiedade quando não paramos por tempo suficiente para escutar o que ela tem a dizer. É o caso tanto da ansiedade falsa *quanto* da verdadeira. Por exemplo, se a ansiedade falsa está relacionada à instabilidade glicêmica, você pode começar com uma disglicemia leve, que dá um pouco de irritação na hora da fome e desconforto de vez em quando. É o corpo sussurrando. Mas, conforme os sintomas pioram, a ansiedade fica mais forte e consistente. Agora, quando você chega à queda de glicemia das cinco da tarde, você talvez sinta pânico. É o corpo berrando: "Me ajuda, tenho uma necessidade que não foi atendida!". A diferença com a ansiedade falsa é que a solução é mais rápida e direta: mantenha a glicemia estável.

E, apesar disso, mesmo que a solução tenda a ser um pouco mais intricada com a ansiedade verdadeira, o processo é similar. Se você estiver no emprego ou no relacionamento errados, o corpo pode começar sussurrando: "Algo não parece bem". Você talvez comece a notar uma vaga sensação de desconforto ou inquietude — talvez a forma como alguém falou com você não esteja caindo bem ou você se sinta desalinhado em uma reunião.

É bem fácil deixar essas sensações para lá no momento, mas, se você ignorar os alertas sistematicamente, o corpo vai acabar levantando a voz para ganhar sua atenção total. Quando chegar ao ponto de você não conseguir sair da cama ou ter crises de pânico repetidas no trabalho, ou se fechar quando está tentando se relacionar sexualmente com seu parceiro ou sua parceira — é o corpo gritando. Ele usa esses sintomas para se impor, comunicando: "Eu me recuso a continuar sob essas circunstâncias". Parece mais uma crise espiritual. É claro, também é possível sentir que está tendo uma crise espiritual quando, na verdade, é só uma queda na glicemia, mas em geral há alguma previsibilidade no momento da ansiedade falsa — você tende a entrar na espiral depois de uma bebida cafeinada e açucarada ou sente um desespero irremediável só quando está em privação de sono. Com a ansiedade verdadeira, não existe a mesma regularidade. Há, porém, um *tema* consistente. Escute a linguagem da ansiedade. Você entra em pânico em aviões ou elevadores? Sente-se mais ansioso quando está sozinho? Em multidões? Quando seu parceiro ou sua parceira chega do trabalho? Os temas de sua ansiedade oferecem pistas de questões inconscientes que estão em jogo. Se o cerne do seu pânico é estar sozinho, pode querer lhe dizer para recuperar a comunidade em sua vida. Talvez suas amizades o deixem solitário. Isso pode significar que você precisa se mostrar como seu eu autêntico ou achar amigos diferentes. Se você entra em pânico em elevadores e o tema parece estar centrado em ficar preso, pergunte-se onde mais, na vida, você se sente atolado. No trabalho ou num relacionamento? Você se sente forçado a dizer sim a todos os pedidos e a colocar as necessidades de todo mundo antes das suas?

Se essa for a metáfora de sua ansiedade, seria bom começar a verbalizar suas necessidades e trabalhar para se libertar.

As mensagens enviadas pelo corpo por intermédio da ansiedade podem levá-lo com frequência ao cerne da questão. Afinal, "há mais sabedoria no corpo do que em sua filosofia mais profunda", como escreveu Friedrich Nietzsche. Se você perguntar sem medo e permanecer imóvel por tempo suficiente, *vai* acabar discernindo o que o corpo está tentando dizer. Nesse ponto, seu trabalho é confiar no que você escuta. As pessoas temem que, caso se aventurem nos cantos escuros de seus sentimentos, nunca mais sairão. Mas, na verdade, é o contrário. Quanto menos tentarmos reprimir e resistir à ansiedade, mais facilmente fluiremos com ela *e* fluiremos para fora dela.

Alguns de nós acreditam que é possível ignorar sem prejuízo as mensagens do corpo porque ele não fala em palavras. Pensamos que tudo bem nos trair, desde que estejamos agradando todos os outros. Mas, no fim das contas, o corpo pode clamar. O corpo testemunha tudo e é um comunicador insistente — ele *vai* se fazer ouvir. Então, se você tem achado difícil enfrentar a ansiedade, lembre que confrontar a verdade potencialmente inconveniente agora pode salvá-lo de um bombardeio de sintomas inconvenientes durante a vida toda.

Permissão para sentir

Uma vez, quando eu estava nos fundos de uma sinagoga em um funeral, permitindo que as ondas de luto me dominassem, alguém se inclinou e sussurrou: "Seja forte, não chore". Vivemos em uma cultura que tem fobia de emoção e valoriza predominantemente estabilidade emocional e estoicismo. Vulnerabilidade e sensibilidade são vistas como sinais de fraqueza. *Pedimos desculpa* por chorar, instintivamente segurando em vez de deixar fluir. De vez em quando, precisamos dar um passo atrás e perguntar: *Isso está funcionando?* A julgar por nossas taxas meteóricas de ansiedade e depressão, acho que erramos a mão. É hora de não apenas nos dar permissão para sentir, mas também repensar o que significa fazer isso. É bem mais corajoso — para não falar mais saudável — mergulhar nas emoções complicadas enquanto elas surgem do que suprimi-las ou ignorá-las.

Nas profissões de saúde mental, frequentemente citamos o psicanalista e fundador da psicologia analítica Carl Jung (1875-1961), oferecendo sua visão de que aquilo a que resistimos persiste. Ou seja, nenhuma emoção jamais foi varrida para baixo do tapete com sucesso. Quando pensamos "Eu não quero sentir isso, vou forçá-lo a sair de minha consciência", o sentimento não vai embora. Aliás, ele dobra a aposta e fica entalado, frequentemente se transmutando em dor crônica nas costas, ou dores de cabeça, ou problemas digestivos, até acabar chegando ao ponto de fervura que nos leva a surtar. Então, se um tsunami de emoções estiver vindo em sua direção, tente mergulhar nele, deixando que o domine. Sinta a força total de sua tristeza, ou raiva, ou luto. Como acontece com as ondas, essas emoções vão chegar a uma crista e se resolver. É bem mais provável que você saia do outro lado se sentindo bem, se fluir com a onda de emoção em vez de tentar correr dela. Como escreve o psicólogo Marc Brackett, PhD, em seu livro *Permissão para sentir*, "Se conseguirmos aprender a identificar, expressar e aproveitar nossos sentimentos, até os mais desafiadores, podemos usar essas emoções para nos ajudar a criar uma vida positiva e satisfatória".[1] Em outras palavras, o que a pessoa devia ter me dito no funeral era: "Seja forte, chore".

CONSCIÊNCIA DO MOMENTO PRESENTE E MORTALIDADE

Minha paciente Jada vinha em cada uma de nossas sessões com uma caneta e um caderno; ela fazia anotações extensas sobre o que falávamos e as nossas ponderações. Não é uma ocorrência incomum, na verdade, em especial com pacientes que têm ansiedade. Muitas vezes, estão tentando ter controle, lutando para dar jeito na vida, e não vão deixar nada escapar pelas frestas. Então, não fiquei surpresa quando Jada me contou que estava tomando conta da saúde do pai depois de ele ser diagnosticado com uma doença cardíaca relativamente séria. Jada descreveu a possibilidade da morte do pai como "o pior cenário", e muitas vezes parava no meio da frase, dizendo que não suportava pensar naquilo. Seu instinto era controlar a situação como forma de sufocar esses sentimentos intensos. Ela ligava com frequência para ele, embora já não perguntasse "Como você está?". Ela bloqueou qualquer chance de o pai processar aquilo pelo que estava passando e, em vez disso, gastava o tempo ralhando com ele por beber refrigerante, pedindo que fizesse exercício e intensificando a busca pelos "melhores médicos". Comentei com Jada que ele talvez se sentisse castigado em um momento vulnerável da vida, e que ela o estava vendo como um problema a resolver em vez de estar assistindo-o. Uma camada de medo e distância se alojou firmemente na conexão antes natural deles.

Eis o problema: quando "o pior cenário" acaba acontecendo, a melhor forma de sobreviver a ele é se entregar inteiramente à experiência. Não tem jeito de dominar o destino nem de evitar a mortalidade, nem nossa, nem dos que amamos. Tudo o que nos é caro, vamos perder um dia. Isso *é* ansiedade verdadeira; esse é o medo destilado no centro dela. Se formos viver por inteiro, precisamos nos jogar na experiência extraordinária de ser humano, com todas as suas vulnerabilidades e emoções — alegria, raiva, devastação, luto.

Aconselhei Jada a abraçar as circunstâncias do jeito que eram como a única forma de conseguir alguma paz naquela situação. O inconsciente prefere que estejamos entorpecidos ou distraídos frente à dor iminente. Mas, evitando a vulnerabilidade, também podemos perder a experiência bruta do que dá significado à nossa vida. É melhor permanecer bem acordado. Sugeri que Jada aconselhasse o pai e, aí, desse um passo atrás e praticasse a aceitação radical — ou seja, o reconhecimento completo da vida no momento presente. Para ela, isso significou aceitar a realidade de que, um dia, o pai morreria. Mas, agora, aqui, ela podia se fazer presente, estar com ele de coração — e sentir o presente e a angústia pungente de amar tanto alguém.

EXERCÍCIO PARA CONSCIÊNCIA DO MOMENTO PRESENTE

A meditação é, ao mesmo tempo, um caminho para sair da ansiedade[2,3] *e* uma ferramenta para escutá-la. Uma característica principal da ansiedade é "viajar no futuro" — em outras palavras, se preocupar com o que está por vir. Ao mesmo tempo, um objetivo primário da meditação *mindfulness* é cultivar a consciência do momento presente, a qual se sabe que limita o pensamento focado no futuro.[4] Aliás, um conjunto crescente de evidências sugere que a meditação *mindfulness* parece coincidir com mudanças no cérebro que melhoram a regulação de humor — em outras palavras, fortalecer a capacidade de continuar presente parece diminuir a ansiedade.[5]

Para mim, meditação não é uma habilidade, mas um ato de se apresentar, rotineiramente, e se sentar imóvel. Você não precisa do momento perfeito depois de chegar ao fim de sua lista de tarefas — porque, claro, esse momento nunca virá. Você só precisa mesmo é se sentar e permanecer imóvel e em silêncio por alguns minutos. Tente manter a atenção na experiência da respiração; sinta as inspirações e expirações, o que é estar vivo em seu corpo neste momento. Aproximadamente um nanossegundo depois de começar, vai aparecer um pensamento. Com poucas exceções, esse pensamento vai ter a ver com o futuro ou o passado. Você se verá pensando na lista de compras de mercado e naquela coisa que alguém disse dez anos atrás e continua te irritando. Reconheça o pensamento e deixe-o passar. Um nanossegundo depois, outro pensamento vai aparecer. Deixe passar. Cada vez que um pensamento vier, veja-se sentado um pouco ao lado de si mesmo, observando sua mente enquanto ela passa por esse processo. "Você não é a voz da sua mente", escreve Michael A. Singer em seu livro *A alma indomável*, "você é aquele que a escuta".[6] Conforme os pensamentos continuam a surgir, mantenha uma atitude de diversão paciente, como um adulto vendo uma criança se esforçar para aprender a usar o garfo, mal conseguindo levar comida do prato à boca. A cada um desses pensamentos, traga a atenção de volta ao presente — de volta à respiração.

Muitos de meus pacientes me dizem que não gostam de meditar porque não são bons nisso — ou seja, a mente deles vaga demais com frequência. Então, vamos corrigir essa ideia: a mente *vai* vagar durante a meditação. Isso não é um fracasso; é o trabalho. Não existe ser ruim em meditar. Meditação tem a ver com se apresentar e exercitar o músculo da consciência do momento presente. Cada vez que a mente vaga é uma *oportunidade* de fortalecer justamente esse músculo atrofiado. E cada vez que trazemos a atenção de volta ao momento presente, estamos fazendo um exercício. Logo, estaremos vivendo com um músculo tonificado para nos perceber e escolher como reagir antes de cair nas reações habituais.

Uma concepção errada e comum sobre a prática da meditação é que o objetivo primário é ficar em êxtase — que, quando você começa a meditar, a vida é só *good vibes*. Essa ideia desconsidera o ponto principal; o mundo não é nem de perto "só bom" — ele está fervilhando de sofrimento e injustiça. A meditação é útil para ajudar a nos conectar com a raiva, o luto e a tristeza que surgem como resultado disso. Para mim, o objetivo final da meditação é chegar à verdade inalterada. Em minha prática, começo com um estado mental neutro, mas, se surgirem pensamentos negativos, fico com eles, em especial porque descobri que quase sempre me levam à ansiedade verdadeira. Isso me ajuda a permitir que o que há de errado no mundo determine minha trajetória de ação na vida.

Veja se consegue abordar a meditação como uma pergunta aberta, um convite à verdade. Aí, quando menos esperar, você terá um ou dois momentos em que está realmente presente — em que não está só assistindo ao filme dos seus pensamentos, mas na experiência do momento. Em meio a esse glorioso néctar, seu inconsciente vai achar seguro dar pequenos passos à frente com um grãozinho de verdade. Pode ser sutil ou pode atingir você como uma pedrada. De todo modo, quando você receber um download direto de sua intuição, não questione nem pense demais. Só escute. Transmissões assim podem fazer com que você se sinta mais leve, como se algo finalmente se encaixasse, ou podem ser pesadas, como uma consciência dolorosa subindo à superfície depois de tanto tempo. O que importa é que essa missiva é uma parte essencial de quem você é.

A busca pelo caos na vida adulta

Algumas pessoas crescem em lares caóticos. Por "caóticos", não quero dizer agitados, mas, sim, lares em que as crianças ou não têm cuidadores consistentes e confiáveis, ou não podem necessariamente confiar que suas necessidades básicas serão atendidas.

Crescer nesse tipo de ambiente estabelece um nível basal de caos e desordem, que, além de ser precursor da ansiedade, pode dificultar manter-se confortável com a quietude na vida adulta. Adultos que crescem em lares caóticos podem se ver para sempre preenchendo a vida — e qualquer potencial de silêncio — com estímulo, porque lhes é familiar e, portanto, confortável. E, quando o lar caótico também era traumático, a ansiedade pode virar uma forma de fuga. Ou seja, toda vez que o adulto filho de um lar caótico se vê em um estado de tranquilidade ou silêncio, o trauma pode voltar de fininho. Então, inconscientemente, ele é levado a saturar qualquer silêncio com ansiedade — uma espécie de estado frenético de distração que pode eclipsar a memória traumática cutucando-o no ombro. Nessas circunstâncias, *a própria ansiedade* serve à necessidade inconsciente de evitar a quietude. Pode ser muito difícil desfazer isso, porque a mente resiste de forma poderosa à tranquilidade, mas a solução é insistir e aumentar a capacidade de se sentar em silêncio, reconhecendo que lhe é especialmente difícil e sendo paciente e compreensivo consigo quando surgir a necessidade de procurar uma distração. Certifique-se de ter uma rede de apoio (por exemplo, sessões regulares com um terapeuta que lide com trauma) caso surjam memórias traumáticas. Seja gentil, mas também não se desvie, lembrando-se de que há orientação na ansiedade verdadeira, e que ela surgirá nesses momentos de quietude conquistados com dificuldade.

O mais belo e transformador na meditação é que, quando você a pratica regularmente, ela começa a permear toda a sua vida. Você anda pela rua mais consciente. Interage com estranhos de forma mais consciente. E dança com sua ansiedade de forma mais consciente. Um "Ah, Deus, não consigo lidar com essa espiral de pensamentos" vira "Ok, vejo que esta situação está acontecendo agora e me deixa muito ansioso". Você se torna menos *identificado* com seus pensamentos e, em vez disso, se acostuma a ser *observador* deles. Começa a perceber que esses pensamentos quase sempre têm uma qualidade de antecipar algum resultado ruim no futuro e que *não* são os profetas sábios da ansiedade verdadeira. Quando um pensamento ansioso borbulha, o *mindfulness* lhe dá um pouco de distância. Este é o poder fundamental de fortalecer o músculo da consciência do momento presente: separar um momento entre estímulo e reação, para poder escolher como *responder* com intenção, em vez de cair em uma *reação* emocional familiar. Quando me permito essa pausa consciente, consigo andar mais perto da compaixão e compreensão, o que oferece uma viagem mais pacífica pelos desafios da vida. Mas tome cuidado para administrar as expectativas: eu consigo pausar e me perceber talvez 10% do tempo. (Se houver circunstâncias especiais, digamos, você estiver vivendo em quarentena durante uma pandemia com seus sogros, tente uma taxa de sucesso de 2%.) Sempre que conseguir, porém, tire um momento para notar seu progresso. A forma como você reage a si mesmo em momentos de "fracasso" é igualmente importante. Em vez de se repreender — que muitas vezes é só uma perpetuação do condicionamento que recebemos de nossos pais, que por sua vez foram condicionados pelos pais *deles* —, apoie-se por tentar. Ofereça a si compaixão por como é desafiador ser fiel a essa intenção na vida diária. E, quando as coisas ficarem bem suculentas na prática de meditação, você começará a reconhecer que há muita calma no momento presente. Como aponta Eckhart Tolle, "A situação de sua vida pode ser cheia de problemas — a maioria das situações são —, mas descubra se você tem algum problema neste momento. Não amanhã ou daqui a dez minutos, mas agora. Você tem um problema agora?".[7]

Prática de gratidão

Em minha experiência com pacientes que sofrem de ansiedade, o foco na gratidão muda de maneira confiável seu humor e expande sua visão. A prática da gratidão é um ato rebelde, destinado a ser feito em condições imperfeitas. Somos repreendidos diariamente por mensagens que nos dizem que não somos suficientes. A gratidão reconhece uma verdade mais profunda: que podemos encontrar abundância mesmo durante os momentos mais sombrios. Isso não invalida as causas bem reais do medo e do sofrimento em nossas vidas. Mas o cérebro está, por padrão, programado para se ater à falta — é um instinto que nos ajuda a sobreviver. Podemos até mesmo ser *gratos* por essa tendência, pois ela manteve nossos ancestrais vivos. No entanto, nem sempre precisamos dar-lhe tanta atenção.

Sugiro que você faça a sua prática de gratidão de forma simples: escreva ou diga em voz alta três coisas pelas quais você é grato a cada dia. É isso aí. Não importa o quanto as coisas não pareçam (e não estejam) bem, uma prática de gratidão força você a se concentrar, por mais momentaneamente que seja, nas coisas que *estão* bem. Com o tempo, o cérebro forjará novos caminhos neurais[8] — incluindo a modulação no córtex pré-frontal medial, que está relacionado à resiliência e à regulação do humor. Quando isso ocorre, você pode notar uma ampliação da perspectiva de um foco míope no que está errado para a verdade maior e mais complexa do que simplesmente existe.

SIM VERDADEIRO, NÃO VERDADEIRO

O conceito de "sim verdadeiro" e "não verdadeiro" vem da Comunicação não violenta, um livro, escola de pensamento e curso do falecido psicólogo Marshall B. Rosenberg. Os ensinamentos dele ajudam as pessoas a identificar e satisfazer com compaixão as necessidades não atendidas em si para reforçar o relacionamento com os outros. Navegar o mundo dessa forma nos impede de nos trair; às vezes, a ansiedade verdadeira dá um tapinha em nosso ombro porque, em algum sentido, nos abandonamos. Uma parte crítica desse trabalho é discernir quando se pode oferecer um *sim* verdadeiro ou um *não* verdadeiro quando alguém lhe pede algo. Pode soar simples, mas você ficaria surpreso com a quantidade de vezes que temos dificuldade de realmente reconhecer quando profundamente *não* queremos aceitar um pedido e agir de acordo com isso; para muitos de nós, vai contra nossa personalidade.

Queremos tanto que gostem de nós, ou evitar confrontos, ou corrigir o que está errado no mundo que colocamos esses instintos acima de nossa autopreservação. Mas, no fim, depressão e ansiedade, como apontou Rosenberg, muitas vezes são "a recompensa que conseguimos por sermos bons". Se quisermos uma relação harmônica com a ansiedade, além de escutar a verdade enterrada no fundo dela, precisamos nos versar em escutar o *sim* e o *não* verdadeiros do corpo. Isso, aliás, é outra linguagem do corpo — e se expressa em sensações que estão em um espectro entre contração e expansão.

A coreógrafa e mãe da dança moderna Martha Graham observou que cada movimento é uma contração ou uma liberação; essa é a linguagem do corpo. Você pode sentir contração ou expansão nos músculos, no diafragma e na respiração. Um *não* verdadeiro ocorre quando, ao considerar algo que lhe foi apresentado, você sabe, fisicamente, que não é a escolha certa para você. Parece uma contração, aperto, dificuldade de respiração ou talvez um nó no estômago; pode dar frio; é a sensação de *eca*, *ugh*, *argh*, *tsc*.

Um *sim* verdadeiro, por outro lado, desperta calor, liberação, expansão, abertura e conforto no corpo. Pode parecer um peso sendo tirado, uma liberação de tensão ou uma sensação positiva de frio na barriga; é uma sensação do corpo dizendo: "Isso parece certo". Ou então: "Eu gostaria disso, sim". Para mim, há uma sensação particular de formigamento que me diz que algo notável está acontecendo, como se meu próximo movimento tivesse acabado de ser revelado. Um *sim* corporal vai além da sensação de prazer — às vezes é uma sensação profunda de alinhamento com um dever difícil, mas importante. Essas verdades que sentimos no corpo podem ser mundanas ou profundas — o mais importante é que palavras e ações correspondam ao sentimento que vem do âmago.

A maioria de nós cai na armadilha do *sim* falso quando não consegue ouvir, ou simplesmente ignora, as diretrizes do corpo. Isso resulta no favor que nos comprometemos a fazer e do qual nos arrependemos ou no salário baixo demais aceito em uma negociação ou no toque indesejável que nos convencemos a permitir. Você consegue se lembrar de uma interação como essa e evocar essa sensação agora mesmo, a forma como ela se manifestou em seu corpo? Você já notou seu instinto dizendo "Ei, segure a onda!" antes de dizer algo que você sabe que não é verdade, mas passou por cima desse aviso? Encontrar o seu *não* começa por se tornar mais comedido na tomada de decisões do dia a dia, tirando um minuto para estar presente e ouvir antes de seguir em frente. É claro que às vezes é necessário concordar com algo em prol de um meio-termo saudável, fazer uma concessão razoável que passa por cima de um sentimento instintivo — se tivermos que pagar nosso pedágio, por exemplo, e concordar com uma tarefa no trabalho que realmente pareça um *não*. Mas fique atento ao fato de que todo *sim* falso é uma pequena traição a si mesmo e, em última análise, é assim que treinamos o corpo a ficar confuso, ou silenciado, em relação a nossas verdades essenciais.

E, lembre, quando damos o *sim* falso, *nunca* acaba bem: as pessoas contam conosco, mas damos para trás na última hora; ou fazemos o que quer que tenhamos prometido e, assim, nos exaurimos; ou acabamos nos ressentindo da outra pessoa. Pergunte-se: você ia querer que alguém lhe dissesse sim, mas depois se ressentisse de você? A virada surpresa é que muitas vezes acaba sendo mais amável dizer a verdade desde o início, em vez de concordar por reflexo com o que quer que nos peçam. Não ser direto com o colega, parente ou amigo é indelicado com eles — e dizer sim para manter a paz é indelicado com você.

Eu trabalho o "sim verdadeiro" e o "não verdadeiro" com muitos de meus pacientes. Para Yelena, minha paciente de 33 anos do Kansas, foi transformador. Yelena é uma cuidadora extraordinária. Ela cresceu cuidando dos três irmãos mais novos, e hoje é assistente social. Também tem uma série de amigos que contam com ela bem mais do que ela conta com eles. Talvez não seja surpresa, portanto, dada a quantidade de estresse alheio nos ombros de Yelena, que ela estivesse com a capacidade de perceber o que o corpo lhe dizia comprometida. Quando Yelena veio me ver pela primeira vez, tinha muita dificuldade com foco e ansiedade, e usava alprazolam para administrar os ataques de pânico. Durante vários anos, trabalhamos em sua ansiedade falsa, deixando-a menos inflamada e mais bem nutrida. Quando finalmente chegamos ao ponto em que ela não era mais dominada pela ansiedade física, alcançamos um ritmo mais profundo na terapia. Ela estava pronta para se conectar consigo mesma — para ir tateando o caminho até sua própria verdade — e reagiu especialmente bem ao *sim* verdadeiro ou *não* verdadeiro. Aliás, ficou tão conectada com a sensação física do *sim* verdadeiro em seu corpo — na forma de animação e leveza — que ele virou a bússola interna que guiou e revolucionou sua vida. Ela trocou de emprego, reestruturou as amizades, mudou-se para o outro lado do país, entrou em um relacionamento romântico (e acabou saindo) e se internou em uma clínica de desintoxicação a fim de parar o alprazolam. Esse último esforço, na verdade, foi contra minha recomendação. Eu achava que ela devia desmamar mais gradualmente do que o programa de desintoxicação propunha, mas ela estava determinada de que era o próximo passo correto para ela. Toda decisão de *sim* verdadeiro que ela tomara até esse ponto tinha sido apropriada e sábia, então, aceitei o julgamento criterioso dela. Como os instintos de Yelena a tinham levado tão longe de forma tão triunfal, eu não achava que tinha direito de saber o que era melhor. No fim das contas, o programa de desintoxicação foi acertado, e ela parou com sucesso o alprazolam.

Mas nem todos têm a capacidade de Yelena de cultivar essa intuição. Seria mais fácil navegar, claro, se nossos *sins* e *nãos* verdadeiros se alinhassem mais frequentemente com o que se espera de nós em nossa cultura. A parte mais complicada desse processo é quando o mundo nos diz que devemos fazer aquilo que faz nosso corpo se contrair. Enquanto isso, a coisa que lhe dá uma sensação retumbante de *sim* no corpo é impraticável, irrealista, *não vai rolar*. Essas expectativas sociais e familiares podem nos tentar a trair os *sins* e *nãos* verdadeiros, ou pior, podem nos desnortear, convencendo-nos de que instintos sociais, na verdade, são nossos.

As mulheres, em particular, foram condicionadas a dizer *sim* — em um esforço para agradar as pessoas e atender as necessidades de todos ao redor — sem consideração com a verdade pessoal ou limites energéticos durante toda a história. "Quando a maioria de nós chega à vida adulta — especialmente aquelas que vêm de um histórico de opressão social —, perde qualquer capacidade de se ouvir, de confiar em si própria", aponta sagazmente Holly Whitaker em seu livro *Quit Like a Woman* [Pare de beber como uma mulher]. "Procuramos respostas externas porque nos dizem sem parar que nossa inteligência mais íntima está errada."[9]

Muitos de nós acham desafiador diferenciar medo e intuição. Os dois sentimentos muitas vezes estão tão intrincadamente entrelaçados que pode ser preciso um esforço e disciplina reais para aprender a desemaranhá-los. Concordo com Glennon Doyle que a diferença entre os dois pode ser comparada a uma frequência vibracional — o medo é registrado como um comprimento de onda de frequência mais alta e mais longa.[10] Eu mesma tive dificuldade de distinguir os dois durante a maior parte da vida. Até recentemente, achava que devia dar voz ao meu lado racional e objetivo para ser levada a sério, para ser aceita no clube do Bolinha, para ter poder. Apesar de ter uma forte intuição, contive tudo isso por medo de ser rotulada como irracional.

Foi então que comecei a estudar modalidades alternativas de cura. Com isso, minha intuição virou uma força irrepressível, e testemunhei em primeira mão como as terapias holísticas podem ser poderosas. Quando comecei a descascar as camadas de doutrinação, passei a perceber que estava negando uma gama de habilidades potentes em minha natureza. Minha ansiedade verdadeira, meus *sins* e *nãos* verdadeiros, minha intuição — tudo compõe uma bússola interna que tinha sido enterrada bem fundo; agora, isso me serve de forma favorável na vida *e* na profissão. O que não quer dizer que eu tenha dado as costas à racionalidade e objetividade. Faço meu melhor para trazer os dois lados — o analítico e o místico — para o processo de tomada de decisão. Reviso os dados e penso nas vantagens e desvantagens práticas, mas também escuto o que o corpo e a intuição estão me mandando fazer. No fim, meu bem-estar e propósito dependem de um discernimento constante — entre um *não* verdadeiro e um *sim* verdadeiro, entre intuição e medo, entre condicionamento social e minha própria sabedoria interna.

Como dizer um não verdadeiro

Muitos de meus pacientes vivem querendo agradar os outros. É compreensível, já que muitos de nós suportam uma vida inteira de condicionamento que ensina que o mundo espera que aceitemos absolutamente todos os pedidos. Às vezes, nosso ambiente de infância nos ensinou que obediência gera aprovação parental ou mantém a casa toda funcionando. E a consequente pressa de satisfazer todo mundo nos deixa atormentados, desconectados de nossas necessidades e ansiosos. Para a recuperação de pessoas que gostam de agradar, pode ser necessário praticar até aprender a afirmar sua verdade respeitosamente e aí seguir em frente. Eis algumas formas gentis de expressar honesta, firme e diplomaticamente um *não* verdadeiro:

"Agradeço pelo convite. Estou me esforçando para priorizar minha família e meu trabalho nos últimos tempos, então, estou diminuindo compromissos sociais por enquanto."

"É uma honra você ter pensado em mim para esse projeto, mas, no momento, não tenho a carga horária necessária para dedicar a isso."

Ou, nas palavras de Melissa Urban, cofundadora e CEO do Whole30 e especialista em estabelecer limites: "O que você está me pedindo me deixa desconfortável. Posso ajudar de outra forma?".[11]

DANDO ESPAÇO À INTUIÇÃO NA TERAPIA

Um dos argumentos mais pungentes do livro de Holly Whitaker, *Quit like a woman*, chama atenção ao fato de que o Alcóolicos Anônimos, criado nos anos 1930 por homens brancos de classe média-alta, oferece orientações — conhecidas como os Doze Passos — que fundamentalmente não lidam com as necessidades femininas. Ela escreve:

> Ser lembrado de que você não é Deus, assumir seu tamanho real, evitar questionar regras, ser mais humilde, admitir suas fraquezas, registrar o que há de errado em você, ser vulnerável o bastante para admitir suas falhas a outra pessoa, calar a boca e escutar: todos esses comportamentos são associados (e impostos) a mulheres. [...] São, essencialmente, instruções sobre como ser mulher e, para aqueles homens, eram remédio. Agir assim era uma forma insana e nova de existir e parecia liberdade. Mas, para uma mulher ou qualquer grupo oprimido, ouvir que

> se deve renunciar ao poder, à voz, à autoridade e ao desejo é mais da mesma merda. É o que nos deixou doentes em primeiro lugar.[12]
>
> Amém.

No que diz respeito a nos reconectar com a sabedoria interna, acredito que a terapia cognitivo-comportamental, ou TCC, seja algo que vale reexaminar usando a mesma lente. A TCC, cujos pioneiros foram psicólogos como Albert Ellis, nos anos 1950, e Aaron T. Beck, nos anos 1960, é uma das formas mais populares de terapia nos Estados Unidos hoje — muitas vezes usada para tratar ansiedade. Ela guia os pacientes a entender que pensamentos e emoções podem ser fontes falhas de informação e que o histórico pessoal informa a maneira como interpretamos o mundo, um fenômeno conhecido como distorção cognitiva. Quando a TCC ajuda, ela permite que os pacientes reconheçam e mudem padrões de pensamento destrutivos. Meu paciente Marcus, por exemplo, que muito tempo atrás tinha ataques de pânico em filas de segurança de aeroporto, conseguiu evitar que isso acontecesse por completo com um livro de exercícios de TCC. Eu mesma uso algumas técnicas de TCC no consultório. Os pensamentos *têm* influência e, às vezes, podem nublar a percepção. Mas *também* acredito que pensamentos e emoções podem ser fontes poderosas de informação. E, nesse sentido, acredito que a TCC, com a sugestão subjacente de que devemos questionar os sentimentos, pode às vezes enfraquecer os pacientes — em particular, as mulheres.

A TCC diz, em termos gerais, que não se deve confiar nos raciocínios emocionais. Os pacientes podem afirmar que se sentem excluídos ou não gostam das pessoas presentes em uma situação social, e a TCC sugere que não devem acreditar nos próprios pensamentos ou sentimentos — esses palpites sombrios são apenas um exemplo de distorção cognitiva, como filtro mental, desqualificação do positivo, leitura da mente ou catastrofização. "Não seja tão emotiva", diz a TCC. "Seja objetiva." Em resumo, a terapia cognitiva celebra algo que, em termos amplos, é mais natural para os homens e desqualifica o que, em termos amplos, é automático para as mulheres. *Eu sei, eu sei*, eu também acredito em exceções: muito do que entendemos como gênero é um construto falso e socialmente condicionado; nem todos os homens pensam de forma objetiva, nem todas as mulheres são emotivas; e a TCC pode ser incrivelmente útil e cheia de insights tanto para eles quanto para elas. Mas, dando um passo atrás, também creio que a noção de que pensamento desapaixonado é mais valioso do que sentimentos e intuição está no cerne da TCC — e é potencialmente prejudicial.

Seres humanos são criaturas sociais sofisticadas. Percebemos isso por meio de muitos fatores: expressões faciais sutis; gestos físicos; quando uma pessoa ri ou deixa uma piada fracassar. Sim, temos vieses e podemos sair de uma interação com a impressão errada, mas também temos um maquinário refinado para avaliar como os outros se sentem — as mulheres talvez de forma extraordinária.[13] E desprezar esses pressentimentos apaga o sentimento de realidade conquistado a duras penas. Considero que o ponto de vista de meus pacientes é algo a explorar, seja exato ou não (provavelmente, nunca saberemos). Os sentimentos oferecem evidências — não necessariamente a história completa, mas uma parte útil. Sentimentos não são fatos, mas também não são falsidades histéricas. São uma forma de verdade.

Tenha paciência comigo enquanto fazemos um desvio (relevante, prometo). Em anos recentes, desenhos animados infantis deram um passo na direção certa na forma como retratam jovens heroínas. Não mais donzelas em apuros (ou literalmente precisando de um beijo de um príncipe para recuperar *a voz*, como é o caso de Ariel), as jovens protagonistas de hoje são poderosas, tão guerreiras quanto os garotos — pense em Astrid de *Como treinar seu dragão* ou a heroína homônima de *Mulan*. Mas essa mudança só nos leva até uma parte do caminho da representação do verdadeiro poder feminino. A mensagem desses filmes é: *Garotas são tão poderosas quanto garotos quando assumem traços e hobbies caracteristicamente masculinos*. Com notáveis exceções — como Moana e Raya, que usam habilidades caracteristicamente femininas como sintonia emocional, confiança e colaboração para salvarem a pátria —, poucas dessas personagens influentes representam os verdadeiros superpoderes das mulheres. Não tenho nada contra garotas que encantam todo mundo com sua coragem no campo de batalha e manejo habilidoso de uma espada, desde que reconheçamos que também não tem problema canalizar essa ferocidade para o que quer que seu coração de mulher deseje, seja brincar com bonecas como forma de dominar as complexas dinâmicas interpessoais ou se vestir de uma forma que permita que você sinta que está se expressando por inteiro. Como pais, reagimos à mudança de maré cultural tentando apontar nossas filhas na direção dos esportes e dos campos da ciência, tecnologia, engenharia e matemática (conhecidos pela sigla em inglês, STEM) em vez de brincar com bonecas e se arrumar. E, embora esportes e STEM sejam interesses maravilhosos tanto para meninos quanto para meninas, isso envia a nossas filhas uma mensagem de que aquilo pelo que elas talvez se interessem é, por algum motivo, inferior. E isso reforça mais o consenso cultural reinante: que aquilo pelo que homens fenotipicamente se interessam tem mais valor inerente.

A atriz e cineasta Brit Marling escreveu sobre esse problema de forma convincente em um editorial opinativo do *New York Times*, compartilhando que:

> Quanto mais eu representava a Protagonista Feminista Forte, mais ficava consciente da especificidade estreita das forças das personagens — proeza física, ambição linear, racionalidade focada. Modalidades masculinas de poder. [...] É difícil para nós imaginar que a feminilidade em si — empatia, vulnerabilidade, escuta — é forte. Quando olho o mundo que nossas histórias ajudaram a vislumbrar e, depois, erigir, essas são as próprias qualidades que foram destruídas em favor de uma masculinidade exagerada.[14]

Temos muito a caminhar como cultura antes de podermos valorizar por completo e igualmente traços caracteristicamente masculinos e femininos, mas meu argumento em relação à TCC é o seguinte: está mais do que na hora de uma reescrita feminista. Raciocínio objetivo e intuição emocionais são igualmente benéficos, e *ambos* fazem parte de um arsenal de habilidades para compreender melhor a nós mesmos e o mundo. Podemos contestar as suposições às vezes e, em outras ocasiões, honrar os pressentimentos e a intuição, mesmo frente à informação incompleta. Ambos oferecem uma forma de conhecimento autêntico *e* um caminho para sair da ansiedade.

UMA LINHA DIRETA PARA A ANSIEDADE VERDADEIRA

Se sonhos são "a estrada real que conduz ao inconsciente", como certa vez afirmou Sigmund Freud, então substâncias psicodélicas são a linha direta divina. Uma paciente uma vez descreveu que a experiência que teve ao tomar psilocibina — o componente psicoativo de cogumelos do gênero *Psilocybe* — era "como se eu estivesse sentada no consultório de minha terapeuta, mergulhando cada vez mais fundo, só para levantar os olhos e descobrir que a psicanalista era *eu*". Eu mesma vivenciei cerimônias psicodélicas como algo parecido com uma sessão de terapia com Deus. Vários de meus pacientes que têm imensas dificuldades de lidar com a ansiedade verdadeira ou de encontrar paz acabaram descobrindo um caminho nos psicodélicos; descobriram que tomar esses remédios não só lhes permitiu finalmente confrontar medos enraizados, mas também negociar uma trégua com eles, criando uma sensação duradoura de calma.

Você talvez se lembre de meu paciente Ethan, no capítulo 3, cuja ansiedade verdadeira vinha de traumas de infância. Receitaram a ele clonazepam para ataques de pânico, e ele estava tentando desmamar havia anos. Era brutal. Eu o ajudei a tentar desmamar lentamente, tentando equilibrar sua ansiedade significativa com o desejo de parar de tomar clonazepam. Por anos, parecia que estávamos batendo de cara com um muro, e fomos ficando cada vez mais desencorajados.

O avanço que permitiu que Ethan parasse completamente o clonazepam e chegasse a uma nova relação com a ansiedade veio durante uma "viagem de cogumelo". Ele tinha tomado cogumelo alucinógeno (com psilocibina) algumas vezes sozinho antes. E, por vontade própria, voltara a eles quando estávamos em meio a esse desmame tortuoso do clonazepam. Na sessão seguinte, ele me contou de um momento notável em sua cerimônia de psilocibina mais recente. Ele estava sentado em um sofá quando se sentiu levado a confrontar um antigo trauma que estava desde a infância fora de sua consciência. Ethan contou que se sentiu conduzido a uma floresta até um emaranhado de teias de aranha e trepadeiras. Ele se esforçou para afastar as trepadeiras para o lado; depois de fazer isso, encontrou uma porta escondida, atrás da qual havia um cômodo escuro contendo um cofre com uma fechadura complicada. Ele continuou prosseguindo por cada uma dessas camadas de segurança até chegar ao centro sensível, que, quando acessado, encheu o espaço de uma luz oscilante, como um projetor de filmes, mostrando-lhe uma imagem efêmera de uma experiência infantil vagamente familiar. Ethan sentiu um desejo urgente de fugir, mas resistiu, lembrando-se de se entregar e permitir que o remédio o levasse aonde ele precisava ir. Ele ficou com a imagem, a memória e a complexa gama de sentimentos que aquilo suscitava, de confusão e impotência a raiva e culpa. O corpo de Ethan, então, passou por uma libertação física importante, incluindo tremedeira e balanço.

Isso lembra uma hesitação que muita gente tem em relação aos psicodélicos — o medo de ter uma *bad trip*. Uma viagem desafiadora não é uma experiência inerentemente ruim. Pode ser muito, *muito* difícil — fui jogada de joelhos em várias ocasiões —, mas, em geral, confio que os psicodélicos nos levam aonde precisamos ir. Não uso o termo *bad trip* porque não acho que uma experiência difícil seja necessariamente "ruim" [como sugere o termo em inglês]. Às vezes, penso em cerimônias difíceis como uma massagem muscular vigorosa. A catarse pode ser benéfica. Assim como em uma massagem, mexer em nós mais sensíveis pode ser doloroso na hora, mas nos deixa transformados.

Depois de algum tempo tremendo e se soltando dessa forma, Ethan se levantou do sofá. Descreveu a sensação de que a ansiedade era um casaco pesado que ele estava usando durante décadas — e que, agora, finalmente tinha conseguido tirar e deixar para trás. Algumas semanas depois, Ethan parou de tomar clonazepam como se não fosse nada de mais, e, por vários meses depois, sentiu-se liberto da ansiedade.

Como a terapia quase nunca é tão direta — e, infelizmente, nunca é um conto de fadas —, a ansiedade de Ethan retornou cerca de três meses depois da experiência com psilocibina. Suspeito que o cérebro dele ainda esteja se recuperando do clonazepam; acredito que seja forte assim o poder neuroquímico que o remédio tinha sobre ele. Ao mesmo tempo, acredito também que o próprio crescimento que tornou possível Ethan descontinuar o clonazepam agora o colocou em um estágio novo e mais difícil do desenvolvimento psicológico. Como se, agora que dominou um determinado nível do videogame, ele tivesse entrado em uma fase mais avançada. Como colocam Elisabeth Kübler-Ross e David Kessler: "Quanto mais você aprende, mais difíceis ficam as lições".[15]

Pesquisas usando imagem por ressonância magnética funcional para rastrear atividade cerebral durante o uso de psilocibina mostraram que a droga diminui a atividade em duas áreas — o córtex pré-frontal medial (CPFm) e o córtex cingulado posterior (CCP).[16] Sabe-se que o CPFm, em particular, é mais ativo durante a depressão, e compreende-se que o CCP tem um papel na consciência e na autoidentidade; atividade exacerbada nessa região está correlacionada com introspecção excessiva, ficar preso na própria mente e descolado do mundo externo. A psilocibina aquieta essa rede, permitindo que a pessoa "[percorra] um novo caminho no cérebro", libertando-a de uma "'trajetória excessivamente reforçada'".[17]

Dessa maneira, o confronto de Ethan com seu trauma — a ansiedade verdadeira — durante o efeito da psilocibina — lhe garantiu a oportunidade de ultrapassar um estágio de seu desenvolvimento psicológico que, até então, ele não havia conseguido atingir.

Há motivo para esperar que os tratamentos psicodélicos se provem uma inovação tão grande na psiquiatria como os ISRSs no fim dos anos 1980. O campo da psiquiatria atualmente está em crise. Os ISRSs frequentemente receitados para ansiedade e depressão não são tão eficazes como já achamos que fossem, pelo menos em casos menos graves.[18] Podem implicar um fardo pesado de efeitos colaterais e, como discutimos, pode ser difícil, até torturante, descontinuá-los. Ainda estamos nos primórdios, mas algumas pesquisas recentes bem interessantes sugerem que tratamentos de saúde mental potencialmente revolucionários envolvendo psilocibina,[19] cetamina,[20] MDMA,[21] LSD (dietilamida do ácido lisérgico),[22] ibogaína[23] e outros psicodélicos ajudam a tratar transtornos debilitantes como ansiedade,[24,25] transtorno do estresse pós-traumático,[26] depressão grave,[27] transtornos alimentares[28] e vício em opioides.[29] Experimentos repetidos, de fato, mostraram resultados impressionantes. E, ao contrário de remédios convencionais, que criam dependência com o tempo, em muitos casos, os psicodélicos eliminam a necessidade de si mesmos.

Essas substâncias, acredito, serão cada vez mais entendidas como abordagens revolucionárias para pacientes com problemas intratáveis de saúde mental. Fico feliz de estarmos indo em uma direção que tornará esses tratamentos acessíveis para muito mais gente, oferecendo uma chance de cura transformadora. Também espero que, conforme os psicodélicos se tornem cada vez mais comuns e se sobreponham à indústria farmacêutica e ao ambiente médico, possamos nutrir um sentimento de honra e respeito por eles. Como culturas tradicionais, como o povo Urarina da Amazônia peruana e as tribos de pigmeus da África Central sabem há vários séculos, esses remédios são sagrados e, dessa forma, devem ser usados com reverência e cuidado.

Drogas: ilícitas vs. aprovadas por órgãos governamentais

Sob as circunstâncias certas, tendo a achar que *cannabis* é um auxílio mais seguro para dormir do que zolpidem, e psilocibina é um antidepressivo mais eficaz do que fluoxetina. Quando pensamos em quais substâncias são úteis e quais são potencialmente prejudiciais, é importante considerar o fato de que as substâncias que nos disseram ser perigosas demais para consumo público não são necessariamente mais prejudiciais do que os remédios que foram aprovados por órgãos governamentais e estão hoje no mercado.[30] Há motivadores políticos, econômicos e históricos que determinam se um psiquiatra pode lhe receitar uma substância ou se o uso dela pode colocar você na cadeia. E isso nem começa a arranhar a superfície do racismo sistêmico que está em jogo na criminalização da *cannabis*, com a polícia e os tribunais punindo desproporcionalmente pessoas negras. A União Americana pelas Liberdades Civis reporta, por exemplo, que americanos negros têm até oito vezes mais chance do que pessoas brancas de ser presos por posse de maconha,[31] embora as taxas de uso sejam similares nos dois grupos.[32] Os beneficiários reais da criminalização de drogas, em minha opinião, são a indústria de vinho e destilados, a indústria farmacêutica e o complexo industrial de prisões, não o público. Tudo isso para dizer: não equipare automaticamente legal com seguro e ilegal com perigoso. Eu o encorajo a avaliar cada substância por si e no contexto de suas propensões únicas de saúde.

Considerando as advertências críticas de que os tratamentos psicodélicos não são para todos — são relativamente contraindicados para qualquer um que tenha histórico pessoal ou familiar de transtorno bipolar, esquizofrenia ou outros transtornos psicóticos (são necessárias mais pesquisas); e eu *não* recomendo tomar essas drogas fora de um ambiente seguro e facilitado nem sem apoio para integrar a experiência —, acredito que temos os motivos neurobiológicos, psicológicos e fisiológicos para ter esperança bem como para financiar mais pesquisas.

Remédios psicodélicos melhoram o funcionamento da química cerebral de várias maneiras. Aumentam a sinalização serotoninérgica dos chamados receptores 5-HT2A no cérebro, de uma forma que parece ser duradoura e eficaz sem entorpecer nem criar um estado de abstinência.[33,34] É o que explica, pelo menos em parte, acreditam os pesquisadores, o efeito antidepressivo e antiansiolítico de longo prazo de um único rito com psilocibina. Certos psicodélicos também aumentam a secreção de uma molécula sinalizadora muito importante chamada BDNF, sigla em inglês para fator neurotrófico derivado do cérebro, que promove neurogênese e neuroplasticidade.[35,36] Tradução: o BDNF ajuda o cérebro a crescer, mudar e se adaptar; então, se você estiver travado, como Ethan estava, o BDNF ajuda a destravar. Essa descoberta tem implicações terapêuticas animadoras para tratar padrões psicológicos arraigados como TEPT, depressão ruminativa e vícios. Certos psicodélicos também são anti-inflamatórios[37] — o que é útil porque, como você agora já sabe bem, a inflamação é um contribuinte comum para ansiedade e depressão.

Outra linha de pesquisa explorou os efeitos desses remédios na rede de modo padrão (RMP) — composta, em parte, dos já mencionados córtex pré-frontal medial (CPFm) e o córtex cingulado posterior (CCP), as partes do cérebro responsáveis por nossa consciência como indivíduos —, sugerindo possibilidades de tratamento para quem experimenta alienação, solidão e trauma, além da ansiedade que vem com isso. Ver-nos como indivíduos navegando os próprios desafios ajudou a raça humana, até certo ponto, evolutivamente, permitindo que aprendêssemos com os erros, antecipássemos potenciais resultados negativos e lutássemos pela sobrevivência. E uma RMP temporariamente silenciada — o que os psicodélicos ajudam a alcançar[38] — concede o alívio de ficar pensando no futuro e preso no passado. E talvez nos beneficiemos coletivamente quando mais pessoas passarem tempo com uma RMP acalmada, permitindo explorar uma sensação de interconexão com o próximo e nosso planeta, e repensar ao mesmo tempo a definição estreita de individualidade.

Por fim, experiências psicodélicas podem ajudar mais diretamente as pessoas a descarregarem o estresse, permitindo-lhes completar o ciclo de estresse se chacoalhando e fazendo sons (por exemplo, entoando cânticos) — ações comuns na experiência psicodélica, mas, em geral, inacessíveis na vida diária relativamente mais inibida. Em termos menos clínicos — e, sinceramente, em minha própria experiência tomando ayahuasca no Brasil (onde é legalizada para fins religiosos) e psilocibina em um ambiente formal com um facilitador —, por algumas horas durante um rito psicodélico, a pessoa tem um vislumbre de outra realidade, que pode tirar a pressão desta. É algo que nos torna mais humildes e é libertador ver, além de qualquer lógica, que há mais na vida do que nossa existência material — e que talvez nem tudo dependa de nós. Você pode começar a confiar que há algo maior acontecendo do que aquilo que você é capaz de compreender.

"Psicodélicos são muito mais do que ferramentas para curar traumas", comentou sabiamente meu amigo e colega Will Siu, médico e PhD. "Psicodélicos estão ajudando a tornar a espiritualidade palatável para um mundo ocidental faminto."[39]

Talvez mais essencial, para alguns, os psicodélicos podem diminuir o medo da morte — que está no próprio cerne da ansiedade verdadeira. Vários experimentos randomizados e controlados, com seguimentos longitudinais, mostraram que a psilocibina não só inspira revelações espirituais, reduzindo ansiedade e depressão,[40] mas também permite que as pessoas superem a ansiedade em relação ao fim da vida. Em 2011, por exemplo, pesquisadores da Ucla conduziram um experimento com psilocibina liderado pelo psiquiatra Charles Grob, com doze pacientes terminais de câncer que vivenciavam ansiedade, depressão e temor existencial. Após três meses, os pesquisadores viram uma redução significativa da ansiedade e do medo da morte entre os pacientes — e uma *melhoria* no humor por até seis meses depois.[41] Esse estudo foi corroborado por um estudo randomizado e duplo cego de pesquisadores da Universidade Johns Hopkins em 2016.[42]

Apesar disso, há quem afirme que essas experiências impressionantes são simplesmente baseadas nos efeitos neurológicos dos psicodélicos — e que sempre há uma explicação racional. Tenho, por exemplo, um grupo de amigos que são engenheiros ateus na Califórnia. No tempo livre, são "psiconautas" que fazem experimentos com psicodélicos. Quando nos falamos, eles me contam histórias de suas cerimônias. Embora, subjetivamente, vivenciem uma sensação extraordinária de que há algo além de si mesmos — alguma comunhão com o divino, um sentimento transcendente de reverência ou um momento escancarado de compaixão por alguém que têm dificuldade de perdoar —, eles voltam desses encontros tentando entender o correlato neuroquímico para explicar. Compreendo a resistência deles em acreditar em algo divino e, no fim, conforme aprendemos mais sobre o potencial terapêutico das substâncias psicodélicas, imagino que haverá mais pressão para determinar as bases neuroquímicas dessas experiências.

É algo que faz lembrar a chamada hipótese da experiência mística, que propõe que, quando alguém toma um psicodélico em um ambiente com ajustes apropriados, pode-se confiar que terá um ápice de experiência espiritual, em geral experimentando um sentimento de unidade ou um reconhecimento de unidade com o mundo.[43] E o grau em que alguém tem uma experiência mística prevê os efeitos terapêuticos positivos — ou seja, a natureza mística da experiência é proporcional aos benefícios duradouros do psicodélico (como uma diminuição da depressão).[44,45] Em outras palavras, quanto mais mística a experiência, mais eficaz o remédio. O apresentador do National Geographic Jason Silva descreve esse fenômeno como "TEPT inverso" — uma experiência de tal brilho, assombro e graça que pode transformar a estrutura da personalidade de alguém de uma forma similar à do trauma, mas levando para a abertura e o amor em vez de para o medo e a desconfiança. A hipótese da experiência mística sugere que *a jornada em si* é o que oferece boa parte do benefício. Isso é especialmente interessante quando consideramos as implicações para os "farmacodélicos" que, com certeza, estão por vir. Quando a indústria farmacêutica inevitavelmente tentar isolar os ingredientes ativos e nos fornecer os benefícios de um rito psicodélico sem a desordem de uma "viagem", pode muito bem ser inerentemente menos eficaz. Há um motivo para chamarmos de "viagem" — remédios psicodélicos nos guiam por uma jornada, em que aprendemos e crescemos ao longo do caminho. Nas palavras de meu amigo, pesquisador de psicodélicos e professor de psicologia em Yale, Alexander Belser, PhD, a parte desordenada da viagem é "uma característica, não um defeito".[46] Tendo a acreditar que isso é verdade não só em relação aos psicodélicos, mas também na vida.

Seja por meio de meditação ou psicodélicos, o primeiro passo mais importante para se conectar à sabedoria interna é *escutá-la*. Uma vez que essa parte mais profunda se apresente, confie na mensagem, que é seu guia único e essencial, um conselho que só *você* pode dar — e aceitar.

13

Foi por isso que você parou de cantar

"O burnout existe porque tornamos o descanso uma recompensa em vez de um direito."
— Juliet C. Obodo

A maioria de nós conhece a história do canário na mina de carvão. Mas, caso você não conheça, eis um resumo: durante boa parte do século XX, mineradores de carvão levavam canários em gaiolas para as minas como forma de detectar monóxido de carbono, um gás sem odor que pode se acumular no ambiente em níveis fatais. Os canários são mais vulneráveis que os humanos a venenos atmosféricos,[1] então, quando os animais paravam de cantar, os mineradores sabiam que precisavam sair dali. Desde então, essa se tornou uma metáfora usada para algo — ou alguém — cuja sensibilidade a condições adversas oferece um grito de alerta ao perigo iminente.

Se você sofre de ansiedade, há uma boa chance de ser o canário em nossa mina de carvão. Ou seja, você é sensível o bastante para ter detectado as influências tóxicas no mundo moderno e, talvez, também tenha parado de cantar. Há muitos termos diferentes para esse tipo de pessoa: empático, intuitivo, pessoa altamente sensível (PAS), artista, curandeiro. Quer dizer que você tem uma antena maior do que a da média das pessoas, então, capta mais do ruído de fundo. Isso pode ser, claro, um risco, porque o mundo hoje em dia pode ser bem barulhento, mas também é um dom. Então, se você está focando os aspectos negativos de ser sensível — o fato de ser particularmente emotivo ou não conseguir lidar com multidões, eventos sociais ou glúten —, lembre que também possui os atributos positivos dessa característica. Provavelmente, você é mais atento às necessidades alheias e ouve melhor em valências múltiplas ao mesmo tempo, escutando não só as palavras de alguém, mas também percebendo a forma como a pessoa se posiciona ou demonstra seus humores escondidos. E, claro, você está com os ouvidos bem atentos às necessidades mais amplas do mundo. A sensibilidade é um chamado e deve ser valorizada — e administrada com cuidado.

O checklist diário da pessoa sensível

Todo mundo precisa escovar os dentes e beber água. Mas, se você é sensível, pode precisar de manutenção extra para cuidar de seu sistema nervoso inerentemente perceptivo. Eis algumas outras práticas para considerar adicionar à sua rotina diária:

- Vá dormir cedo e, quando possível, acorde sem despertador.
- Dê a si mesmo silêncio e solitude quando precisar.
- Simplifique a vida sempre que possível — não lote demais a agenda; diga não quando precisar descansar.
- Aterre-se na natureza — passe ao menos dez minutos por dia de pés descalços tocando o solo.[2]
- Práticas de limpeza — se você tiver absorvido muita energia dos outros, faça alguns minutos de uma prática de limpeza energética, como se chacoalhar ouvindo música de tambores xamânicos.

Os seres humanos são naturalmente variáveis. Como evidenciado pelo estudo com primatas descrito no capítulo 3, os membros sensíveis são necessários para a sobrevivência da tribo. Eles estão nas linhas de frente, mandando alertas de volta ao resto do bando. No passado, nos salvaram de tempestades e estouros de manadas; hoje, estão nos deixando cientes de como o mundo está perigosamente desequilibrado. "Nós, os mais tensos, somos o grupo de avanço que dá às tropas o aviso de que o consumismo está machucando nosso coração", escreve Sarah Wilson em *First, we make the beast beautiful*.[3] Em um nível mais pessoal, os sensíveis muitas vezes estão sintonizados com os desconfortos silenciosos alheios, como alguém na sala que não está sendo ouvido ou alguém que está chateado; são pessoas que mudam a energia do lugar de modo que ele fique mais sereno e equitativo para todos. Além dos intuitivos, porém, também precisamos daqueles que têm um pouco mais de firmeza — cirurgiões e pilotos, por exemplo — para diferentes funções. Somos feitos para ter um papel na sociedade, não importa se somos imperturbáveis sob pressão ou incapazes de ler o noticiário sem chorar. A verdade, porém, é que *todos* somos capazes de parar de cantar, ao menos por um tempo, especialmente no mundo atual. Se fosse possível jogar um papel tornassol no caldo da cultura ocidental moderna, ele revelaria que o tom da vida hoje *é* ansiedade. Ansiedade é o verbo, a *vibe*, a textura, o pH da nossa era.

A BANALIDADE DO MEDO

> "Fazia o que se espera de todo e qualquer anúncio: criar uma angústia aliviável pela compra."
> — David Foster Wallace, *Graça infinita*

Além das pesadas causas sociais da ansiedade — como racismo sistêmico, mudança climática e o trauma do abuso e assédio sexual —, há também muitas razões íntimas para vivermos em estado de preocupação. Estamos preocupados com emprego, casamento, família, falta de relacionamento ou de família, saúde, finanças. E, empilhado em cima disso, há o medo em que estamos mergulhados o tempo todo devido a algo aparentemente tão inofensivo como a publicidade.

Esqueça o sexo — grandes corporações descobriram que o *medo* e a ansiedade vendem. Já que contentamento e autoaceitação não inspiram muito o consumismo desenfreado, as inseguranças são cuidadosamente selecionadas e retrorrefletidas em nós, instilando incerteza e nos levando a consumir. Conforme rolamos pelos anúncios segmentados nas redes sociais, encontramos repetidas vezes a mensagem de que não somos suficientes, estamos correndo perigo, algo precisa ser consertado com urgência. O resultado é que passamos pela vida mergulhados em medo — não necessariamente por uma razão profunda e sinistra, mas só porque marqueteiros espertos estão tentando ganhar uma grana. A epidemia de ansiedade foi amplificada por algo tão banal como estratégia de marketing. Se você perceber que está parando de cantar, preste atenção sempre que estiverem lhe vendendo algo. Essa consciência pode agir como um campo magnético, impedindo que você seja arrastado pelas mensagens provocadoras de ansiedade que estão apenas tentando assustá-lo para que você compre algo de que não precisa.

SEMPRE TRABALHANDO

> Um acerto de contas com o burnout é, muitas vezes, um acerto de contas com o fato de que as coisas com as quais você preenche o seu dia — as coisas com as quais você preenche a sua vida — parecem impossivelmente distantes do tipo de vida que você deseja viver, e o tipo de significado que você deseja dar a ela. É por isso que a condição do burnout é mais do que apenas o vício em trabalhar. É uma alienação de si mesmo e do desejo.
>
> — Anne Helen Petersen, *Não aguento mais não aguentar mais*

Por anos, temos usado o termo "workaholic" para nos referir a alguém que parece viciado em seu emprego. Mas penso no *workaholism* como um estado em que as pessoas usam o trabalho como fuga, uma forma de se distrair de emoções perturbadoras, como evitar enfrentar um casamento em ruínas ou as dificuldades de criar filhos, tudo enquanto vão *na direção* de algo — nomeadamente, riqueza e status.

Hoje, porém, os hábitos compulsivos de trabalho parecem ter uma raiz diversa. O fluxo infinito de tarefas não é *workaholism*, mas "trabalhismo" — "a crença de que o trabalho não só é necessário à produção econômica, mas também o centro da identidade e da vida de alguém", explica Derek Thompson em seu artigo na *Atlantic*, "Workism is making americans miserable".[4] Tenho a sensação de que muitos de meus pacientes mais jovens não querem fugir dos sentimentos por meio do trabalho com a mesma urgência que as pessoas tinham antes; pelo contrário, estão *investidos* na ideia de o trabalho dar substância à vida. Pesquisas de fato mostraram que *millennials* têm mais ímpeto na direção de encontrar significado e objetivos no trabalho.[5,6,7] Por sua vez, tanto startups como gigantes da tecnologia descobriram que, se escondendo atrás da fachada de "tornar o mundo melhor", podem usar esse grito de guerra para convencer jovens funcionários a aceitar salários mais baixos *e* trabalhar sem parar, porque, se não agirmos como membros da equipe, não *estamos comprometidos com a missão*. "Tem algo maliciosamente distópico em um sistema econômico que convenceu a geração mais endividada da história dos Estados Unidos a colocar propósito acima de pagamento", escreve Derek Thompson.

> Aliás, se você estivesse concebendo uma mão de obra ao estilo *Black Mirror* que encorajasse o trabalho excessivo sem salários mais altos, o que faria? Talvez, convencesse jovens instruídos de que a renda vem em segundo lugar; de que nenhum trabalho é só um trabalho; e de que a única recompensa é o brilho inefável do propósito. É um jogo diabólico que cria um prêmio tão tentador e tão raro que quase ninguém ganha, mas todo mundo se sente obrigado a jogar para sempre.[8]

E a maioria de nós hoje em dia gostaria apenas de tirar um mês para descansar e passar tempo com quem amamos. Mas nunca temos esse mês ou semana, ou até dia de folga, porque... Estamos. Sempre. Trabalhando. Engolimos o almoço enquanto olhamos o Slack. À noite, quando "relaxamos" e vemos TV, continuamos respondendo e-mails de trabalho pelo celular e dividimos o sofá com uma planilha. Levamos o computador para as férias, e levamos nossa caixa de entrada de mensagem para o banheiro. Aí, da cama, ponderamos problemas de trabalho enquanto temos dificuldade de pegar no sono.

Antigamente, acredite se quiser, havia pistas contextuais — e um consenso — de que o dia de trabalho havia terminado. Primeiro, um fluxo contínuo de pessoas arrumando as coisas, batendo o ponto e indo embora, e por fim as luzes fluorescentes do teto se apagando... Essa série de eventos ofereciam uma comunicação infalível: é hora de ir para casa. Agora, a vida profissional está sempre em andamento, sem um fim fixo. Hoje, para muitos de nós, o escritório é um notebook na mesa de jantar, e trabalhamos continuamente, da manhã até a noite. Já tivemos um crescimento da epidemia de burnout nos Estados Unidos[9] — e aí entramos na pandemia de Covid-19, borrando ainda mais os limites entre trabalho e casa, mas também adicionando uma dose pesada de incerteza, luto e trauma coletivo à mistura. Pais pelo menos têm os dias de trabalho pontuados pelas necessidades da família e as rotinas de sono das crianças; embora, pelo que vejo de meus pacientes (e, vamos ser sinceros, minha própria vida), muitos de nós inevitavelmente voltem a trabalhar depois de colocar os filhos na cama para dar conta das demandas do emprego.

Essa mudança cultural na direção do trabalhismo nos tornou muito produtivos — e também muito *ansiosos*. A exaustão, como apontou Brené Brown, hoje é vista como "símbolo de status" e a "produtividade como métrica de valor".[10] A disponibilidade constante por meio da tecnologia nos roubou o sentimento de realização, e, em vez disso, estamos em uma corrida sem fim para terminar uma lista de tarefas infinita. Mesmo para quem tem relativa abundância, não existe mais *suficiente*. A ansiedade, de muitas maneiras, é um exagero do instinto de sobrevivência — procurar comida, preparar o ninho e estar alerta a predadores e desastres. No mundo profissional moderno, esse ímpeto de preparação e sobrevivência pode continuar infindamente. E a sensação resultante — de que sempre podíamos estar fazendo mais — é a droga consumida pela ansiedade.

Assim, mesmo o relaxamento ganhou cara de esforço. Ou seja, meditamos para ter mais foco; vamos dormir cedo para poder pensar claramente na reunião de amanhã de manhã. Na medicina chinesa, o conceito taoista de yin e yang expressa a ideia de que o mundo é composto por duas forças opostas, mas mutuamente interconectadas. Yin é escuridão; yang é luz. Yin é feminino; yang é masculino. Yin é descanso; yang é atividade. A ideia é que tudo no mundo está em um equilíbrio natural e dinâmico. Mas, hoje, fizemos a balança pender tanto para o lado do trabalho e da produtividade que só passamos a valorizar o yin quando ele está *a serviço* do yang. Hoje, vemos o lazer como uma função para aumentar a produção.

E aí está o segredo da ascensão da indústria de bem-estar — ou a indústria de "relaxamento produtivo".[11] Dada nossa necessidade de realizar coisas a todo minuto, mesmo quando estamos descansando, o apelo amplo do autocuidado hipermotivado começa a entrar em foco: meditar em uma sauna infravermelha; praticar gratidão enquanto faz uma parada de mão em uma prancha de *stand-up paddle*. Atualmente, nosso yin é, na verdade, mais yang, e nosso próprio lazer ficou exaustivo. E, apesar disso, esses dois lados devem estar em igual equilíbrio, o que significa que devemos valorizar o lazer pelo lazer — tanto quanto valorizamos a diligência.

Ironicamente, o fato de termos rebaixado o lazer na verdade nos fez ter vidas profissionais *menos* dinâmicas. Estamos distraídos e tendemos à procrastinação no trabalho precisamente porque nunca descansamos de verdade. Se, quando devíamos estar relaxando, estamos também checando e-mails ou encaixando um regime intensivo de autocuidado, como podemos esperar conseguir a restauração de que precisamos para, depois, fazer um trabalho importante? Só estamos meio de folga quando era para estarmos de folga, então, estamos só meio ligados quando era para estarmos ligados, criando um ciclo vicioso — não temos o sentimento de satisfação de um trabalho bem-feito durante o dia e sentimos ainda mais pressão para produzir enquanto descansamos.

É importante lembrar: seu gerente, sua empresa e até seu condicionamento inconsciente da vida inteira não o encorajarão a descansar. O ônus de designar um tempo de lazer consciente e proativamente — e aí defendê-lo com ferocidade — é nosso. Primeiro, comece o dia dando o tom *para si mesmo*. O que quero dizer com isso é: não pegue o celular assim que acordar. Não deixe o aparelho — com todas as notificações exigentes — ditar como você se sente. Acorde e fique consigo mesmo e sua mente por tempo bastante para estabelecer uma intenção e uma atmosfera para o dia. Aí, saia — mesmo que só para ficar na calçada de pijama por dois minutos — e tome um pouco de sol de verdade. Isso inicia seu ciclo circadiano, dando o pontapé inicial em uma sinfonia de hormônios que ajudam o corpo a saber que é dia — hora de se sentir acordado, alerta e engajado. Também começa a contagem para você se sentir sonolento à noite. Alguns minutos ao ar livre trazem ainda alguma separação entre trabalho e vida pessoal, e isso coloca um pouco de espaçamento no seu dia.

Quando for hora de começar a trabalhar, anote um cronograma com objetivos realistas e pausas designadas para refeições e para simplesmente descansar a cabeça. Analise minuciosamente a necessidade de cada reunião e fique de olho para resguardar grandes blocos de tempo para entrar em estado de fluxo (aquele estado de sentir-se imerso em uma tarefa com foco energizado) e produzir de forma substancial. Como apresenta o estrategista de liderança e negócios Greg McKeown em seu livro *Essencialismo: a disciplinada busca por menos*, a questão é: queremos "fazer um milímetro de progresso em um milhão de direções" ou um quilômetro de progresso em uma só direção?[12] Talvez mais importante, decida no início do dia a que horas você vai parar de trabalhar. Se, aí, chegar no horário designado e ainda não tiver terminado, você tem minha benção para ativar uma soneca no alarme só desta vez. Apague o último incêndio, envie o último item, depois desligue. Por fim, também é essencial ter um ritual que sinaliza ao cérebro que você terminou o trabalho e é hora de relaxar. Dê uma caminhada; dance na sala; tome chá calmante enquanto vê o pôr do sol. Não precisa ser nada elaborado, mas deve ser intencional (ou seja, não só ficar em transe nas redes sociais).

Nossa cultura é viciada em estar ocupada. Existimos em um estado perpétuo de sentir que a lista de tarefas é infinita e não temos tempo. Essa mentalidade de escassez está desgastando nossa capacidade de descansar *e* trabalhar adequadamente. E a verdade é que, depois de anos vivendo assim, estamos *exaustos*. Recupere o tempo em sua vida — cinco minutos, depois dez, talvez uma tarde inteira — para caminhar, não fazer nada. Isso vai começar a dar ao cérebro o sinal de abundância; de que você tem o suficiente, de que você *é* suficiente.

Ansiedade de bem-estar

"Quando pensamos que precisamos de mais autodisciplina, em geral, precisamos de mais amor-próprio."

—Tara Mohr

Ironicamente, a pressão da indústria de bem-estar para ser — e comprar — nossa "melhor versão" está nos deixando ansiosos. Práticas de "autocuidado" prometem fazer com que nos sintamos bem e virtuosos, mas vêm com um ferrão escondido: são mais um item nas listas de tarefas, outra lista de aquisições para drenar as contas bancárias e atulhar a vida, e outra mensagem de que não somos suficientes como somos. Pedindo-nos para fazer e comprar demais, somos conduzidos ao fracasso e ao sobrecarregamento, e a consequência é culpa e ansiedade. E, mais importante, o conceito implícito de "bem-estar" é que estamos quebrados e precisamos de conserto, quando, na verdade, somos inerentemente *inteiros*. O autocuidado verdadeiro é amor-próprio, comunidade, natureza e descanso. A pressão de fazer todos esses outros rituais elaborados pode acabar minando seu bem-estar. Se o complexo industrial de bem-estar estiver só sendo mais uma de suas preocupações, descadastre-se.

A ANSIEDADE DE CONQUISTAR OS OBJETIVOS DE OUTRA PESSOA

Minha paciente Hanh é filha de imigrantes que fugiram para os Estados Unidos de uma tomada de poder comunista em seu país de origem. Os pais chegaram quase sem nada e se esforçaram para sobreviver, levados pelo desejo de oferecer uma vida melhor para a filha. Hanh, de 36 anos, trabalha como assistente administrativa em um banco. Ela ganha bem, e os pais têm orgulho de seu sucesso.

Mas Hanh está infeliz e ansiosa. Ela não ama o trabalho e se sente presa sob o peso das expectativas dos pais. Ela com frequência me fala sobre pedir demissão e seguir uma carreira na educação infantil. Hanh também sabe, porém, que os pais veriam isso como algo absurdo; achariam financeiramente imprudente e uma traição a tudo que lutaram tanto para dar a ela.

Quando os pais de Hanh emigraram, estavam vivendo sob um sistema de escassez *legítima*. Naquelas circunstâncias, focar quase todo o tempo e energia em ganhar dinheiro era a priorização certa. Eles queriam garantir o futuro deles e o da filha, e conseguiram. Hanh recebeu uma base a partir da qual conseguiu ter uma boa educação, ganhar bem e economizar. O resultado é que ela não vive no mesmo sistema de escassez dos pais, como frequentemente a lembro em nossas sessões; Hanh tem relativa abundância. Assim, suas prioridades *podem* e *devem* ser diferentes. Se ela estiver focando apenas em ganhar o máximo de dinheiro possível para garantir um futuro às custas de sua felicidade e de seu bem-estar, para que tudo serviu? Vejo isso o tempo todo com meus pacientes: eles estão se matando por um objetivo que nem é deles.

Hanh ainda trabalha no banco. Mas ouviu as trombetas da ansiedade verdadeira — está começando a reconhecer que tem trabalhado cegamente na direção do objetivo de outras pessoas. Ela agora está fazendo planos cuidadosos para pedir demissão. Tem muito medo de decepcionar a família ou parecer ingrata. Nossas conversas têm sido focadas em honrar o que os pais passaram e ao mesmo tempo achar a convicção para se afastar corajosamente dos valores deles. Lembro a Hanh que o objetivo é conceber sua vida com intenção — fazendo uma reflexão profunda e consciente das escolhas em relação a trabalho, salário, paixão, prestígio, responsabilidade, compras e descanso. Em vez de ceder ao que o mundo está pedindo, considere tudo o que está em jogo e faça escolhas *por si*.

ESQUEÇA O PERFECCIONISMO

"Perfeccionismo é opressão internalizada."
— Gloria Steinem

O perfeccionismo é uma estratégia de enfrentamento — é uma forma de tentar ocupar um lugar à mesa. Mas acontece que ele só serve para nos paralisar, e já merecemos inerentemente esse lugar à mesa, mesmo que sejamos imperfeitos. *Especialmente* porque somos imperfeitos.

Primeiro, considere por que o perfeccionismo é uma prioridade para você. Ele é um produto de forças externas ou experiências do início da vida sugerindo que você sempre precisa fazer mais e melhor? Em sua casa durante a infância, a atenção vinha embrulhada nas conquistas? Se você sentia que só merecia o amor de seus pais quando os impressionava, pode muito bem ser que tenha padrões rigorosos demais para si na vida adulta. Dê um passo atrás e pergunte-se: você acredita que precisa conquistar coisas ou agradar pessoas para ser digno de amor?

Segundo, é importante perceber que tudo é uma troca. Muitos de nós estamos tentando ser perfeitos em tudo o tempo todo — trabalho, saúde, ativismo e estar presente com filhos, parceiros, amigos e pais idosos. Reconheça que, sempre que você coloca mais de sua energia em uma coisa, outra inevitavelmente estará comprometida. É impossível acertar tudo perfeitamente, então, podemos largar mão desse objetivo.

Para muita gente ansiosa que tem dificuldade de lidar com perfeccionismo, a crença é que, se você não está se dobrando em mil e com burnout, então, não está dando seu melhor. Eis uma nova definição de dar o seu melhor: dê o seu melhor *razoável*. Qual é um esforço razoável de que você pode ter orgulho, que você pode atingir enquanto continua descansado, calmo e equilibrado? Esse é o seu melhor razoável, e ter isso como objetivo permitirá que você saia de debaixo da tirania de padrões perfeccionistas e viva com consideravelmente menos ansiedade.

Medo do domingo

Para muitas pessoas que têm ansiedade, o medo do domingo — "o fluxo de ansiedade que muitos de nós sentem enquanto o fim de semana vai acabando e a semana de trabalho se aproxima" —, segundo o jornalista Derek Thompson, é quando acontece "um cabo de guerra psicológico" entre "mente produtiva" e "mente de lazer".[13] Uma consideração importante é reconhecer que, às vezes, o medo do domingo é um produto da ansiedade falsa — precipitado por ir dormir mais tarde, uma garrafa de vinho no sábado e tomar aquele café expresso mais tarde no domingo de manhã. Se você foi irresponsável com a dieta, bebidas alcóolicas, cronograma de sono e redes sociais durante o fim de semana, seu corpo estará lutando com uma série de reações de estresse fisiológicas bem na hora de enfrentar a perspectiva de voltar ao trabalho. Mas, às vezes, o medo do domingo à noite tem um caráter de ansiedade verdadeira. Uma vez que você dê passos para reequilibrar sua saúde física e reduzir a ansiedade falsa, estará em uma boa posição para discernir para onde sua bússola interna pode estar apontando. Às vezes, o medo do domingo é produto de sua alma se rebelando contra um trabalho que está desalinhado com seu propósito ou seus valores. Às vezes, tememos a manhã de segunda não porque fomos inconsequentes no fim de semana, mas porque nosso trabalho parece intangível, desconectado de uma contribuição vital. Vi diversos pacientes que peneiraram suas ansiedades falsas no domingo à noite e encontraram um insight enterrado embaixo da reação de estresse. Passei a perceber que precisamos escutar atentamente a verdade por trás dos medos de domingo.

Processo acima de resultado

Somos uma sociedade focada em resultados — centrando a atenção em notas e renda, curtidas e seguidores em redes sociais e como o mundo nos recebe de forma geral. Mas e se tirássemos o foco do resultado e o colocássemos no processo? É a única parte pela qual somos responsáveis — e a única parte que podemos de fato controlar. Não temos quase nenhum domínio sobre como seremos percebidos nesta vida. Isso está sujeito aos vieses internos de todo mundo, bem como ao acaso, à sorte e a todos os tipos de mal-entendidos pelo caminho. Além disso, se focarmos só em como somos vistos, vamos acabar mudando para cumprir as expectativas alheias. Isso inevitavelmente vira um jogo de agradar as pessoas. Assim que você agrada uma, outra vai se sentir chateada. Quando você mudar para agradar aquela pessoa, vai decepcionar outra. E, ao tentar vencer esse jogo, você sem dúvida vai se trair e sentir uma ansiedade incômoda de que algo está errado. Então, liberte-se do estresse de se agarrar às impressões de todo mundo e só apareça, dê seu melhor *razoável* e continue desapegado do resultado.

Se você é um dos membros sensíveis da raça humana, um dos canários na mina de carvão coletiva, provavelmente alguns aspectos insidiosos da vida moderna estão lentamente o envenenando, abatendo seu espírito e instilando uma sensação de que você nunca vai fazer, ter ou ser suficiente. É imperativo aprender a aumentar o volume da voz da ansiedade verdadeira, deixando que ela supere a poluição sonora de nossa cultura, e a use para se guiar na direção de um ar mais fresco. No fim, você abrirá um caminho melhor para todos nós.

14

A conexão acalma

"Os 75 anos e 20 milhões de dólares gastos no Estudo Grant apontam [...] para uma conclusão direta de cinco palavras: 'Felicidade é amor. Ponto-final'."

— George Vaillant

Eu poderia falar das formas que a privação de sono e a inflamação estão impactando nossa ansiedade até as vacas tossirem; acredito de verdade que esses fatores façam uma diferença importante em como nos sentimos. Mas, a cada ano a mais fazendo este trabalho, aprendo que, quando se trata do bem-estar mental, poucas coisas importam mais do que as relações em nossa vida. Se você tiver a oportunidade de sentar-se ao redor de uma mesa de jantar conversando com as pessoas que ama, em comunhão e rindo até as duas da manhã — enquanto come pão e massa e bebe vinho —, isso pode ser uma escolha melhor para sua saúde do que recusar o convite, comer todos os alimentos certos e se deitar às dez.

No fim das contas, o bem-estar depende, acima de tudo, de conexões com outras pessoas.

Mas você não precisa que eu diga isso. Todo texto religioso, viagem de cogumelos e poema frívolo oferecerá a mesma revelação: a resposta para o crescente descontentamento é o amor. E ainda assim, apesar de a resposta ser fácil, o verdadeiro teste é encontrá-lo na vida — como nos apresentamos, tratamos uns aos outros, nos oferecemos a serviço do mundo e fazemos nossa contribuição singular na vida.

Somos programados para viver em comunidade. Mesmo levando em consideração algumas variações entre nós no espectro desde introvertido até gregário, o fato evolutivo é que, como espécie, o ser humano não pode optar por não ter conexão social, pelo menos não sem declínio cognitivo,[1] diminuição da longevidade[2] e ansiedade.[3,4] Como temos discutido, durante milênios, a sobrevivência dependia de fazer parte de uma tribo e, por essa razão, comunidade é uma diretriz genética. Quando não a temos, é adaptativo nos sentirmos inquietos até que estejamos novamente cercados por nosso povo. E não somos os únicos mamíferos conectados dessa forma. Ainda podemos ver os instintos tribais dos cães e lobos vagando em matilhas. E até os ratos têm uma predileção pela conexão social: em um estudo de 2018 conduzido por Marco Venniro, PhD, do National Institute on Drug Abuse [Instituto Nacional sobre Abuso de Drogas], os ratos "viciados" tiveram escolha entre interações sociais com outros ratos ou heroína e metanfetaminas — e sempre escolheram a comunidade em detrimento das drogas.[5] O contrário também foi demonstrado, ou seja, os ratos isolados começaram a consumir *mais* drogas.[6] Claro, como apontaram pesquisadores envolvidos nesse estudo, os seres humanos têm necessidades sociais mais complexas do que roedores, mas essas descobertas ainda dão insights valiosos não só da estrutura de programas de recuperação, mas também, mais amplamente, da necessidade inata de companhia e conexão. E, apesar disso, é mais fácil falar de comunidade do que criá-la.

ENCONTRANDO SUA GALERA

Quando nos sentimos desalinhados com aqueles que nos cercam ou temos uma escassez de pessoas boas em nossas vidas — quando não temos o suficiente de ouvintes generosos dignos de nossa amizade —, tornamo-nos cada vez mais solitários e ansiosos. Encorajo meus pacientes a abrir os olhos para as outras possibilidades, a entender que existem *muitas* comunidades neste vasto mundo, mas que eles podem ter que ir além dos colegas de trabalho ou amigos de faculdade. Uma abordagem útil pode ser procurar novos amigos em lugares onde as pessoas estão tentando ser melhores. Isso pode significar fazer amigos em uma meditação comunitária ou em uma reunião dos Doze Passos.

O lado negativo de forjar novas conexões, entretanto, é usar a ansiedade verdadeira para ajudar a discernir seus limites nos relacionamentos existentes. Tenho pacientes que permanecem fiéis a amizades históricas, ignorando a ansiedade verdadeira dando um tapinha no ombro deles e dizendo: *Este relacionamento não é mais um bom uso de seu tempo e energia*.

Também tenho pacientes com tendência a corrigir em excesso na direção oposta. Isto é, quando uma relação que vale a pena passa por um período desafiador, eles podem se apressar a chamá-la de tóxica e estabelecer um limite agressivo quando, na verdade, deveriam estar usando limites para *salvar* relações que tomaram um rumo errado. A realidade é que estabelecer limites saudáveis não deve ser um mecanismo para rejeitar os outros ou nos isentarmos do trabalho interpessoal; deve ser uma forma de *encorajar* uma conexão que honre nossas necessidades. Em vez de estabelecer um limite de forma punitiva, como "Estou negando o acesso a mim como punição por seu mau comportamento", podemos estabelecer limites a partir da perspectiva "Eu quero muito que nosso relacionamento funcione, mas há algo na forma que estamos nos tratando neste momento que está prejudicando o relacionamento". Então, coloque os limites para proteger o relacionamento e prepará-lo para ser bem-sucedido depois. Nesta segunda versão, estamos *torcendo* para que a relação funcione. Nesse sentido, os limites podem promover conexão *ou* separação; cabe a nós decidir por qual delas queremos lutar na vida.

Um comentário sobre pessoas que fazem o que devem

Todos nós queremos que as pessoas façam o que *devem*. Tal pessoa *deveria* me pedir desculpas; tal pessoa *deveria* ter me enviado um cartão de agradecimento pelo meu presente; esse cara *deveria* saber que não deve apoiar aquele candidato político.

Notícia fresquinha: seres humanos, ao longo da história, não têm feito o que *deveriam*. E aqui está uma previsão louca para o futuro: eles não estão prestes a começar. Toda essa espera para que as pessoas comecem a fazer o que *deveriam* é, na verdade, uma forma de resistir à realidade. Isso não só causa muito sofrimento, mas também nos impede de desfrutar de nossas relações. Eis uma estratégia melhor: aceitar como as coisas são agora, e trabalhar a partir daí, reconhecendo que as pessoas não conseguem ler nossa mente, e todos pensam que são os bonzinhos da história. "Sou amante das coisas como são", escreve a autora e fundadora do método The Work, Byron Katie, "não porque sou uma pessoa espiritual, mas porque dói quando brigo com a realidade."[7] Ao acabar com seu longo debate com a realidade, você se libertará para aceitar as pessoas como elas são e começar a gostar delas novamente.

CONEXÃO ACIMA DE PERFEIÇÃO

> "A qualidade de nossos relacionamentos determina a qualidade de nossa vida."
> — Esther Perel

Se realmente queremos uma conexão em nossa vida, precisamos permitir a confusão que vem com a comunidade. As pessoas são desafiadoras, dizem as coisas erradas e podem ser descuidadas e insensíveis, deixam as portas do armário abertas e tiram nossas coisas do lugar. Mas uma conexão significativa com quem amamos é também, no fim das contas, não apenas um imperativo biológico, mas a base para uma vida plena.

Minha paciente Noor, de 38 anos, é mãe de dois filhos. Ela trabalha em casa com marketing digital, e seu marido viaja frequentemente a trabalho. Mesmo que ela viva evitando que crianças pequenas invadam seu espaço pessoal enquanto luta para trabalhar, ela se descreve como "desesperadamente solitária". Ela está faminta por interação adulta e anseia por uma conexão autêntica, não apenas com seus colegas no Zoom. Ela me diz: "Quero me conectar com minhas amigas da maneira que me conectava antes de ter filhos".

Mas, quando sugiro que Noor saia ou convide pessoas para ir a sua casa, ela resiste, dizendo que coordenar e pagar por babás é quase mais trabalho do que vale, e a casa está uma bagunça. "Tenho tempo zero para cozinhar", ela conta, "e sempre parece que acabei de ser atropelada por um caminhão." Eu recomendei que Noor diminuísse a cobrança para receber em casa, a fim de trazer a comunidade de volta à sua vida. Se insistirmos em limpar tudo e cozinhar uma refeição de vários pratos cada vez que recebermos pessoas em casa, provavelmente veremos amigos duas vezes por ano. No entanto, para que o sistema nervoso se sinta calmo e seguro, precisamos sentir-nos envolvidos pela comunidade com regularidade. É uma coisa linda dedicar amor, tempo e esforço para fazer uma refeição para alguém, se você tiver tempo e inclinação. Mas Noor não tem, e as expectativas que ela estava depositando em si mesma estavam atrapalhando a satisfação de suas necessidades. Então, sugeri que ela baixasse seus padrões e apenas dissesse aos amigos: "A casa está uma bagunça, vou pedir delivery, mas venham mesmo assim!". Com isso, Noor começou a receber as amigas algumas vezes ao mês. Ela usava moletom, e todas elas se sentavam entre as montanhas de Legos da sala, comendo tacos e rindo até chorar. A ansiedade de Noor melhorou consideravelmente agora que sua necessidade fundamental de conexão está sendo atendida regularmente.

O INÍCIO DA VIDA COMO MAPA PARA A FORMAÇÃO DE COMUNIDADE

As experiências adversas da infância têm um impacto duradouro na forma como nos colocamos nos relacionamentos adultos. Se nossos pais modelaram imaturidade emocional ou comunicação ruim, ou se experimentamos traumas no início da vida, é mais provável que soframos em nossos relacionamentos. Já vi esse padrão com frequência com meus pacientes que cresceram testemunhando dinâmicas de relacionamento insalubres — eles ficam presos em relacionamentos ruins ou não se sentem compelidos a relacionamentos com limites saudáveis. Às vezes, eles ficam tão frustrados ao repetir os mesmos padrões dolorosos que simplesmente param de tentar se conectar com os outros por completo. Se isso lhe parece familiar, você pode querer se familiarizar novamente com seu próprio eu criança. Podemos viajar no tempo, terapeuticamente falando, e cuidar de nosso eu mais jovem para criar melhores condições para satisfazer as conexões sociais na vida adulta.

Embora não possamos escolher nossos pais, *podemos* ser "novos pais" de nós mesmos. Quando sofremos os efeitos em longo prazo de uma parentalidade prejudicial ou negligente, é importante olhar com generosidade para a forma como navegamos nossas vidas quando jovens. Estávamos fazendo o que podíamos, alguns de nós lutando para sobreviver, com a mente de uma criança e sem a capacidade de dar sentido ao que estávamos passando. Comportamentos compreensíveis e ajustados *na época* — como colocar as necessidades dos outros à frente das nossas para "merecer" amor ou nos fecharmos para não depender das pessoas por medo de sermos feridos — podem ser desajustados *agora*. Felizmente, é possível, como adultos, dizer a nós mesmos o que precisávamos ouvir naquela época — que somos amáveis e que não fizemos nada para merecer ser maltratados.

Atendo um homem de 46 anos chamado Hector, que cresceu com um irmão mais velho e fisicamente abusivo. Ia além da briguinha física fraterna normal, de modo que meu paciente muitas vezes se sentia genuinamente em perigo. Quando ele informava aos pais, várias e várias vezes, que o irmão o havia agredido fisicamente, eles respondiam com comentários que o invalidavam, como: "Bom, você deve ter feito algo para provocá-lo". Claramente não sabiam gerenciar as questões comportamentais do irmão mais velho. Finalmente, o irmão de Hector foi diagnosticado com transtorno de conduta (um sério transtorno comportamental e emocional nos jovens), mas só depois de Hector já haver internalizado grande parte da violência e da culpa. Na terapia comigo, bem como com o apoio de um relacionamento de longo prazo com uma pessoa maravilhosa, Hector alcançou com sucesso seu eu de menino, aliviando-o dos sentimentos de acusação e culpa, percebendo que ele tinha razão de ter medo e permitindo que entendesse que é uma pessoa boa e digna de uma vida feliz.

E, ainda hoje, esse mapa da primeira infância pode fazer com que Hector se sinta inseguro. É algo que surge com mais frequência como ansiedades relacionadas à saúde. Quando Hector sente que seu corpo está em desespero, ele faz uma ronda de consultas médicas, procurando por garantias sem fim. Quando me descreve essas experiências, consigo ouvir o eco emocional distante de sua infância suplicando: "Preciso de proteção. Você pode me ajudar?". Como, na infância, os pais dele responderam à pergunta culpando a vítima e negligenciando o perigo real em que Hector se encontrava, ele aprendeu que não podia confiar nos adultos. Hoje em dia, os médicos são substituintes dos adultos não confiáveis na infância de Hector, e ele luta para aceitar suas garantias como a palavra final.

Felizmente, Hector encontrou modalidades terapêuticas que ajudam a reprogramar os padrões estabelecidos pelo trauma. Lembra o exemplo do coelho e do lobo na discussão sobre o ciclo de estresse no capítulo 11? Esse ciclo também tem profundas implicações para o tratamento do trauma. Quando um trauma ocorre, o corpo passa por uma importante reação de luta, fuga ou paralisia.[8] Se esse ciclo de estresse não for concluído, a adrenalina pode continuar a inundar o corpo, deixando-nos com uma energia intensa que precisa ser descarregada e um estado crônico de hiperexcitação, que pode continuar enquanto o trauma for mantido no corpo. É como se o trauma não metabolizado fosse uma chave presa na ignição de reação de luta ou fuga, mantendo o motor em marcha lenta. Nesse estado, o inconsciente fica hipervigilante, vigiando sempre o ambiente em busca de ameaças. Pensamentos e sentimentos são filtrados através da lente colorida de medo do trauma. As interações e sensações são percebidas como mais ameaçadoras do que realmente são — algo semelhante a Hector temendo por sua saúde e não conseguindo confiar nas opiniões médicas. É algo parecido com a versão do ciclo de estresse da ansiedade verdadeira e, como tal, é mais profundo e mais difícil de completar.

O trauma se aloja no corpo, nos tecidos conjuntivos, nos nervos e fibras do sistema nervoso e, portanto, a terapia tradicional tem utilidade limitada. De fato, discutir um trauma sem parar verbalmente, mesmo com um terapeuta atencioso, tem o potencial de ser *retraumatizante*. Os melhores tratamentos para libertar-se de um trauma prolongado — e finalmente liberar seu ciclo de estresse contínuo — são as terapias específicas do trauma, entre elas dessensibilização e reprocessamento pelos movimentos oculares (EMDR, na sigla em inglês), em que os pacientes fecham os olhos e os movem ritmicamente enquanto um terapeuta os conduz através dos eventos traumáticos (os mecanismos em jogo aqui ainda não são totalmente compreendidos, mas os ensaios clínicos realizados nas últimas décadas provaram-se bem-sucedidos);[9,10] Sistema de Retreinamento Neural Dinâmico (DNRS, na sigla em inglês), que visa a reprogramação do sistema límbico; e terapia de experiência somática, que usa exercícios mente-corpo para liberar o trauma. Essas terapias levam em conta a necessidade física de mover a energia presa do ciclo de estresse e acessar o trauma no nível do sistema límbico e do corpo, tornando-as muito mais adequadas para a recuperação do trauma do que a terapia tradicional. A terapia centrada no trauma também pode ser especialmente útil para permitir que o cérebro registre a mensagem: *Aquilo era antes, isto é agora, e você está seguro*.

APEGO E RELACIONAMENTOS

Outra forma com que a infância impacta os relacionamentos adultos é dando forma ao nosso estilo de apego. A teoria do apego, baseada no trabalho da psicóloga do desenvolvimento Mary Ainsworth (1913-1999), propõe que as reações do cuidador na primeira infância criam nossos padrões de apego — como seguro, esquivo, ansioso ou desorganizado —, que passam a influenciar as relações adultas. Crianças que crescem com cuidadores sensíveis e responsivos podem desenvolver apego seguro, ou seja, podem experimentar um relacionamento primário como um ponto de apoio seguro e confiável. O que mais vejo no consultório são pessoas cujos cuidadores não conseguiram se conectar adequadamente às emoções e necessidades delas na primeira infância. Às vezes, isso ocorre porque um pai, mãe ou cuidador tinha doenças mentais ou usava substâncias ilícitas; muitas vezes, os cuidadores têm seu próprio trauma, que ainda estão processando; algumas vezes, a vida só os pega desprevenidos e os pais ficam preocupados demais com os estressores, incapazes de perceber as necessidades emocionais dos filhos. Tudo isso pode criar um estilo de apego ansioso, que pode se manifestar na vida adulta como dificuldade com confiança e medo de abandono.

Também vi o apego ansioso na vida adulta se tornar uma profecia autorrealizável. Ou seja, pode levar as pessoas a perceberem insultos e ofensas onde não tem, acabando por afastar os outros. Tenho, por exemplo, uma paciente chamada Zahara, que cresceu com uma mãe com doença mental, deprimida demais para reagir adequadamente aos sinais de Zahara. Ela também foi hospitalizada por um mês quando Zahara tinha três anos, o que levou minha paciente a acreditar, naquela forma de pensamento mágico da mente infantil, que tinha feito algo para afastar a mãe. Hoje, Zahara passa pela vida adulta achando que suas emoções são demais para os outros. Então, na tentativa de prevenir o abandono, Zahara encontra formas de obrigar as pessoas a passar tempo com ela — fazendo com que elas se sintam culpada ou com pena dela. Embora isso faça com que alguns apareçam relutantemente, também gerou ressentimento e afastou outros a longo prazo, *criando* o próprio abandono que ela teme — e apertando ainda mais o parafuso de sua insegurança original.

Se isso parece familiar, a solução está em reconhecer que seus relacionamentos da primeira infância estão moldando a forma pela qual você encara os relacionamentos adultos. Você talvez tenha buscado parceiros não confiáveis em uma atração inconsciente pelo que parece familiar. Ao mesmo tempo, pode ter deixado passar um parceiro com um estilo de apego seguro, porque parecia não haver química. Daqui para frente, quando alguém demonstrar que é um parceiro com apego seguro e confiável, faça uma experimentação cuidadosa em relação a confiar nele, por mais vulnerável que possa parecer. Isso vai acabar criando um sentimento mais permanente de segurança e calma em seus relacionamentos e na vida. E, se identificar práticas manipuladoras que você pode estar empregando, numa tentativa inconsciente de evitar o abandono, tente abrir mão da necessidade de controlar os outros e permita-lhes mais liberdade. Embora você talvez tema que isso os faça ir embora, a verdade é que o mais frequente é que permita que fiquem. Ao longo do trabalho que é aprender a se colocar de uma nova forma em relacionamentos, lembre-se continuamente de que, embora você tenha essas feridas, elas não são merecidas, e você sempre foi — e sempre será — inerentemente merecedor de amor.

DESCONECTADO DA FONTE

Embora a pandemia de Covid-19 tenha trazido o termo "distanciamento social" à dianteira de nosso léxico cultural, estamos deslizando para o isolamento há várias décadas — desde o advento do smartphone, da internet, do walkman. E, ao longo do caminho, viemos progressivamente tecendo o isolamento em nossa vida não só por meio da tecnologia — nos aprofundando numa comunidade digital e nos distanciando da força vital da comunidade real e viva —, mas também por meio de uma desconexão mais ampla com nosso eu espiritual, ou o que chamo de fonte. Uso a palavra *fonte* para definir aquilo que provoca nosso sentimento de maravilhamento, como natureza e expressão criativa. Esse desprendimento cada vez maior tem um custo psíquico, no sentido de que carrega uma onda crescente de ansiedade. É crucial acharmos uma forma de acessar um sentimento de mistério e espanto se formos abrir caminho na direção uns dos outros — e nos sentir parte de algo maior e totalizante.

JOGO DIVINO

Criar é achar uma parte de si frequentemente obscurecida na vida adulta. No momento em que conseguimos empregos, financiamentos e construímos uma família, a criatividade cai bem para baixo na lista de prioridades, tornando-se um luxo que pensamos que já não podemos ter. Mas, engajando-nos em atos criativos, estamos satisfazendo uma necessidade humana fundamental de "enriquecer a vida", para usar as palavras de Marshall Rosenberg.[11] E, quando não estamos lidando com o que está *vivo* em nós e dando-lhe expressão, cria-se a ansiedade verdadeira do impulso criativo não manifesto.

A criatividade vai além de pintar ou dançar, incluindo qualquer atividade que suscita a autoexpressão pessoal e imprevisível; é um ato que deve ser empreendido por si só. Oferece uma sensação essencial de liberdade, autenticidade e animação. Embora tenhamos cada vez mais tirado a ênfase da criatividade e da brincadeira nas escolas e na nossa cultura — coincidindo com o foco crescente em provas e preparação para a faculdade —, pesquisas mostram consistentemente que essas buscas são cruciais para o bem-estar durante a vida. Para crianças, a brincadeira livre é necessária para finalizar o intrincado processo de conexões do desenvolvimento neural;[12] além disso, pesquisadores argumentam que crianças privadas de brincar têm mais probabilidade de ser ansiosas ou deprimidas.[13,14] Durante a vida, precisamos de criatividade e brincadeira para baixar a guarda, para nos dar uma noção de tempo infinito e uma sensação bruta de entrega.

De forma similar, é importante alimentar a conexão com o prazer, seja por meio de um orgasmo, uma ópera ou um chocolate. Conectar-se ao prazer sexual, por exemplo, é uma forma de acessar nossa energia vital. Fisiologicamente falando, o prazer sexual oferece um antídoto à ansiedade. O orgasmo leva o corpo a soltar oxitocina,[15] o hormônio de conexão, além de outros hormônios de bem-estar, como dopamina.[16] Esses hormônios têm efeitos de melhoria do humor e ansiolíticos. E, talvez mais criticamente, esses mesmos hormônios podem promover sentimentos de conexão.

NATUREZA

> O selvagem é uma necessidade.
>
> — John Muir

Não evoluímos em cubículos ou fábricas, SUVs ou metrôs, estúdios subterrâneos ou academias — evoluímos na natureza, com todas as suas paisagens, sons e cheiros. A necessidade de ambientes naturais está em nossa programação, então, estarmos desconectados da natureza nos faz sentir longe de "casa" e, de uma forma profunda, mal.

No Japão, há uma prática tradicional chamada "banho de floresta", que se acredita que seja um antídoto ao estresse e a vários estados de saúde mental e física prejudicada. Cada vez mais apoiada por evidências, a prática de se imergir na natureza reduz o cortisol e melhora o humor e a ansiedade.[17,18]

Neurocientistas descobriram que caminhar na natureza reduz a ruminação e pode impactar a atividade no córtex pré-frontal,[19] uma parte do cérebro muito relacionada a transtornos de ansiedade.[20] Há até pequenos estudos sugerindo que a ligação com o solo — que inclui atividades como caminhar descalço na terra ou na grama — pode ser curativa, propondo que isso permite uma transferência de elétrons benéfica entre o corpo e o chão.[21] Você pode escolher fazer trilhas, escalar, surfar ou só ficar parado, encontrando sua catedral nas árvores. Esses atos mandam ao cérebro um sinal familiar de que tudo está bem — *você está em casa*.

Como debatemos no capítulo 5, passar tempo na natureza é a melhor forma de reiniciar o ritmo circadiano. Se a ansiedade está causando transtornos à noite (ou a insônia está contribuindo com a ansiedade), como aconteceu com meu paciente Travis, voltar às suas pistas contextuais originais é uma das melhores formas de colocar o sono de volta nos trilhos.

Mergulhar de cabeça

Amo aproximar a vida moderna o máximo possível das "condições evolutivas". Tento experimentar alimentos que meu corpo reconhece, evitar luz de espectro azul depois do pôr do sol e dormir num quarto frio. Mas estabeleço o limite em uma coisa: banhos quentes. Não estou disposta a sacrificar esse luxo tão moderno e nada natural. Apesar disso, mergulhar na água gelada deve ter sido uma parte enorme das condições evolutivas; pesquisas mostraram que mergulhar em água fria diminui a inflamação[22] e estimula a atividade parassimpática,[23] que tem o potencial de completar um ciclo de estresse ou estabelecer uma linha basal nova e mais calma para o sistema nervoso autônomo. Também vejo que, assim como substâncias psicodélicas podem oferecer sete anos de terapia em uma noite, meditar em uma banheira de gelo pode parecer três anos de ioga em três minutos. Ou seja, o corpo inicialmente reage à água fria com tensão, resistência e estresse; mas, se você respirar, continuar calmo e se entregar frente às sensações avassaladoras, com o tempo, isso desenvolve memória muscular para manter a equanimidade quando corpo e mente estiverem prestes a entrar em uma espiral de pânico.

Então, se seu processo entrou em um platô, você talvez queira revisitar nossas raízes evolutivas e investir em mergulhar de cabeça. Muitas pessoas se sentem revigoradas, relaxadas e menos ansiosas depois de adquirirem o hábito de banhos gelados diários ou até — que horror! — banheiras de gelo. O Método Wim Hof[24] formalizou essa prática, adicionando técnicas meditativas de respiração para tornar a experiência não apenas suportável, mas, para alguns, transformadoras.

"Um viva às perguntas"

Para alguns, o conceito de fonte inclui a ideia de Deus. Talvez, em algum momento, você tenha tido uma experiência profunda do divino, e agora essa crença tenha se tornado inegável para você. Ou você talvez se sinta completamente convencido pela pesquisa científica de que a existência de Deus seja uma noção impossível. Muitos de nós vivemos em algum lugar do meio, com dificuldade de ter certeza de uma coisa ou de outra. "É interessante descobrir quantos dos grandes cientistas que conheço têm fé religiosa profunda apesar da proposição de que, por algum motivo, a religião é contrária à ciência", certa vez o presidente Barack Obama comentou em uma entrevista, "mas eles não veem a contradição."[25]

Durante minha infância, nos subúrbios de Nova York nos anos 1980 e 1990, o consenso ao meu redor sobre a crença em Deus poderia ser resumido assim: acreditar em Deus era algo sobre o qual você escutava na estação de música country (antes de rapidamente abaixar o volume), e tacitamente era julgado. O cientificismo era a religião — ou seja, acreditávamos no inquérito científico e o adorávamos. Ceticismo era uma virtude.

Sou totalmente a favor do pensamento crítico, mas, ao mesmo tempo, me pergunto se o elitismo intelectual da ciência ignorou os benefícios verdadeiros da crença. A prática espiritual e a congregação em nome da adoração dão às pessoas comunidade e uma forma de entender a existência. A religião proporciona a muita gente uma estrutura para investigação espiritual regular. Em um esforço de resistir às amarras e crenças às vezes equivocadas da religião organizada, muitos de nós também perderam o ritual semanal de busca comunitária e de fazer as grandes perguntas da vida. A espiritualidade, claro, não é a única forma de incluir comunidade, compaixão e propósito à vida, mas é um elemento importante em relação à forma como os seres humanos encontram conexão e significado.

Até hoje, continuo amando ciência. No cerne da ciência está a busca pela verdade e a compreensão de como as coisas funcionam. Porém, algumas das virtudes do cientificismo podem estar nos deixando ansiosos. Nessa visão de mundo, tudo o que nos é caro parece estar à mercê da aleatoriedade e do acaso. E o cientificismo postula que devemos olhar tudo com ceticismo. Se nos virmos desfrutando de um momento de reverência e espanto em relação aos mistérios do universo, devemos imediatamente recuperar o sangue-frio e apontar para a explicação científica.

Eis como manter forte a busca pela verdade e ciência enquanto também mitigamos a ansiedade de fundo que vem junto: é uma proposição ambos/e. Temos permissão para fincar um pé no chão, arraigado na ciência, e deixar um pé flutuando no mistério. Talvez o universo seja ao mesmo tempo explicável cientificamente *e* levemente mágico. Talvez, de uma forma que esteja além da compreensão, ambos os entendimentos do mundo sejam verdadeiros ao mesmo tempo.

No fim, não saberemos quem está certo e quem está errado até morrermos e irmos ao local onde nos dão as respostas. Ou talvez não haja um "local" e essa seja a resposta. De todo modo, até uma coisa ou outra acontecer, não temos como saber de verdade. Então, enquanto isso, como os amigos de Obama, apesar de minha crença firme nos rigores da ciência, também decidi aceitar a ideia de mistério divino.

Se você estiver se sentindo isolado, sozinho, perdido e sem chão, analise-se: tem algum lugar em que você sinta uma conexão com algo vasto ou bem além do mundo que está ao alcance dos olhos? Pode ser quando está olhando as estrelas ou em oração profunda, cantando em um coro ou sentado na aula de física. O que quer que acenda essa faísca para você, faça. Traga humildade a esses momentos, sabendo que há benefícios em explorar esses mistérios, conosco e na companhia dos outros. Podemos "viver as perguntas" — como coloca o poeta austríaco Rainer Maria Rilke (1875-1926) — como um antídoto poderoso à ansiedade. Se você descartou a religião há décadas em uma limpeza desafiadora de seu condicionamento, mas está sentindo um buraco onde ficava a fé, considere recuperar uma conexão com a espiritualidade e a busca comunitária de uma forma que lhe pareça boa e verdadeira.

15

Segurar e soltar

"Confie em Alá, mas amarre seu camelo."
— Antigo adágio árabe, *interpretado pelo estudioso Al-Tirmidhi, que descreve um conselho que o profeta Maomé deu a um beduíno fiel que ele viu deixando o camelo solto*

A ANSIEDADE VERDADEIRA É SUA aliada, sua estrela-guia confiável. Mas, quando você tiver colocado essa mensagem em ação, não significa que é só pôr os pés para cima e deixar o cosmo liderar. Pelo contrário, mesmo quando você estiver seguindo as orientações de seus instintos mais profundos, ainda precisará ouvir com atenção a próxima pista. Pense na ansiedade verdadeira como uma espécie de cerca elétrica invisível, jogando você de volta à rota com um choque toda vez que se desviar do caminho pretendido. E, quando estiver de volta em seu caminho, a ansiedade se transformará em uma sensação de propósito.

A única coisa que realmente precisamos desejar, aliás, é continuar em nosso caminho. Quer dizer que podemos ser nós mesmos, fazer o que nos ilumina e contribuir com o que estamos perfeitamente aptos a fazer. Quando ficamos amigos da ansiedade verdadeira e deixamos que ela nos guie, ela pode servir a nós e ao mundo. Para algumas pessoas, isso é enorme, para outras, acontece em uma escala menos imponente, mas nunca é pequeno — desde que estejamos sendo nosso eu autêntico e fazendo nossa oferta única, é infinitamente impactante. Procedemos com clareza e elevamos quem está ao redor. Sentimo-nos guiados, cheios de propósito, acordados e preenchidos.

ABRINDO MÃO

Recentemente, um paciente — um homem de 42 anos que chamarei de Vincent — compartilhou comigo como abrir mão do controle ajudou-o a superar a ansiedade. "Tudo isso era na verdade uma busca por segurança, por medo do abandono", diz ele, referindo-se a seu trabalho importante na área do direito, além de suas muitas aquisições, grandes e pequenas, de imóveis a roupas da moda, "mas a resposta verdadeira é que não é uma segurança real — essa segurança é uma ilusão. E a segurança de fato, a segurança com s maiúsculo, está *em todo lugar*. E *não é* frágil. Mas fazer a transição da segurança para a Segurança é muito difícil." Vincent tinha investido tanta energia em garantir sua segurança — a sensação ilusória de proteção — que agora era desorientador não ter mais que trabalhar tão duro e simplesmente confiar na Segurança maior.

Abrir mão da necessidade de controle ou se entregar às forças maiores que estão em jogo — qualquer que seja sua ideia do que elas sejam — não é fácil. É contraintuitivo e pode parecer, no início, que você está em queda livre. Como diz Sarah Wilson, parafraseando a budista americana-tibetana, monja e escritora Pema Chödrön em *First, We Make the Beast Beautiful*, ansiedade é "resistir ao desconhecido".[1]

Tendemos a passar pela vida tensos, nos culpando e culpando os outros quando não conseguimos o que queremos. Estamos ansiosos e exaustos porque estamos lutando com a realidade, acreditando que as coisas devem ser de certa forma. Em vez de mostrar onde precisamos de mais controle, a ansiedade, na verdade, alerta sobre quando precisamos soltar; quando precisamos respirar fundo e ver, paciente e corajosamente, aonde nosso caminho particular levará.

Há uma antiga parábola taoista que ilustra como podemos julgar de forma apressada o que — de tudo o que nos acontece na vida — é bom ou ruim. Como diz a história, um fazendeiro de arroz tem um cavalo velho e doente. Ruim, né? Mas, espere, o fazendeiro decide deixar o cavalo ir embora para passar seus últimos dias livre nos pastos das montanhas. Embora todos os vizinhos do fazendeiro concordem que é uma notícia claramente terrível — a família perdeu seu cavalo —, ele mesmo não tem tanta certeza. Ele diz: "Veremos". Algumas semanas depois, o cavalo volta bem rejuvenescido, junto com um cavalo selvagem que seguiu o cavalo velho até em casa. Os vizinhos querem parabenizar o fazendeiro, que, para sua sorte, de repente passou de não ter cavalo nenhum para ter dois, mas o fazendeiro permanece impassível. "Veremos", ele repete. Quando o filho único do fazendeiro tenta montar o cavalo novo, é derrubado e quebra a perna. *Agora* o fazendeiro concordava que era um azar? Ele põe a perna do filho no lugar e, enquanto o rapaz ainda está em recuperação, o imperador declara uma guerra. Todos os homens saudáveis da aldeia são recrutados e acabam morrendo. Só o jovem filho do fazendeiro é poupado, porque estava com a perna quebrada.

Essa lição não é tão universal ou trivial quanto "tudo acontece por um motivo". Coisas horríveis acontecem. Violência sem sentido, acidentes trágicos, injustiças abomináveis, incêndios florestais e pandemias acontecem. E a maioria das tragédias do mundo impacta desproporcionalmente populações já vulneráveis e marginalizadas. Mas, embora permaneçamos decididos a lutar para consertar as coisas, isso também nos leva a ficar abertos às viradas inesperadas da estrada à frente, encontrando qualquer semente de paz que nos seja possível em meio a tudo isso. Mesmo que, às vezes, signifique acomodar-se corajosamente na dor, esperando pacientemente para ver no que a semente se transforma. Nunca sabemos de verdade o significado do que está acontecendo, então, quanto mais confortáveis nos sentirmos de nos entregar e confiar em algo maior que está se desenrolando — ou pelo menos ser curiosos em relação a isso —, menos ansiosos seremos. Quando tenho a tentação de resistir à realidade, lembro-me de me entregar àquilo que não posso controlar. O que, admito, é consideravelmente mais difícil quando a perda é profunda.

SOBRE O LUTO

Em julho de 2015, quando eu estava grávida de seis meses de minha filha, minha mãe morreu de repente. Eu queria que ela pudesse desfrutar daquela experiência, depois de tantos anos esperando pacientemente por netos. Queria que conhecesse minha filha. Queria a presença gentil e estruturada de minha mãe na minha vida materna. *Ainda* quero.

A perda da minha mãe desafiou fortemente minha visão espiritual do mundo. Bem quando eu precisava acreditar em *algo, qualquer coisa*, experimentei uma dúvida avassaladora. Queria tão desesperadamente saber que minha mãe continuava existindo em forma de espírito, que ela, de alguma forma, teria um jeito de conhecer minha filha. Fui procurar um rabino, um padre, um xamã — sinceramente, qualquer adulto serviria — que pudessem me garantir que havia alguma ordem maior no universo e que a morte da minha mãe não era um ato cruel do acaso.

Minha mãe morreu jovem demais, deixando-me solitária, triste, desejando que me ajudasse a saber como ser mãe de minha própria filha, olhando meu pai enlutado sem saber bem como consolá-lo. Em certo ponto de meu luto, percebi que eu tinha duas opções: uma era acreditar que a morte não tinha sentido. A outra era acreditar que talvez tivesse algum e que eu decidiria o que ela significava para mim. Frente à dúvida, escolhi ver essa perda como parte de uma teia interconectada: foi uma crença tecida a partir da compreensão de alguma ordem divina. Ainda prefiro ver esses acontecimentos assim. Estou ciente de que posso estar iludida, mas essa visão me permite achar significado e conforto em momentos desafiadores, em vez de ficar com uma ansiedade e desesperos abismais. Ela me oferece uma forma de me sentir tão próxima da minha mãe hoje quanto eu me sentia quando ela estava viva. E, no fim das contas, foi só me entregando ao que havia acontecido — aceitando radicalmente a morte da minha mãe — que consegui achar, e continuar achando, a calma em relação à morte dela, o amor, a força e a calma em *mim*.

Então, se e quando você receber essa ligação e sua vida abruptamente mergulhar no pior cenário possível, enquanto estiver nadando pelas ondas do surrealismo, ansiedade e dor, tente criar uma linha de raciocínio. Se lhe parecer disponível — mesmo que apenas de leve —, explore a possibilidade de uma ordem além de sua compreensão. As vicissitudes da vida podem de fato não ter sentido, mas, se você conseguir achar significado nos acontecimentos, em especial os difíceis, isso pode ajudá-lo a passar por eles com mais resiliência e paz. Se você conseguir ficar aberto à possibilidade de que continuamos existindo de formas impossíveis de entender, de que o mistério não precisa ser um sonho vazio, a separação parece menos permanente; a perda parece menos absoluta.

Acima de tudo, em momentos de luto ou desafio, esteja presente. Esteja bem acordado. Se doer, deixe doer. Deixe doer o quanto doa, o que pode ser muitíssimo. "Quando o Luto vem me visitar, é como ser visitada por um tsunami", comentou certa vez a autora Elizabeth Gilbert. "Recebo aviso o suficiente só para dizer: 'Meu deus, isso vai acontecer AGORA MESMO', e aí caio de joelhos no chão e deixo que me abale."[2] Mas depois ela também disse a Oprah, comentando a agonia de perder a esposa para o câncer: "Eu aceito, aceito tudo, aceito a coisa toda porque não quero perder nada. Não quero ter que percorrer toda essa distância para viver uma vida humana e perder a experiência, então, só quero me apresentar para a viagem toda, qualquer que seja".[3] Afastar a dor emocional não a apaga, mas meramente a enterra no corpo, onde ela pode se transmutar em dor física, doença, torpor e raiva — expressões de um ciclo de *luto* incompleto. Melhor sentir a força total de suas emoções conforme elas vêm. Você consegue lidar com isso. Você *quer* sentir. É uma forma de honrar o que você perdeu.

Minha filha hoje tem seis anos, e minha mãe ainda está, em certo sentido, com a gente. Acredito que ela converse comigo por meio de certas músicas, me visite em sonhos, e há certos momentos em que eu sou tomada por uma sensação de formigamento que igualo à presença dela. Eu a ouço e a sinto — com o que o monge budista Sayadaw U. Pandita certa vez chamou de "um coração pronto para qualquer coisa"[4] — porque escolhi escutar.

SEU CAMINHO VERDADEIRO

> "Se, ao cumprir uma missão, sua alma estiver em chamas de tal modo que o deixa morrendo de medo. E você não se sentir digno, pronto, apto. E continuar queimando. Parabéns. É o seu chamado."
>
> — Jaiya John, *Freedom: Medicine Words for Your Brave Revolution*

Trabalhei com minha paciente Valentina durante anos. Aos 42 anos, ela tinha passado por muita coisa. O pai morreu quando era pequena, e a infância dela foi tudo menos idílica. A mãe, que não tinha recursos emocionais para processar o luto nem apoiar Valentina no dela, desenvolveu um problema com álcool enquanto trabalhava em dois empregos e cuidava sozinha de três filhos. A própria Valentina teve problemas para desenvolver relacionamentos românticos saudáveis, e tem dificuldades financeiras. Um dia, enquanto estávamos sentadas uma na frente da outra em meu consultório, ela falou de sua fé católica e disse que não conseguia aceitar a ideia de que o pai estava sentado no Paraíso olhando para ela. "Como poderia estar?", perguntou. "Eu tinha dois anos quando ele morreu. Ele nem me *conhece*." Eu me sentia particularmente afetada por isso porque *minha* filha na época tinha dois anos, e percebi que Valentina tinha entendido ao contrário. Ela não havia podido conhecer o pai (ou, pelo menos, não conseguia acessar conscientemente memórias dele porque era jovem demais quando ele morreu) — uma verdade triste —, mas *ele* com certeza *a* conhecia. Minha filha é tudo para mim e meu marido, e, mesmo quando ela ainda era bebê, tínhamos consciência plena da sua personalidade, caráter e espírito. Compartilhei isso com Valentina e, com essa mudança de perspectiva, ela conseguiu imaginar que o pai estava, sim, em algum lugar, torcendo por ela, tendo-a conhecido antes de ela mesma se conhecer. Foi assim que Valentina encontrou seu caminho — a forma como ela podia se imaginar em conexão com o universo —, guiada pelo amor de algum lugar além.

Uma vez que desenvolvemos a habilidade de escutar o sussurro interno do corpo, temos o benefício de uma bússola interna nos dizendo quando estamos indo na direção certa e quando nos desviamos. E é só o que precisamos saber. Nunca podemos saber o que o futuro guarda, e há sabedoria em estar desapegado disso. Mas, desde que tenhamos a certeza de que estamos onde precisamos estar, podemos relaxar. E, se sabemos que podemos confiar em nós, ainda sentimos mesmo a necessidade de controlar o resultado? Saber que estamos no caminho, indo na direção certa, é suficiente.

É preciso consciência e esforços diários para garantir que nossos hábitos, trabalho e interações com os outros se alinhem ao eu superior. Para mim, a palavra *caminho* transmite o sentimento tanto de significado quanto de jornada, direção e continuidade que compõem uma vida que é mais do que a soma de suas partes. *Caminho* também acentua a noção de que você não precisa ter tudo resolvido; não há pressão de chegar em algum lugar; é só a *direção* que precisa parecer certa.

Se você for um dos mais sensíveis — um dos artistas, cheios de sensibilidade, que pensam demais ou intuitivos da tribo humana —, haverá alguma ansiedade ao longo do caminho, porque, já que o mundo é imperfeito, algumas verdades vão doer e você pode senti-las de forma mais visceral do que os outros. Seu caminho é mais difícil, mas também é um chamado elevado. Mas a honestidade e a coragem de enfrentar cada um dos desafios únicos *podem* iluminar o caminho. O trabalho começa por despir o que o está bloqueando de viver em um estado de equilíbrio físico, e isso continua conforme você passa a ter fé de que a ansiedade verdadeira o apontará na direção certa. Quando você se desalinhar, a ansiedade verdadeira estará lá para empurrá-lo de volta. Seu caminho pode não parecer importante, mas é. É sua expressão mais elevada; o que sua ansiedade mais profunda tem insistido que você siga desde sempre.

Agradecimentos

Obrigada, Vimal, pela paciência, pelo apoio e pela ajuda imensurável, mas, acima de tudo, obrigada por seu afeto, seu coração, seu humor e seu amor. Você é meu infinito.

Obrigada, J, por ser minha razão para trabalhar com rapidez e por ser um milagre diário. Nas palavras de Brené Brown, "não vou ensiná-la, nem amá-la, nem demonstrar nada perfeitamente a você, mas vou permitir que você me veja e sempre entenderei que o presente de enxergá-la é sagrado. Enxergá-la verdadeira e profundamente".

Obrigada, mãe. Por tudo. Sinto saudade. Espero que este livro a deixe orgulhosa.

Obrigada a meus pacientes. Vocês são meus maiores professores, e é um privilégio caminhar com vocês. E obrigada por me permitir compartilhar suas histórias com os leitores para que eles possam achar seu caminho e se sentir menos sozinhos enquanto isso.

Obrigada, Nell Casey, pelo imenso cuidado e habilidade que trouxe a cada página deste livro. Sermos duas Nells, as filhas de duas Janes, pareceu a quantidade exata de sincronicidade para saber que ambas estávamos exatamente onde precisávamos estar.

Obrigada, Julie Will, por ver o potencial deste livro, por seus insights e sabedoria, e por trazer tanto cuidado a este projeto em meio a um momento de vida frenético e pesado.

Obrigada, John Maas e Celeste Fine. Senti que estava em mãos experientes e atenciosas durante todo este processo. E vocês dois o tornam divertido.

Obrigada, Emma Kupor, por ser uma enorme ajuda em cada etapa deste processo. Sou muito grata por tudo o que você faz.

Obrigada, Mia Vitale, Sarah Passick e toda a equipe da Park & Fine Literary, por cuidarem tão bem de mim durante este processo.

Obrigada, Anne Gerson. Quando o mundo parecia um abismo, você entrou e o encheu com todo o calor, conhecimento e tradições de nossa mãe. Graças a Deus por você, minha brilhante irmã.

Obrigada, pai, por me fazer sentir tão cuidada, mesmo quando estávamos todos cambaleando. Obrigada por seu apoio e por ser uma fonte de estabilidade e um modelo de paternidade estável e presente. Muito, muito obrigada. Eu te amo.

Obrigada, Nayana Vora, por intervir e me ajudar a sentir-me mãe, e por banhar J no mais doce néctar de seu abraço. Você é amor puro.

Obrigada, Ashok Vora, Manish Vora, Ankur Vora e Nisha Vora, por me cercar de risos, alegria, jogos de cartas, pingue-pongue e amor. Sou muito grata por tê-los como minha família.

Obrigada, Adam Gerson, por uma sessão crítica tarde da noite, por ser um parceiro incrível para minha irmã, por ser um modelo para os pais e por ser um verdadeiro irmão.

Obrigada, Omri Navot, por um brainstorming criativo, pelo xamanismo da vida e por 24 anos de profunda amizade.

Obrigada, Spencer Mash e Melissa Shin Mash, por serem nossa família escolhida e nossa aldeia.

Obrigada, Chris Moreno e Karen Appelquist. Sua amizade enche a vida de risos e alegria, e o "Trabalho V" me manteve no caminho certo (ou talvez, na verdade, tenha me distraído, mas valeu muito a pena). Um brinde a muitas aventuras futuras.

Obrigada, Jennifer Drapkin, por sua amizade, humor, brilhantismo e magia.

Obrigada, Cat Loerke e Carl Erik Fisher. Vocês dois são brilhantes e antenados. Eu não poderia pedir um cérebro mais confiável. Aprendi muito com vocês dois, que me confortam tanto em nossa amizade.

Obrigada, Sarah Messmore, por suas percepções silenciosamente brilhantes e por sempre me ajudar a ter fé em mim mesma quando as coisas parecem pesadas. Seus alunos têm muita sorte de tê-la na vida.

Obrigada, Jeremy Ortman, Stephen Sosnowski e Tamar Steinberger, por uma sessão de brainstorming muito agradável e ensolarada. *J'accuse*!

Obrigada, Teenisha Toussant, por compartilhar seus dons com nossos filhos e por realmente enxergar J. Nosso ano com você mudou toda a nossa trajetória.

Obrigada, Jenny e Ken Young, por criarem a mais incrível bolha, o que permitiu que J prosperasse e me deu espaço para escrever durante um ano imensamente desafiador. Espero estar sempre na mesma nave espacial que vocês dois.

Obrigada, Paul Kuhn e Erica Matluck, por sua amizade, sabedoria, música e inspiração sem fim. Vocês dois são almas cintilantes que iluminam tudo o que tocam. Vamos viver juntos esta próxima fase.

Obrigada, Bing Cheah e Navlyn Wang, por serem buscadores espirituais como nós. Vocês nos ensinam sobre alegria, autorreflexão e jogo divino toda vez que nos conectamos.

Obrigada, Seanna Sifflet e Brady Ovson, por uma década da mais calorosa amizade e dos encontros mais irresponsáveis, mas que valem a pena às duas da manhã. Gosto muito, muito de vocês dois.

Obrigada, Maryellis Bunn, por ser a tia mais incrível e por ser uma inspiração e um farol de crescimento.

Obrigada, Robin Marie Younkin. Suas contribuições a este livro foram indispensáveis, e você torna possível toda a minha vida profissional com sua presença calma e constante.

Obrigada, Stephanie Higgs. Você me ajudou a compreender a estrutura essencial para contar esta história, e suas belas escolhas de palavras estão por todo este livro.

Obrigada, Melissa Urban. Você é uma luz, uma inspiração, um presente para o mundo e uma boa amiga.

Obrigada, Holly Whitaker, por sua amizade, inspiração e permissão para confiar neste desdobramento.

Obrigada, Will Cole, DC, por ser o coração de ouro mais sensato do mundo do bem-estar.

Obrigada, Will DeRooy, por seu trabalho meticuloso e eficiente. Sou grata por ter estado em tão boas mãos.

Obrigada, Jeremy Fisher, por ajudar uma seção muito importante a ganhar vida.

Obrigada, Priya Ahuja, por compartilhar generosamente seu profundo conhecimento da medicina chinesa.

Obrigada, Chris Kresser, por ter sido meu primeiro mentor no espaço da medicina funcional.

Obrigada, Ron Rieder, MD, por me dar uma corda suficientemente longa para perseguir paixões além das convencionais.

Obrigada, Frank Lipman, MD, por me encorajar a espalhar minhas ideias além do meu consultório.

Obrigada, Tom Lee, MD, por me dar tantos lugares para encontrar minha voz e novas ideias pioneiras para a saúde e a cura.

Obrigada, Jason Wachob e Colleen Wachob, por sua gentileza e generosidade e por serem minha primeira porta de entrada para divulgar minhas ideias em um palco maior.

Obrigada, Andrew Chomer e Roya Darling, pelo dom de uma amizade alinhada. Isso é apenas o começo. Vamos estabelecer uma intenção e manifestá-la juntos.

Obrigada, Barbara LaPine. A maneira como você ensinou biologia — com clareza, nuance e paixão — é a razão pela qual eu busquei a medicina.

Obrigada, tribo de mães, por ser a aldeia que torna possível a maternidade.

Obrigada, equipe do 305, por risadas sem fim e por me manter sincera e atenta.

Apêndice: ervas e suplementos para ansiedade

Como você provavelmente já deve ter percebido, os suplementos não são o foco da minha abordagem de tratamento da ansiedade. Acredito que a espinha dorsal do tratamento da ansiedade se resuma a modificações na dieta e no estilo de vida, juntamente com a cura psicoespiritual. E eu acho que a ideia de uma-pílula-para-uma-doença da medicina convencional não é correta; assim como não acho que a ansiedade seja um distúrbio de deficiência de escitalopram, também não é um distúrbio de deficiência de L-teanina. No entanto, vou admitir que existem algumas vitaminas, minerais e ervas que vale a pena considerar. Não é uma lista exaustiva, mas estes são os suplementos que recomendo de vez em quando em meu consultório.

Glicinato de magnésio: como discutido, é difícil obtê-lo em quantidades suficientes nos alimentos, por isso acho que a maioria de nós deveria suplementar de 100 a 800 mg de glicinato de magnésio na hora de dormir para completar necessidades nutricionais. Isso pode ser útil para ansiedade, insônia, cólicas menstruais e dores de cabeça. Se você ficar com diarreia, diminua a dose.

Vitaminas do complexo B metiladas:[1] muitas pessoas estão com deficiência de vitaminas do complexo B, seja por nutrição inadequada, seja por estresse crônico, seja por um efeito colateral da pílula anticoncepcional. Muitos de meus pacientes também têm uma variação genética comum chamada mutação MTHFR, que pode tornar difícil para o corpo fazer a metilação do folato — essencialmente uma capacidade comprometida de converter algumas das vitaminas do complexo B em sua forma ativa. Por essa razão, costumo achar útil suplementar com vitaminas do complexo B pré-metiladas, como o b-metilfolato e a metilcobalamina. A metilcobalamina (ou seja, a vitamina B12) é particularmente importante para qualquer um que siga uma dieta vegetariana ou vegana.

Vitamina D: como discutido, prefiro que as pessoas obtenham sua vitamina D do sol, mas, quando não é possível ou seguro, um pouco de suplementação supervisionada pode ser um apoio útil. Tomar vitamina D3 junto com magnésio e vitaminas A, E, e K2 é uma combinação particularmente benéfica.

Curcumina/açafrão: quando a inflamação está desempenhando um papel na ansiedade, este é um apoio útil para restabelecer o equilíbrio do sistema imunológico desregulado. A curcumina torna-se mais biodisponível quando combinada com pimenta-do-reino e *ghee*.

Óleo de fígado de bacalhau: este não é um suplemento para ansiedade em si, mas, como fonte de ácidos graxos ômega-3, eu o considero parte de uma estratégia geral para garantir membranas celulares neuronais saudáveis. Prefiro o óleo de fígado de bacalhau ao óleo de peixe porque o óleo de fígado de bacalhau também fornece as vitaminas D, A, E e K lipossolúveis.

Óleo de CBD/óleo de cânhamo: muitos de meus pacientes ingerem óleo de cânhamo por alguns dias antes de declará-lo ineficaz. Observe que muitas vezes é necessário usar o óleo de cânhamo de forma consistente por várias semanas para experimentar o efeito calmante completo.

l-teanina: alguns de meus pacientes acham que esse componente do chá-verde é um suporte útil para sua ansiedade, e há pesquisas que embasam isso.[2]

Florais de Bach: trata-se de uma essência floral que alguns de meus pacientes gostam de tomar "conforme necessário" para a ansiedade.

NAC (N-acetilcisteína): é um precursor da glutationa, o antioxidante mais importante do corpo. Acho o NAC particularmente útil para pacientes que estão descontinuando o uso de medicamentos. Também o considero útil para o apoio a bipolares.

Ashwagandha: uma erva adaptogênica da tradição Ayurvédica, a *ashwagandha* tem sido útil para alguns de meus pacientes, especialmente mulheres, tomarem antes de dormir. *Ashwagandha*, entretanto, é contraindicada durante a gravidez e a lactação.[3]

Inositol: quando o inositol é indicado, geralmente recomendo misturar o mioinositol em pó (a forma mais biodisponível do inositol) com água em uma grande garrafa de água, carregando-o com você e bebendo-o ao longo do dia. O ideal é começar com uma pequena quantidade e aumentar gradualmente até 18g de mioinositol diariamente, pois pode causar problemas gastrointestinais quando iniciado muito rapidamente.

Faça um teste durante quatro a seis semanas e depois faça uma pausa. Acho particularmente útil para o TOC. Ele também pode ser eficaz para depressão e transtornos de pânico.[4,5]

Passiflora: alguns de meus pacientes o acham especialmente útil para a ansiedade cognitiva (quando estão, por exemplo, presos em uma espiral ruminativa). Note, entretanto, que o uso de passiflora com ISRSs é contraindicado.

Camomila e *tulsi*: recomendo frequentemente um ritual de chá de camomila ou *tulsi* à noite, para ajudar os pacientes a relaxarem antes de dormir.

Probióticos: geralmente recomendo auxiliar a saúde intestinal com alimentos fermentados em vez de probióticos, embora haja momentos — como para repor a flora intestinal depois de uma rodada de antibióticos ou depois de um tratamento para síndrome do supercrescimento bacteriano no intestino delgado (SCBID), sob a supervisão de um naturopata ou de um médico funcional — em que os probióticos são uma adição necessária.

Fosfatidilserina: algumas pessoas acham que é um bálsamo útil para tratar os efeitos do estresse crônico.

Solidéu, aveia-comum e erva-cidreira: alguns de meus pacientes acham essas coisas especialmente úteis para tratar a ansiedade corporal (por exemplo, uma resposta fisiológica ao estresse).

Cannabis: tive pacientes para os quais a *cannabis* foi um medicamento bom e seguro — ajudando-os com ansiedade, insônia, cólicas menstruais e dependência de benzodiazepina.[6] Também tive pacientes cuja dependência da *cannabis* os atrapalhou. A conclusão: vale a pena discutir com um médico experiente para entender o equilíbrio dos riscos e benefícios para você.

Notas

1. A era da ansiedade

1. Ruscio, A. M. et al. Cross-Sectional Comparison of the Epidemiology of *DSM*-5 Generalized Anxiety Disorder across the Globe. *JAMA Psychiatry*, vol. 74, n. 5, pp. 465-475, 2017. Disponível em: https://doi.org/10.1001/jamapsychiatry.2017.0056. Acesso em: 17 ago. 2022.
2. Bandelow, B.; Michaelis, S. Epidemiology of Anxiety Disorders in the 21st Century. *Dialogues in Clinical Neuroscience*, vol. 17, n. 3, pp. 327-335, 2015. Disponível em: https://doi.org/10.31887/dcns.2015.17.3/bbandelow. Acesso em: 17 ago. 2022.
3. Goodwin, R. D.; Weinberger, A. H.; Kim, J. H.; Wu, M.; Galea, S. Trends in Anxiety among Adults in the United States, 2008–2018: Rapid Increases among Young Adults. *Journal of Psychiatric Research*, n. 130, pp. 441-446, 2020. Disponível em: https://doi.org/10.1016/j.jpsychires.2020.08.014.
4. Pancha, N.; Kamal, R.; Cox, C.; Garfield, R. The Implications of Covid-19 for Mental Health and Substance Use. *KFF*, 10 fev. 2021. Disponível em: www.kff.org/coronavirus-covid-19/issue-brief/the-implications-of-covid-19-for-mental-health-and-DSM-use/. Acesso em: 17 ago. 2022.
5. Crocq, M.-A. A History of Anxiety: From Hippocrates to DSM. *Dialogues in Clinical Neuroscience*, vol. 17, n. 3, pp. 319-325, 2015. Disponível em: https://doi.org/10.31887/DCNS.2015.17.3/macrocq. Acesso em: 17 ago. 2022.
6. Ibidem.

7. Ibidem.
8. Ross, J. *The Mood Cure: The 4-Step Program to Rebalance Your Emotional Chemistry and Rediscover Your Natural Sense of Well-Being*. Nova York: Viking, 2002. p. 4.

2. Ansiedade evitável

1. Jacka, F. N. et al. A Randomised Controlled Trial of Dietary Improvement for Adults with Major Depression (the'smiles Trial). *bmc Medicine*, vol. 15, n. 1, p. 23, 2017. Disponível em: https://doi.org/10.1186/s12916-017-0791-y. Acesso em: 17 ago. 2022.
2. Ramaholimihaso, T.; Bouazzaoui, F.; Kaladjian, A. Curcumin in Depression: Potential Mechanisms of Action and Current Evidence — A Narrative Review. *Frontiers in Psychiatry*, vol. 11, 2020. Disponível em: https://doi.org/10.3389/fpsyt.2020.572533. Acesso em: 17 ago. 2022.
3. Nollet, M.; Wisden, W.; Franks, N. Sleep Deprivation and Stress: A Reciprocal Relationship. *Interface Focus*, vol. 10, p. 3, 2020. Disponível em: https://doi.org/10.1098/rsfs.2019.0092. Acesso em: 17 ago. 2022.
4. Lovallo, W. et al. Caffeine Stimulation of Cortisol Secretionacross the Waking Hours in Relation to Caffeine Intake Levels. *Psychosomatic Medicine*, vol. 67, n. 5, pp. 734-739, 2005. Disponível em: https://doi.org/10.1097/01.psy.0000181270.20036.06. Acesso em: 17 ago. 2022.
5. Nagoski, E.; Nagoski, A. *Burnout*: o segredo para romper com o ciclo de estresse. Trad. Clovis Marques. Rio de Janeiro: BestSeller, 2020. *E-book*.
6. Vighi, G.; Marcucci, F.; Sensi, L.; Di Cara, G.; Frati, F. Allergy and the Gastrointestinal System. *Supplement, Clinical and Experimental Immunology*, vol. 153 (s1), pp. 3-6, 2008. Disponível em: https://doi.org/10.1111/j.1365-2249.2008.03713.x. Acesso em: 17 ago. 2022.
7. Hadhazy, A. Think Twice: How the Gut's 'Second Brain' Influences Mood and Well-Being. *Scientific American*, 12 fev. 2010. Disponível em: www.scientificamerican.com/article/gut-second-brain. Acesso em: 17 ago. 2022.
8. Breit, Sigrid et al. Vagus Nerve as Modulator of the Brain-Gut Axis in Psychiatric and Inflammatory Disorders. *Frontiers in Psychiatry*, vol. 9, p. 44, 2018. Disponível em: https://dx.doi.org/10.3389%2Ffpsyt.2018.00044. Acesso em: 17 ago. 2022.
9. Pokusaeva, K. et al. Gaba-Producing Bifidobacterium dentium Modulates Visceral Sensitivity in the Intestine. *Neurogastroenterology & Motility*, vol. 29, n. 1, 2016. Disponível em: https://doi.org/10.1111/nmo.12904. Acesso em: 17 ago. 2022.
10. Strandwitz, P. et al. Gaba-Modulating Bacteria of the Human Gut Microbiota. *Nature Microbiology*, vol. 4, pp. 396-403, 2018. Dispo-

nível em: https://doi.org/10.1038/s41564-018-0307-3. Acesso em: 17 ago. 2022.

11. Clapp, M.; Aurora, N.; Herrera, L.; Bhatia, M.; Wilen, E.; Wakefield, S. Gut Microbiota's Effect on Mental Health: The Gut-Brain Axis. *Clinics and Practice*, vol. 7, n. 4, p. 987, 2017. Disponível em: https://doi.org/10.4081/cp.2017.987. Acesso em: 17 ago. 2022.
12. Cooper, P. J. Interactions between Helminth Parasites and Allergy. *Current Opinion in Allergy and Clinical Immunology*, vol. 9, n. 1, pp. 29-37, 2009. Disponível em: https://doi.org/10.1097/ACI.0b013e32831f44a6. Acesso em: 17 ago. 2022.

3. Ansiedade útil

1. Moody, L.; em conversa com Glennon Doyle. Glennon Doyle on Overcoming Lyme Disease, Hope During Hard Times, and the Best Relationship Advice. *Healthier Together* (podcast), 2020. Disponível em: https://www.lizmoody.com/healthiertogetherpodcast-glennon-doyle. Acesso em: 25 ago. 2022.
2. Wilson, Sarah. *First, We Make the Beast Beautiful: A New Journey through Anxiety*. Nova York: Dey Street, 2018. p. 164.
3. Fitzgerald, F. Scott. *Crack-up*. Trad. Rosaura Eichenberg. Porto Alegre: L&PM, 2007.

5. Cansado e ligado

1. Anxiety and Depression Association of America. Sleep Disorders. 2021. Disponível em: https://adaa.org/understanding-anxiety/related-illnesses/sleep-disorders. Acesso em: 29 ago. 2022.
2. Rasch, B.; Born, J. About Sleep's Role in Memory. *Physiological Reviews*, vol. 93, n. 2, pp. 681-766, 2013. Disponível em: https://doi.org/10.1152/physrev.00032.2012.
3. Eugene, A. R.; Masiak, J. The Neuroprotective Aspects of Sleep. MEDtube Science, vol. 3, n. 1, pp. 35-40, 2015. Disponível em: https://pubmed.ncbi.nlm.nih.gov/26594659. Acesso em: 29 ago. 2022.
4. Dimitrov, S. et al. Gαs-Coupled Receptor Signaling and Sleep Regulate Integrin Activation of Human Antigen-Specific T Cells. *Journal of Experimental Medicine*, vol. 216, n. 3, pp. 517-526, 2019. Disponível em: https://doi.org/10.1084/jem.20181169. Acesso em: 29 ago. 2022.
5. Nunez, K.; Lamoreux, K. What Is the Purpose of Sleep? *Healthline*, 20 jul. 2020. Disponível em: www.healthline.com/health/why-do-we-sleep. Acesso em: 29 ago. 2022.
6. Scharf, M. T.; Naidoo, N.; Zimmerman, J. E.; Pack, A. I. The Energy Hypothesis of Sleep Revisited. *Progress in Neurobiology*, vol. 86, n. 3, pp. 264-280, 2008. Disponível em: https://doi.org/10.1016/j.pneurobio.2008.08.003. Acesso em: 29 ago. 2022.

7. Jessen, N. A.; Munk, A. S.; Lundgaard, I.; Nedergaard, M. The Glymphatic System: A Beginner's Guide. *Neurochemical Research*, vol. 40, n. 12, pp. 2583-2599, 2015. Disponível em: https://doi.org/10.1007/s11064-015-1581-6. Acesso em: 29 ago. 2022.
8. Xie, L. et al. Sleep Drives Metabolite Clearance from the Adult Brain. *Science*, vol. 342, n. 6.156, pp. 373-377, 2013. Disponível em: https://doi.org/10.1126/science.1241224. Acesso em: 29 ago. 2022.
9. Benveniste, H. et al. The Glymphatic System and Waste Clearance with Brain Aging: A Review. *Gerontology*, vol. 65, n. 2, pp.106-119, 2019. Disponível em: https://doi.org/10.1159/000490349. Acesso em: 29 ago. 2022.
10. Xie et al. Sleep Drives Metabolite Clearance from the Adult Brain.
11. Reddy, O. C.; van der Werf, Y. D. The Sleeping Brain: Harnessing the Power of the Glymphatic System through Lifestyle Choices. *Brain Sciences*, vol. 10, n. 11, p. 868, 2020. Disponível em: https://doi.org/10.3390/brainsci10110868. Acesso em: 29 ago. 2022.
12. Tähkämö, L.; Partonen, T.; & Pesonen, A.-K. Systematic Review of Light Exposure Impact on Human Circadian Rhythm. *Chronobiology International*, vol. 36, n. 2, pp. 151-170, 2019. Disponível em: https://doi.org/10.1080/07420528.2018.1527773. Acesso em: 29 ago. 2022.
13. Peplonska, B.; Bukowska, A.; Sobala, W. Association of Rotating Night Shift Work with bmi and Abdominal Obesity among Nurses and Midwives. *plosone*, vol. 10, n. 7, 2015. Disponível em: https://doi.org/10.1371/journal.pone.0133761. Acesso em: 29 ago. 2022.
14. Vetter, C. et al. Association between Rotating Night Shift Work and Risk of Coronary Heart Disease among Women. *jama*, vol. 315, n. 16, pp. 1726-1734, 2016. Disponível em: https://doi.org/10.1001/jama.2016.4454. Acesso em: 29 ago. 2022.
15. Wegrzyn, L. R. et al. Rotating Night-Shift Work and the Risk of Breast Cancer in the Nurses' Health Studies. *American Journal of Epidemiology*, vol. 186, n. 5, pp. 532-540, 2017. Disponível em: https://doi.org/10.1093/aje/kwx140. Acesso em: 29 ago. 2022.
16. Szkiela, M.; Kusideł, E.; Makowiec-Dąbrowska, T.; Kaleta, D. Night Shift Work: A Risk Factor for Breast Cancer. *International Journal of Environmental Research and Public Health*, vol. 17, n. 2, p. 659, 2020. Disponível em: https://doi.org/10.3390/ijerph17020659. Acesso em: 29 ago. 2022.
17. Taheri, S.; Lin, L.; Austin, D.; Young, T.; Mignot, E. Short Sleep Duration Is Associated with Reduced Leptin, Elevated Ghrelin, and Increased Body Mass Index. *plos Medicine*, vol. 1, n. 3, 2004. Disponível em: https://doi.org/10.1371/journal.pmed.0010062. Acesso em: 29 ago. 2022.
18. Yetish, G. et al. Natural Sleep and Its Seasonal Variations in Three Pre-industrial Societies. *Current Biology*, vol. 25, n. 21, pp.

2862-2868, 2015. Disponível em: https://doi.org/10.1016/j.cub.2015.09.046. Acesso em: 29 ago. 2022.

19. Whitwell, T. 52 Things I Learned in 2020. *Medium*, 1 dez. 2020. Disponível em: https://medium.com/fluxx-studio-notes/52-things-i-learned-in-2020-6a380692dbb8. Acesso em: 29 ago. 2022.

20. Institute of Medicine (US) Committee on Military Nutrition Research. *Pharmacology of Caffeine, in Caffeine for the Sustainment of Mental Task Performance: Formulations for Military Operations*. Washington, DC: National Academies Press, 2001. Disponível em: www.ncbi.nlm.nih.gov/books/NBK223808/. Acesso em: 29 ago. 2022.

21. Roenneberg, Till. *Internal Time: Chronotypes, Social Jet Lag, and Why You're So Tired*. Cambridge, MA: Harvard University Press, 2012.

22. He, Y.; Jones, C. R.; Fujiki, N.; Xu, Y.; Guo, B.; Holder Jr.; J. L.; Rossner, M. J.; Nishino, S.; & Fu, Y. H. The Transcriptional Repressor DEC2 Regulates Sleep Length in Mammals. *Science*, vol. 325, n. 5942, pp. 866-870, 2009. Disponível em: https://doi.org/10.1126/science.1174443. Acesso em: 29 ago. 2022.

23. Chaput, J. P.; Dutil; C.; Sampasa-Kanyinga, H. Sleeping Hours: What Is the Ideal Number and How Does Age Impact This? Nature *and Science of Sleep*, vol. 10, pp. 421-430, 2018. Disponível em: https://doi.org/10.2147/NSS.S163071. Acesso em: 29 ago. 2022.

24. Shi, G. et al. A Rare Mutationof β1-Adrenergic Receptor Affects Sleep/Wake Behaviors. *Neuron*, vol. 103, n. 6, pp. 1044-1055, 2019. Disponível em: https://doi.org/10.1016/j.neuron.2019.07.026. Acesso em: 29 ago. 2022.

25. Watson, N. F. et al. Recommended Amount of Sleep for a Healthy Adult: A Joint Consensus Statement of the American Academy of Sleep Medicine and Sleep Research Society. *Sleep*, vol. 38, n. 6, pp. 843-844, 2015. Disponível em: https://doi.org/10.5665/sleep.4716. Acesso em: 29 ago. 2022.

26. Scullin, M. K.; Krueger, M. L.; Ballard, H. K.; Pruett, N.; Bliwise, D. L. The Effects of Bedtime Writing on Difficulty Falling Asleep: A Polysomnographic Study Comparing To-Do Lists and Completed Activity Lists. *Journal of Experimental Psychology: General*, vol. 147, n. 1, pp. 139-146, 2018. Disponível em: https://doi.org/10.1037/xge0000374. Acesso em: 29 ago. 2022.

27. Boyle, N. B.; Lawton, C. L.; Dye, L. The Effects of Magnesium Supplementation on Subjective Anxiety and Stress — a Systematic Review. *Nutrients*, vol. 9, n. 5, p. 429, 2017. Disponível em: https://doi.org/10.3390/nu9050429. Acesso em: 29 ago. 2022.

28. Serefko, A.; Szopa, A.; Poleszak, E. Magnesium and Depression. *Magnesium Research*, vol. 29, n. 3, pp. 112-119, 2016. Disponível em: https://pubmed.ncbi.nlm.nih.gov/27910808. Acesso em: 29 ago. 2022.

29. Chiu, H. Y.; Yeh, T.-H.; Huang, Y.C.; Chen, P.Y. Effects of Intravenous and Oral Magnesium on Reducing Migraine: A Meta-Analysis of Randomized Controlled Trials. *Pain Physician*, vol. 19, n. 1, pp. e97-e112, 2016. Disponível em: https://pubmed.ncbi.nlm.nih.gov/26752497. Acesso em: 29 ago. 2022.
30. Parazzini, F.; Di Martino, M.; Pellegrino, P. Magnesium in the Gynecological Practice: A Literature Review. *Magnesium Research*, vol. 30, n. 1, pp. 1-7, 2017. Disponível em: https://doi.org/10.1684/mrh.2017.0419. Acesso em: 29 ago. 2022.
31. Eron, K.; Kohnert, L.; Watters, A.; Logan, C.; Weisner-Rose, M.; Mehler, P. S. Weighted Blanket Use: A Systematic Review. *AJOT: The American Journal of Occupational Therapy*, vol. 74, n. 2, 2020. Disponível em: https://ajot.aota.org/article.aspx?articleid=2763119. Acesso em: 29 ago. 2022.
32. Onen, S. H.; Onen, F.; Bailly, D.; Parquet, P. Prévention et traitement des dyssomnies par une hygiéne du sommeil. *La Presse* Médicale, vol. 23, n. 10, pp. 485-489, 1994. Disponível em: https://pubmed.ncbi.nlm.nih.gov/8022726. Acesso em: 29 ago. 2022.
33. Ebrahim, I.; Shapiro, C.; Williams, A.; Fenwick, P. Alcohol and Sleep I: Effects on Normal Sleep. *Alcoholism: Clinical and Experimental Research*, vol. 37, n. 4, pp. 539-549, 2013. Disponível em: https://doi.org/10.1111/acer.12006. Acesso em: 29 ago. 2022.
34. Amaral, F. G.; Cipolla-Neto, J. A Brief Review about Melatonin, a Pineal Hormone. *Archives of Endocrinology and Metabolism*, vol. 62, n. 4, pp. 472-479, 2018. Disponível em: https://doi.org/10.20945/2359-3997000000066. Acesso em: 29 ago. 2022.
35. Cipolla-Neto, J.; Amaral, F. Melatonin as a Hormone: New Physiological and Clinical Insights. *Endocrine Reviews*, vol. 39, n. 6, pp. 990-1028, 2018. Disponível em: https://doi.org/10.1210/er.2018-00084. Acesso em: 29 ago. 2022.

6. Tecnoansiedade

1. Haidt, J.; Twenge, J. Social Media Use and Mental Health: A Review. Manuscrito não publicado, Universidade de Nova York, 2019. Disponível em: https://docs.google.com/document/d/1w-HOfseF2wF9YIpXwUUtP65-olnkPyWcgF5BiAtBEy0/edit#. Acesso em: 2 set. 2022.
2. Yuen, E. K. et al. The Effects of Facebook on Mood in Emerging Adults. *Psychology of Popular Media Culture*, vol. 8, n. 3, pp. 198-206, 2018.
3. Shakya, H. B.; Christakis, N. A. Association of Facebook Use with Compromised Well-Being: A Longitudinal Study. *American Journal of Epidemiology*, vol. 185, n. 3, pp. 203-211, 2017. Disponível em: https://doi.org/10.1093/aje/kww189. Acesso em: 2 set. 2022.

4. DUCHARME, J. COVID-19 Is Making America's Loneliness Epidemic Even Worse. *Time*, 8 maio 2021. Disponível em: https://time.com/5833681/loneliness-covid-19/. Acesso em: 2 set. 2022.
5. LOADES, M. E. et al. Rapid Systematic Review: The Impactof Social Isolation and Loneliness on the Mental Health of Children and Adolescents in the Context of COVID-19. *Journal of the American Academy of Child and Adolescent Psychiatry*, vol. 59, n. 11, pp. 1218-1239, 2020. Disponível em: https://doi.org/10.1016/j.jaac.2020.05.009. Acesso em: 2 set. 2022.
6. TWENGE, J. M.; COOPER, A. B.; JOINER, T. E.; DUFFY, M. E.; BINAU, S. G. Age, Period, and Cohort Trends in Mood Disorder Indicators and Suicide-Related Outcomes in a Nationally Representative Dataset, 2005-2017. *Journal of Abnormal Psychology*, vol. 128, n. 3, pp. 185-199, 2019. Disponível em: https://doi.org/10.1037/abn0000410. Acesso em: 2 set. 2022.
7. TWENGE, J. M.; MARTIN, G. N.; SPITZBERG, B. H. (2019). Trends in U.S. Adolescents' Media Use, 1976–2016: The Rise of Digital Media, the Decline of TV, and the (Near) Demise of Print. Psychology of Popular Media Culture vol. 8, n. 4, pp. 329-345. Disponível em: http://dx.doi.org/10.1037/ppm0000203. Acesso em: 2 set. 2022.
8. RIEHM, K. E. et al. Associations between Time Spent Using Social Media and Internalizing and Externalizing Problems among US Youth. *JAMA Psychiatry*, vol. 76, n. 12, pp. 1266-1273, 2019. Disponível em: https://doi.org/10.1001/jamapsychiatry.2019.2325. Acesso em: 2 set. 2022.
9. LUKIANOFF, GREG; HAIDT, JONATHAN. *The Coddling of the American Mind: How Good Intentions and Bad Ideas Are Setting Up a Generation for Failure*. Nova York: Penguin, 2018. p. 161.
10. BARTHORPE, A.; WINSTONE, L.; MARS, B.; MORAN, P. Is Social Media Screen Time Really Associated with Poor Adolescent Mental Health? A Time Use Diary Study. *Journal of Affective Disorders*, vol. 274, p. 864-870, 2020. Disponível em: https://doi.org/10.1016/j.jad.2020.05.106. Acesso em: 2 set. 2022.
11. SAERI, A. K; CRUWYS, T.; BARLOW, F. K.; STRONGE, S.; SIBLEY, C. G. Social Connectedness Improves Public Mental Health: Investigating Bidirectional Relationships in the New Zealand Attitudes and Values Survey. *Australian & New Zealand Journal of Psychiatry*, vol. 52, n. 4, pp. 365-374, 2017. Disponível em: https://doi.org/10.1177/0004867417723990. Acesso em: 2 set. 2022.
12. Ibidem.
13. LIEBERMAN, M. D. *Social: Why Our Brains Are Wired to Connect*. Oxford: Oxford University Press, 2013. p. 9.
14. WHEELER, M. J. et al. Morning Exercise Mitigates the Impact of Prolonged Sitting on Cerebral Blood Flow in Older Adults. *Journal of Applied Physiology*, vol. 126, n. 4, pp. 1049-1055, 2019. Disponível

em: https://doi.org/10.1152/japplphysiol.00001.2019. Acesso em: 2 set. 2022.

15. Lee, D. Facebook Founding President Sounds Alarm. *BBC News*, 9 nov. 2017. Disponível em: https://www.bbc.com/news/technology-41936791. Acesso em: 2 set. 2022.
16. Börchers, S. Your Brain on Instagram, TikTok, & Co. — The Neuroscience of Social Media. *Biologista* (blog), 29 jun. 2021. Disponível em: https://biologista.org/2020/06/29/your-brain-on-instagram-tiktok-co-the-neuroscience-of-social-media/. Acesso em: 2 set. 2022.
17. Lee. Facebook Founding President Sounds Alarm.
18. Tolle, E. *O poder do agora*. Trad. Iva Sofia Gonçalves Lima. Rio de Janeiro: Sextante, 2004. p. 13.
19. Packnett Cunningham, B. N. (@MsPackyetti). back […] but barely! *Twitter*, 2 set. 2021. Disponível em: https://twitter.com/MsPackyetti/status/1433294762153496576. Acesso em: 2 set. 2022.

7. Comer para pensar

1. Nestle, M. Food Lobbies, the Food Pyramid, and U.S. Nutrition Policy. *International Journal of Health Services*, vol. 23, n. 3, pp. 483-496, 1993. Disponível em: https://doi.org/10.2190/32f2-2pfb-meg-7-8hpu. Acesso em: 8 set. 2022.
2. Brown, B. What Being Sober Has Meant to Me. *Brené Brown* (blog), 31 maio 2019. Disponível em: https://brenebrown.com/blog/2019/05/31/what-being-sober-has-meant-to-me. Acesso em: 8 set. 2022.
3. Fukudome, S.; Yoshikawa, M. Opioid Peptides Derived from Wheat Gluten: Their Isolation and Characterization. *FEBS Letters*, vol. 296, n. 1, pp. 107-111, 1992. Disponível em: https://doi.org/10.1016/0014-5793(92)80414-c. Acesso em: 8 set. 2022.
4. Malav, T.; Zhang, Y.; Lopez-Toledano, M.; Clarke, A.; Deth, R. Differential Neurogenic Effects of Casein-Derived Opioid Peptides on Neuronal Stem Cells: Implications for Redox-Based Epigenetic Changes. *Journal of Nutritional Biochemistry*, vol. 37, pp. 39-46, 2016. Disponível em: https://doi.org/10.1016/j.jnutbio.2015.10.012. Acesso em: 8 set. 2022.
5. Ekren, C. Jameela Jamil Opens Up about Eating Disorder She Suffered from for Years. *The Red Carpet*, 3 jan. 2021. Disponível em: https://theredcarpet.net/jameela-jamil-opens-up-about-the-eating-disorder-she-experienced-for-years. Acesso em: 8 set. 2022.
6. Blanco-Rojo, R. et al. Consumption of Ultra-Processed Foods and Mortality: A National Prospective Cohort in Spain. *Mayo Clinic Proceedings*, vol. 94, n. 11, pp. 2178-2188, 2019. Disponível em: https://doi.org/10.1016/j.mayocp.2019.03.035. Acesso em: 8 set. 2022.

7. Swaminathan, S.; Dehghan, M.; Raj, J. M.; Thomas, T.; Rangarajan, S.; Jenkins, D.; Mony, P. et al. Associations of Cereal Grains Intake with Cardiovascular Disease and Mortality across 21 Countries in Prospective Urban and Rural Epidemiology Study: Prospective Cohort Study. *BMJ*, vol. 372, p. 4.948, 2021. Disponível em: https://doi.org/10.1136/bmj.m4948. Acesso em: 8 set. 2022.
8. Elizabeth, L.; Machado, P.; Zinocker, M.; Baker, P.; Lawrence, M. Ultra-Processed Foods and Health Outcomes: A Narrative Review. *Nutrients*, vol. 12, n. 7, p. 1955, 2020. Disponível em: https://doi.org/10.3390/nu12071955. Acesso em: 8 set. 2022.
9. O'Connor, A. How the Sugar Industry Shifted Blame to Fat. *New York Times*, 12 set. 2016. Disponível em: www.nytimes.com/2016/09/13/well/eat/how-the-sugar-industry-shifted-blame-to-fat.html. Acesso em: 8 set. 2022.
10. Tesfaye, N.; Seaquist, E. R. Neuroendocrine Responses to Hypoglycemia. *Annals of the New York Academy of Sciences*, vol. 1212, n. 1, pp. 12-28, 2010. Disponível em: https: //doi.org/10.1111/j.1749-6632.2010.05820.x. Acesso em: 8 set. 2022.
11. Gonder-Frederick, L. A.; Cox, D. J.; Bobbitt, S. A.; Pennebaker, J. W. Mood Changes Associated with Blood Glucose Fluctuations in Insulin-Dependent Diabetes Mellitus. *Health Psychology*, vol. 8, n. 1, pp. 45-59, 1989. Disponível em: https://doi.org/10.1037//0278-6133.8.1.45. Acesso em: 8 set. 2022.
12. Urban, M. Taming Your Sugar Dragon, Part 1. *Whole30* (blog), 24 jul. 2019. Disponível em: https://whole30.com/sugar-dragon-1. Acesso em: 8 set. 2022. Revisado por comunicação pessoal em 30 mar. 2021.
13. Alexander, Scott. Things That Sometimes Work if You Have Anxiety. *Slate Star Codex* (blog), 13 jul. 2015. Disponível em: https://slatestarcodex.com/2015/07/13/things-that-sometimes-work-if-you-have-anxiety. Acesso em: 8 set. 2022.
14. Ascherio, A. et al. Prospective Study of Caffeine Consumption and Risk of Parkinson's Disease in Men and Women. *Annals of Neurology*, vol. 50, n. 1, pp. 56-63, 2001. Disponível em: https://doi.org/10.1002/ana.1052. Acesso em: 8 set. 2022.
15. Moore, C. Coffee Drinking Lowers Risk of Parkinson's, Type 2 Diabetes, Five Cancers, and More — Harvard Researchers. *Parkinson's News Today*, 2 out. 2015. Disponível em: https://parkinsonsnewstoday.com/2015/10/02/coffee-drinking-lowers-risk-parkinsons-type-2-diabetes-five-cancers-harvard-researchers. Acesso em: 8 set. 2022.
16. Lovallo, W. R.; Whitsett, T. L.; al'Absi, M.; Sung, B. H.; Vincent, A. S.; Wilson, M. F. Caffeine Stimulation of Cortisol Secretion across the Waking Hours in Relation to Caffeine Intake Levels. *Psychosomatic Medicine*, vol. 67, n. 5, pp. 734-739, 2005. Disponível

em: https://doi.org/10.1097/01.psy.0000181270.20036.06. Acesso em: 8 set. 2022.

17. Lane, J. D.; Williams Jr.; R. B. Cardiovascular Effects of Caffeine and Stress in Regular Coffee Drinkers. *Psychophysiology*, vol. 24, n. 2, pp. 157-164, 1987. Disponível em: https://doi.org/10.1111/j.1469-8986.1987.tb00271.x. Acesso em: 8 set. 2022.
18. Winston, A.; Hardwick, E.; Jaberi, N. Neuropsychiatric Effects of Caffeine. *Advances in Psychiatric Treatment*, vol. 11, n. 6, pp. 432-439, 2005. Disponível em: https://doi.org/10.1192/apt.11.6.432. Acesso em: 8 set. 2022.
19. Brewer, Judson A. *Desconstruindo a ansiedade: um guia para superar os maus hábitos que geram agitação, preocupação e medo*. Trad. Beatriz Medina. Rio de Janeiro: Sextante, 2021. *E-book*.
20. Lewis, J. G. Alcohol, Sleep, and Why You Might Re-think That Nightcap. *Scitable* (blog), *Nature Education*, 28 out. 2013. Disponível em: https://www.nature.com/scitable/blog/mind-read/alcohol_sleep_and_why_you. Acesso em: 8 set. 2022.
21. Griswold, M. G. et al. Alcohol Use and Burden for 195 Countries and Territories, 1990-2016: A Systematic Analysis for the Global Burden of Disease Study 2016. *Lancet*, vol. 392, n. 10152, pp. 1015-1035, 2018. Disponível em: https://doi.org/10.1016/s0140-6736(18)31310-2. Acesso em: 8 set. 2022.
22. Georgetown Behavioral Hospital. Gaba and Alcohol: How Drinking Leads to Anxiety. *Behavioral Health News* (blog), 6 maio 2021. Disponível em: www.gbhoh.com/gaba-and-alcohol-how-drinking-leads-to-anxiety/. Acesso em: 8 set. 2022.
23. Camden and Islington nhs Foundation Trust. The Unhealthy Mix between Alcohol and Mental Health. Disponível em: www.candi.nhs.uk/news/unhealthy-mix-between-alcohol-and-mental-health. Acesso em: 8 set. 2022.
24. Aucoin, M.; Bhardwaj, S. Generalized Anxiety Disorder and Hypoglycemia Symptoms Improved with Diet Modification. *Case Reports in Psychiatry*, 2016. Disponível em: https://doi.org/10.1155/2016/7165425. Acesso em: 8 set. 2022.
25. Straub, R. H.; Cutolo, M. Psychoneuroimmunology — Developments in Stress Research. *Wiener Medizinische Wochenschrift*, vol. 168, pp. 76-84, 2018. Disponível em: https://doi.org/10.1007/s10354017-0574-2. Acesso em: 8 set. 2022.
26. Environmental Working Group. Clean Fifteen™: ewg's 2021 Shopper's Guide to Pesticides in Produce. 2021. Disponível em: www.ewg.org/foodnews/clean-fifteen.php. Acesso em: 8 set. 2022.
27. University of Rochester Medical Center. Nutrition Facts: Chicken Liver. *Health Encyclopedia*, 2021. Disponível em: https://www.

urmc.rochester.edu/encyclopedia/content.aspx?contenttypeid=76&-contentid=05028-1. Acesso em: 8 set. 2022.
28. Hunt, J. R. Bioavailability of Iron, Zinc, and Other Trace Minerals from Vegetarian Diets. *American Journal of Clinical Nutrition*, vol. 78, n. 3, pp. 633S-639S, 2003. Disponível em: https://doi.org/10.1093/ajcn/78.3.633s. Acesso em: 8 set. 2022.
29. Johnston, B. C. et al. Unprocessed Red Meat and Processed Meat Consumption: Dietary Guideline Recommendations from the Nutritional Recommendations (NutriRECS) Consortium. *Annals of Internal Medicine*, vol. 171, n. 10, pp. 756-764, 2019. Disponível em: https://doi.org/10.7326/m19-1621. Acesso em: 8 set. 2022.
30. Masters, R. C.; Liese, A. D.; Haffner, S. M.; Wagenknecht, L. E.; Hanley, A. J. Whole and Refined Grain Intakes Are Related to Inflammatory Protein Concentrations in Human Plasma. *Journal of Nutrition*, vol. 140, n. 3, pp. 587-594, 2010. Disponível em: https://doi.org/10.3945/jn.109.116640. Acesso em: 8 set. 2022.
31. Giugliano, D.; Ceriello, A.; Esposito, K. The Effects of Diet on Inflammation: Emphasis on the Metabolic Syndrome. *Journal of the American College of Cardiology*, vol. 48, n. 4, pp. 677-685, 2006. Disponível em: https://doi.org/10.1016/j.jacc.2006.03.052. Acesso em: 8 set. 2022.
32. Gross, L. S.; Li, L.; Ford, E. S.; Liu, S. Increased Consumption of Refined Carbohydrates and the Epidemic of Type 2 Diabetes in the United States: An Ecologic Assessment. *American Journal of Clinical Nutrition*, vol. 79, n. 5, pp. 774-779, 2004. Disponível em: https://doi.org/10.1093/ajcn/79.5.774. Acesso em: 8 set. 2022.
33. Saris, W. H. M.; Foster, G. D. Simple Carbohydrates and Obesity: Fact, Fiction and Future. *International Journal of Obesity*, vol. 30, n. S3, pp. S1-S3, 2006. Disponível em: https://doi.org/10.1038/sj.ijo.0803522. Acesso em: 8 set. 2022.
34. Gentreau, M. et al. Refined Carbohydrate-Rich Diet Is Associated with Long-Term Risk of Dementia and Alzheimer's Disease in Apolipoprotein Eε4 Allele Carriers. *Alzheimer's & Dementia*, vol. 16, n. 7, pp. 1043-1053, 2020. Disponível em: https://doi.org/10.1002/alz.12114. Acesso em: 8 set. 2022.
35. Temple, N. Fat, Sugar, Whole Grains and Heart Disease: 50 Years of Confusion. *Nutrients*, vol. 10, n. 1, p. 39, 2018. Disponível em: https://doi.org/10.3390/nu10010039. Acesso em: 8 set. 2022.
36. Swaminathan et al. Associations of Cereal Grains Intake.
37. Marlett, J. A.; McBurney, M. I.; Slavin, J. L. Position of the American Dietetic Association: Health Implications of Dietary Fiber. *Journal of the American Dietetic Association*, vol. 102, n. 7, pp. 993-1000, 2002. Disponível em: https://pubmed.ncbi.nlm.nih.gov/12146567/. Acesso em: 8 set. 2022.

38. Swaminathan et al. Associations of Cereal Grains Intake.
39. Sadeghi, O.; Hassanzadeh-Keshteli, A.; Afshar, H.; Esmaillzadeh, A.; Adibi, P. The Association of Whole and Refined Grains Consumption with Psychological Disorders among Iranian Adults. *European Journal of Nutrition*, vol. 58, n. 1, pp. 211-225, 2017. Disponível em: https://doi.org/10.1007/s00394-017-1585-x. Acesso em: 8 set. 2022.
40. Clarke, G. et al. Marked Elevations in Pro-Inflammatory Polyunsaturated Fatty Acid Metabolites in Females with Irritable Bowel Syndrome. *Journal of Lipid Research*, vol. 51, n. 5, pp. 1186-1192, 2010. Disponível em: https://doi.org/10.1194/jlr.p000695. Acesso em: 8 set. 2022.
41. Patterson, E.; Wall, R.; Fitzgerald, G. F.; Ross, R. P.; Stanton, C. Health Implications of High Dietary Omega-6 Polyunsaturated Fatty Acids. *Journal of Nutrition and Metabolism*, pp. 1-16, 2012. Disponível em: https://doi.org/10.1155/2012/539426. Acesso em: 8 set. 2022.
42. Ginter, E.; Simko, V. New Data on Harmful Effects of Trans-Fatty Acids. *Bratislavske Lekarske Listy*, vol. 117, n. 5, pp. 251-253, 2016. Disponível em: https://doi.org/10.4149/bll_2016_048. Acesso em: 8 set. 2022.
43. Mozaffarian, D.; Aro, A.; Willett, W. C. Health Effects of Trans--Fatty Acids: Experimental and Observational Evidence. *Supplement 2, European Journal of Clinical Nutrition*, vol. 63, n. S5-S21, 2009. Disponível em: https://doi.org/10.1038/sj.ejcn.1602973. Acesso em: 8 set. 2022.
44. Mozaffarian, D.; Katan, M. B.; Ascherio, A.; Stampfer, M. J.; Willett, W. C. Trans Fatty Acids and Cardiovascular Disease. *New England Journal of Medicine*, vol. 354, n. 15, pp. 1601-1613, 2006. Disponível em: https://doi.org/10.1056/NEJMra054035. Acesso em: 8 set. 2022.
45. Perumalla Venkata, R.; Subramanyam, R. Evaluation of the Deleterious Health Effects of Consumption of Repeatedly Heated Vegetable Oil. *Toxicology Reports*, vol. 3, pp. 636-643, 2016. Disponível em: https://doi.org/10.1016/j.toxrep.2016.08.003. Acesso em: 8 set. 2022.
46. Le, T. T.; Huff, T. B.; Cheng, J. X. Coherent Anti-Stokes Raman Scattering Imaging of Lipids in Cancer Metastasis. BMC *Cancer*, vol. 9, no 42, 2009. Disponível em: https://doi.org/10.1186/1471-2407-9-42. Acesso em: 8 set. 2022.
47. Strandwitz, P. et al. Gaba-Modulating Bacteria of the Human Gut Microbiota. *Nature Microbiology*, vol. 4, n. 3, pp. 396-403, 2019. Disponível em: https://doi.org/10.1038/s41564-018-0307-3. Acesso em: 8 set. 2022.
48. Stasi, C.; Sadalla, S.; Milani, S. The Relationship between the Serotonin Metabolism, Gut-Microbiota and the Gut-Brain Axis.

Current Drug Metabolism, vol. 20, n. 8, pp. 646-655, 2019. Disponível em: https://doi.org/10.2174/1389200220666190725115503. Acesso em: 8 set. 2022.

49. Yano, J. M. et al. Indigenous Bacteria from the Gut Microbiota Regulate Host Serotonin Biosynthesis. *Cell*, vol. 161, n. 2, pp. 264-276, 2015. Disponível em: https://doi.org/10.1016/j.cell.2015.02.047. Acesso em: 8 set. 2022.
50. Kresser, C. The Bountiful Benefits of Bone Broth: A Comprehensive Guide. *ChrisKresser* (blog), 16 ago. 2019. Disponível em: https://chriskresser.com/the-bountiful-benefits-of-bone-broth-a-comprehensive-guide/#Bone_Broth_in_Traditional_Cultures. Acesso em: 8 set. 2022.
51. Todorov, A. et al. Correlation between Depression and Anxiety and the Level of Vitamin B12 in Patients with Depression and Anxiety and Healthy Controls. *Journal of Biomedical and Clinical Research*, vol. 10, n. 2, pp. 140-145, 2018. Disponível em: https://doi.org/10.1515/jbcr-2017-0023. Acesso em: 8 set. 2022.
52. Pandey, A.; Dabhade, P.; Kumarasamy, A. Inflammatory Effects of Subacute Exposure of Roundup in Rat Liver and Adipose Tissue. *Dose-Response*, vol. 17, n. 2, 2019. Disponível em: https://doi.org/10.1177/1559325819843380. Acesso em: 8 set. 2022.
53. Vasiluk, L.; Pinto, L. J.; Moore, M. M. Oral Bioavailability of Glyphosate: Studies Using Two Intestinal Cell Lines. *Environmental Toxicology and Chemistry*, vol. 24, n. 1, p. 153, 2005. Disponível em: https://doi.org/10.1897/04-088r.1. Acesso em: 8 set. 2022.
54. International Agency for Research on Cancer. iarc Monograph on Glyphosate. 2015. Disponível em: www.iarc.who.int/featured-news/media-centre-iarc-news-glyphosate/. Acesso em: 8 set. 2022.
55. Palmnäs, M. S. A.; Cowan, T. E.; Bomhof, M. R.; Su, J.; Reimer, R. A.; Vogel, H. J.; Hittel, D. S.; Shearer, J. Low-Dose Aspartame Consumption Differentially Affects Gut Microbiota-Host Metabolic Interactions in the Diet-Induced Obese Rat. *plos one*, vol. 9, n. 10, 2014. Disponível em: https://doi.org/10.1371/journal.pone.0109841. Acesso em: 8 set. 2022.
56. Gul, S. S. et al. Inhibition of the Gut Enzyme Intestinal Alkaline Phosphatase May Explain How Aspartame Promotes Glucose Intolerance and Obesity in Mice. *Applied Physiology, Nutrition, and Metabolism*, vol. 42, n. 1, pp. 77-83, 2017. Disponível em: https://doi.org/10.1139/apnm-2016-0346. Acesso em: 8 set. 2022.
57. Claesson, A. L.; Holm, G.; Ernersson, A.; Lindström, T.; Nystrom, F. H. Two Weeks of Overfeeding with Candy, but Not Peanuts, Increases Insulin Levels and Body Weight. *Scandinavian Journal of Clinical and Laboratory Investigation*, vol. 69, n. 5, pp. 598-605,

2009. Disponível em: https://doi.org/10.1080/00365510902912754. Acesso em: 8 set. 2022.

8. O corpo pegando fogo

1. Amodeo, G.; Trusso, M. A.; Fagiolini, A. Depression and Inflammation: Disentangling a Clear Yet Complex and Multifaceted Link. *Neuropsychiatry*, vol. 7, n. 4, 2018. Disponível em: https://doi.org/10.4172/neuropsychiatry.1000236. Acesso em: 11 set. 2022.
2. Felger, J. C. Imaging the Role of Inflammation in Mood and Anxiety-Related Disorders. *Current Neuropharmacology*, vol. 16, n. 5, pp. 533-558, 2018. Disponível em: https://doi.org/10.2174/1570159X15666171123201142. Acesso em: 11 set. 2022
3. Schiepers, O. J.; Wichers, M. C.; Maes, M. Cytokines and Major Depression. *Progress in Neuro-Psychopharmacology & Biological Psychiatry*, vol. 29, n. 2, pp. 201-217, 2005. Disponível em: https://doi.org/10.1016/j.pnpbp.2004.11.003. Acesso em: 11 set. 2022.
4. Felger, Imaging the Role of Inflammation.
5. Attwells, S. et al. Inflammation in the Neurocircuitry of Obsessive-Compulsive Disorder. *JAMA Psychiatry*, vol. 74, n. 8, pp. 833-840, 2017. Disponível em: https://doi.org/10.1001/jamapsychiatry.2017.1567. Acesso em: 11 set. 2022.
6. Gerentes, M.; Pelissolo, A.; Rajagopal, K.; Tamouza, R.; Hamdani, N. Obsessive-Compulsive Disorder: Autoimmunity and Neuroinflammation. *Current Psychiatry Reports*, vol. 21, n. 8, pp. 78, 2019. Disponível em: https://doi.org/10.1007/s11920-019-1062-8. Acesso em: 11 set. 2022.
7. Johns Hopkins Medicine: Pathology. Prevalence of Autoimmune Diseases — Autoimmune Disease. 2021. Disponível em: https://pathology.jhu.edu/autoimmune/prevalence. Acesso em: 11 set. 2022.
8. National Institutes of Health. Autoimmunity May Be Rising in the United States. 8 abr. 2021. Disponível em: www.nih.gov/news-events/news-releases/autoimmunity-may-be-rising-united-states. Acesso em: 11 set. 2022.
9. National Institutes of Health, Autoimmunity May Be Rising.
10. Fasano, A. Zonulin and Its Regulation of Intestinal Barrier Function: The Biological Door to Inflammation, Autoimmunity, and Cancer. *Physiological Reviews*, vol. 91, n. 1, pp. 151-175, 2011. Disponível em: https://doi.org/10.1152/physrev.00003.2008. Acesso em: 11 set. 2022.
11. Rowley, B.; Monestier, M. Mechanisms of Heavy Metal-Induced Autoimmunity. *Molecular Immunology*, vol. 42, n. 7, pp. 833-838, 2005. Disponível em: https://doi.org/10.1016/j.molimm.2004.07.050. Acesso em: 11 set. 2022.
12. Harding, C. et al. Mold Inhalation Causes Innate Immune Activation, Neural, Cognitive and Emotional Dysfunction. *Brain, Behavior*

and Immunity, vol. 87, pp. 218-228, 2020. Disponível em: https://doi.org/10.1016/j.bbi.2019.11.006. Acesso em: 11 set. 2022.

13. Benros, M. E. et al. Autoimmune Diseases and Severe Infections as Risk Factors for Mood Disorders: A Nationwide Study. *JAMA* Psychiatry, vol. 70, n. 8, pp. 812-820, 2013. Disponível em: https://doi.org/10.1001/jamapsychiatry.2013.1111. Acesso em: 11 set. 2022.
14. Dube, S. R.; Fairweather, D.; Pearson, W. S.; Felitti, V. J.; Anda, R. F.; Croft, J. B. Cumulative Childhood Stress and Autoimmune Diseases in Adults. *Psychosomatic Medicine*, vol. 71, n. 2, pp. 243-250, 2009. Disponível em: https://doi.org/10.1097/PSY.0b013e3181907888. Acesso em: 11 set. 2022.
15. Vighi, G.; Marcucci, F.; Sensi, L.; Di Cara, G.; Frati, F. Allergy and the Gastrointestinal System. *Clinical & Experimental Immunology*, vol. 153, pp. 3-6, 2008. Disponível em: https://doi.org/10.1111/j.1365-2249.2008.03713.x. Acesso em: 11 set. 2022.
16. Bonaz, B.; Bazin, T.; Pellissier, S. The Vagus Nerve at the Interface of the Microbiota-Gut-Brain Axis. *Frontiers in Neuroscience*, vol. 12, 2018. Disponível em: https://doi.org/10.3389/fnins.2018.00049. Acesso em: 11 set. 2022.
17. Petra, A. I.; Panagiotidou, S.; Hatziagelaki, E.; Stewart, J. M.; Conti, P.; Theoharides, T. C. Gut-Microbiota-Brain Axis and Its Effect on Neuropsychiatric Disorders with Suspected Immune Dysregulation. *Clinical Therapeutics*, vol. 37, n. 5, pp. 984-995, 2015. Disponível em: https://doi.org/10.1016/j.clinthera.2015.04.002. Acesso em: 11 set. 2022.
18. Marin, I. et al. Microbiota Alteration Is Associated with the Development of Stress-Induced Despair Behavior. *Scientific Reports*, vol. 7, n. 1, p. 43859, 2017. Disponível em: https://doi.org/10.1038/srep43859. Acesso em: 11 set. 2022.
19. Lurie, I.; Yang, Y.X.; Haynes, K.; Mamtani, R.; Boursi, B. Antibiotic Exposure and the Risk for Depression, Anxiety, or Psychosis: A Nested Case-Control Study. *Journal of Clinical Psychiatry*, vol. 76, n. 11, pp. 1522-1528, 2015. Disponível em: https://doi.org/10.4088/JCP.15m09961. Acesso em: 11 set. 2022.
20. Marotta, A. et al. Effects of Probiotics on Cognitive Reactivity, Mood, and Sleep Quality. *Frontiers in Psychiatry*, vol. 10, p. 164, 2019. Disponível em: https://doi.org/10.3389/fpsyt.2019.00164. Acesso em: 11 set. 2022.
21. Kato-Kataoka, A. et al. Fermented Milk Containing Lactobacillus casei Strain Shirota Prevents the Onset of Physical Symptoms in Medical Students under Academic Examination Stress. *Beneficial Microbes*, vol. 7, n. 2, pp. 153-156, 2016. Disponível em: https://doi.org/10.3920/BM2015.0100. Acesso em: 11 set. 2022.

22. Guo, Y. et al. Prophylactic Effects of *Bifidobacterium adolescentis* on Anxiety and Depression-Like Phenotypes after Chronic Stress: A Role of the Gut Microbiota-Inflammation Axis. *Frontiers in Behavioral Neuroscience*, vol. 13, n. 126, 2019. Disponível em: https://doi.org/10.3389/fnbeh.2019.00126. Acesso em: 11 set. 2022.
23. Noonan, S.; Zaveri, M.; Macaninch, E.; Martyn, K. Food & Mood: A Review of Supplementary Prebiotic and Probiotic Interventions in the Treatment of Anxiety and Depression in Adults. *BMJ Nutrition, Prevention & Health*, vol. 3, n. 2, pp. 351-362, 2020. Disponível em: https://doi.org/10.1136/bmjnph-2019-000053. Acesso em: 11 set. 2022.
24. Strandwitz, P. et al. Gaba-Modulating Bacteria of the Human Gut Microbiota. *Nature Microbiology*, vol. 4, n. 3, pp. 396-403, 2018. Disponível em: https://doi.org/10.1038/s41564-018-0307-3. Acesso em: 11 set. 2022.
25. Guo et al. Prophylactic Effects of *Bifidobacterium adolescentis* on Anxiety.
26. Daulatzai, M. Non-Celiac Gluten Sensitivity Triggers Gut Dysbiosis, Neuroinflammation, Gut-Brain Axis Dysfunction, and Vulnerability for Dementia. *CNS& Neurological Disorders — Drug Targets*, vol. 14, n. 1, pp. 110-131, 2015. Disponível em: www.ingentaconnect.com/content/ben/cnsnddt/2015/00000014/00000001/art00018#Refs. Acesso em: 11 set. 2022.
27. Kaliannan, K.; Wang, B.; Li, X.-Y.; Kim, K.-J.; Kang, J. X. A Host--Microbiome Interaction Mediates the Opposing Effects of Omega-6 and Omega-3 Fatty Acids on Metabolic Endotoxemia. *Scientific Reports*, vol. 5, 2015. Disponível em: https://doi.org/10.1038/srep11276. Acesso em: 11 set. 2022.
28. Scaioli, E.; Liverani, E.; Belluzzi, A. The Imbalance between N-6/N-3 Polyunsaturated Fatty Acids and Inflammatory Bowel Disease: A Comprehensive Review and Future Therapeutic Perspectives. *International Journal of Molecular Sciences*, vol. 18, n. 12, p. 2619, 2017. Disponível em: https://doi.org/10.3390/ijms18122619. Acesso em: 11 set. 2022.
29. Clarke, G. et al. Marked Elevations in Pro-Inflammatory Polyunsaturated Fatty Acid Metabolites in Females with Irritable Bowel Syndrome. *Journal of Lipid Research*, vol. 51, n. 5, pp. 1186-1192, 2010. Disponível em: https://doi.org/10.1194/jlr.P000695. Acesso em: 11 set. 2022.
30. Shil, A.; Chichger, H. Artificial Sweeteners Negatively Regulate Pathogenic Characteristics of Two Model Gut Bacteria, E. coli and E. faecalis. *International Journal of Molecular Sciences*, vol. 22, n. 10, p. 5228, 2021. Disponível em: https://doi.org/10.3390/ijms22105228. Acesso em: 11 set. 2022.

31. Wu, W.; Zhou, J.; Chen, J.; Han, H.; Liu, J.; Niu, T.; Weng, F. Dietary κ-Carrageenan Facilitates Gut Microbiota-Mediated Intestinal Inflammation. Pré-impressão, submetido em 18 ago. 2020. Disponível em: https://doi.org/10.21203/rs.3.rs-56671/v1. Acesso em: 11 set. 2022.
32. Aitbali, Y.; Ba-M'hamed, S.; Elhidar, N.; Nafis, A.; Soraa, N.; Bennis, M. Glyphosate-Based Herbicide Exposure Affects Gut Microbiota, Anxiety and Depression-Like Behaviors in Mice. *Neurotoxicology and Teratology*, vol. 67, pp. 44-49, 2018. Disponível em: https://doi.org/10.1016/j.ntt.2018.04.002. Acesso em: 11 set. 2022.
33. Imhann, F. et al. Proton Pump Inhibitors Affect the Gut Microbiome. *Gut*, vol. 65, n. 5, pp. 740-748, 2016. Disponível em: https://doi.org/10.1136/gutjnl-2015-310376. Acesso em: 11 set. 2022.
34. Rogers, M. A. M.; Aronoff, D. M. The Influence of Non-Steroidal Anti-Inflammatory Drugs on the Gut Microbiome. *Clinical Microbiology and Infection*, vol. 22, n. 2, pp. 178.e1-178.e9, 2015. Disponível em: https://doi.org/10.1016/j.cmi.2015.10.003. Acesso em: 11 set. 2022.
35. Camilleri, M.; Lembo, A.; Katzka, D. A. Opioids in Gastroenterology: Treating Adverse Effects and Creating Therapeutic Benefits. *Clinical Gastroenterology and Hepatology*, vol. 15, n. 9, pp. 1338-1349, 2017. Disponível em: https://doi.org/10.1016/j.cgh.2017.05.014. Acesso em: 11 set. 2022.
36. Khalili, H. Risk of Inflammatory Bowel Disease with Oral Contraceptives and Menopausal Hormone Therapy: Current Evidence and Future Directions. *Drug Safety*, vol. 39, n. 3, pp. 193-197, 2015. Disponível em: https://doi.org/10.1007/s40264-015-0372-y. Acesso em: 11 set. 2022.
37. Levy, J. The Effects of Antibiotic Use on Gastrointestinal Function. *American Journal of Gastroenterology*, vol. 95, 1 Supl.; pp. S8-S10, 2000. Disponível em: https://doi.org/10.1016/s0002-9270(99)00808-4. Acesso em: 11 set. 2022.
38. Olivera, A. et al. Inhibition of the NF-κB Signaling Pathway by the Curcumin Analog, 3,5-Bis(2-Pyridinylmethylidene)-4-piperidone (EF31): Anti-Inflammatory and Anti-Cancer Properties. *International Immunopharmacology*, vol. 12, n. 2, pp. 368-377, 2012. Disponível em: https://doi.org/10.1016/j.intimp.2011.12.009. Acesso em: 11 set. 2022.
39. Chainani-Wu, Nita. (2003). Safety and Anti-Inflammatory Activity of Curcumin: A Component of Tumeric (Curcuma longa). *Journal of Alternative and Complementary Medicine*, vol. 9, n. 1, pp. 161-168, 2012. Disponível em: https://doi.org/10.1089/107555303321223035. Acesso em: 11 set. 2022.
40. Grzanna, R.; Lindmark, L.; Frondoza, C. G. Ginger — An Herbal Medicinal Product with Broad Anti-Inflammatory Actions. *Journal*

of Medicinal Food, vol. 8, n; 2, pp. 125-132, 2005. Disponível em: https://doi.org/10.1089/jmf.2005.8.125. Acesso em: 11 set. 2022.

41. Arreola, R. et al. Immunomodulation and Anti-Inflammatory Effects of Garlic Compounds. *Journal of Immunology Research*, vol. 2015, pp. 1-13, 2015. Disponível em: https://doi.org/10.1155/2015/401630. Acesso em: 11 set. 2022.
42. Dorsch, W.; Schneider, E.; Bayer, T.; Breu, W.; Wagner, H. Anti-Inflammatory Effects of Onions: Inhibition of Chemotaxis of Human Polymorphonuclear Leukocytes by Thiosulfinates and Cepaenes. *International Archives of Allergy and Applied Immunology*, vol. 92, n. 1, pp. 39-42, 1990. Disponível em: https://doi.org/10.1159/000235221. Acesso em: 11 set. 2022.
43. Calder, P. C. Omega-3 Fatty Acids and Inflammatory Processes. *Nutrients*, vol. 2, n. 3, pp. 355-374, 2010. Disponível em: https://doi.org/10.3390/nu2030355. Acesso em: 11 set. 2022.
44. Zhu, F.; Du, B.; Xu, B. Anti-Inflammatory Effects of Phytochemicals from Fruits, Vegetables, and Food Legumes: A Review. *Critical Reviews in Food Science and Nutrition*, vol. 58, n. 8, pp. 1260-1270, 2017. Disponível em: https://doi.org/10.1080/10408398.2016.1251390. Acesso em: 11 set. 2022.
45. Centers for Disease Control and Prevention. Births — Method of Delivery. *FastStats*, cdc, 2021. Disponível em: www.cdc.gov/nchs/fastats/delivery.htm. Acesso em: 11 set. 2022.
46. Shin, H. et al. The First Microbial Environment of Infants Born by c-Section: The Operating Room Microbes. *Microbiome*, vol. 3, 2015. Disponível em: https://doi.org/10.1186/s40168-015-0126-1. Acesso em: 11 set. 2022.
47. Ledger, W. J.; Blaser, M. J. Are We Using Too Many Antibiotics during Pregnancy? *bjog: An International Journal of Obstetrics and Gynaecology*, vol. 120, n. 12, pp. 1450-1452, 2013. Disponível em: https://doi.org/10.1111/1471-0528.12371. Acesso em: 11 set. 2022.
48. Blaser, M. J. Missing Microbes: How the Overuse of Antibiotics Is Fueling Our Modern Plagues. Nova York: Henry Holt, 2014. p. 219.
49. Prescott, J. [Review of] Missing Microbes: How the Overuse of Antibiotics Is Fueling Our Modern Plagues. *Canadian Veterinary Journal*, vol. 56, n. 12, p. 1260, 2015.
50. Anand, D.; Colpo, G. D.; Zeni, G.; Zeni, C. P.; Teixeira, A. L. Attention-Deficit/Hyperactivity Disorder and Inflammation: What Does Current Knowledge Tell Us? A Systematic Review. *Frontiers in Psychiatry*, vol. 8, p. 228, 2017. Disponível em: https://doi.org/10.3389/fpsyt.2017.00228. Acesso em: 11 set. 2022.
51. Yudkin, J. S.; Kumari, M.; Humphries, S. E.; Mohamed-Ali, V. Inflammation, Obesity, Stress and Coronary Heart Disease: Is Interleukin-6 the Link? *Atherosclerosis*, vol. 148, n. 2, pp. 209-214,

2000. Disponível em: https://doi.org/10.1016/s0021-9150(99)00463-3. Acesso em: 11 set. 2022.

52. Grivennikov, S. I.; Greten, F. R.; Karin, M. Immunity, Inflammation, and Cancer. *Cell 140*, vol. 6, pp. 883-899, 2010. Disponível em: https://doi.org/10.1016/j.cell.2010.01.025. Acesso em: 11 set. 2022.
53. Leonard, B. E. Inflammation, Depression and Dementia: Are They Connected? *Neurochemical Research*, vol. 32, n. 10, pp. 1749-1756, 2007. Disponível em: https://doi.org/10.1007/s11064-007-9385-y. Acesso em: 11 set. 2022.
54. Berk, M. et al. So Depression Is an Inflammatory Disease, but Where Does the Inflammation Come From? *BMC Medicine*, vol. 11, n. 1, p. 200. Disponível em: https://doi.org/10.1186/1741-7015-11-200. Acesso em: 11 set. 2022.
55. Felger. Imaging the Role of Inflammation in Mood and Anxiety--Related Disorders.
56. Jolliffe, D. A. et al. Vitamin D Supplementation to Prevent Acute Respiratory Infections: A Systematic Review and Meta-Analysis of Aggregate Data from Randomised Controlled Trials. *The Lancet Diabetes & Endocrinology*, vol. 9, n. 5, pp. 276-292, 2021. Disponível em: https://doi.org/10.1016/S2213-8587(21)00051-6. Acesso em: 11 set. 2022.
57. Picotto, G.; Liaudat, A. C.; Bohl, L.; Tolosa de Talamoni, N. Molecular Aspects of Vitamin D Anticancer Activity. *Cancer Investigation*, vol. 30, n. 8, pp. 604-614, 2012. Disponível em: https://doi.org/10.3109/07357907.2012.721039. Acesso em: 11 set. 2022.
58. Martineau, A. R. et al. Vitamin D Supplementation to Prevent Acute Respiratory Tract Infections: Systematic Review and Meta-Analysis of Individual Participant Data. *BMJ*, vol. 2017, n. 356, p. i6583, 2017. Disponível em: https://doi.org/10.1136/bmj.i6583. Acesso em: 11 set. 2022.
59. Akbar, N. A.; Zacharek, M. A. Vitamin D: Immunomodulation of Asthma, Allergic Rhinitis, and Chronic Rhinosinusitis. *Current Opinion in Otolaryngology and Head and Neck Surgery*, vol. 19, n. 3, pp. 224-228, 2011. Disponível em: https://doi.org/10.1097/MOO.0b013e3283465687. Acesso em: 11 set. 2022.
60. Aranow, C. Vitamin D and the Immune System. *Journal of Investigative Medicine: The Official Publication of the American Federation for Clinical Research*, vol. 59, n. 6, p. 881-886, 2011. Disponível em: https://doi.org/10.2310/JIM.0b013e31821b8755. Acesso em: 11 set. 2022.
61. Littlejohns, T. J. et al. Vitamin D and the Risk of Dementia and Alzheimer Disease. *Neurology*, vol. 83, n. 10, pp. 920-928, 2014. Disponível em: https://doi.org/10.1212/wnl.0000000000000755. Acesso em: 11 set. 2022.
62. Wang, T. J. et al. Vitamin D Deficiency and Risk of Cardiovascular Disease. *Circulation*, vol. 117, n. 4, pp. 503-511, 2008. Disponível

em: https://doi.org/10.1161/circulationaha.107.706127. Acesso em: 11 set. 2022.

63. Lips, P.; van Schoor, N. M. The Effect of Vitamin D on Bone and Osteoporosis. *Best Practice & Research Clinical Endocrinology & Metabolism*, vol. 25, n. 4, pp. 585-591, 2011. Disponível em: https://doi.org/10.1016/j.beem.2011.05.002. Acesso em: 11 set. 2022.
64. Pilz, S. et al. The Role of Vitamin D in Fertility and during Pregnancy and Lactation: A Review of Clinical Data. *International Journal of* Environmental *Research and Public Health*, vol. 15, n. 10, p. 2241, 2018. Disponível em: https://doi.org/10.3390/ijerph15102241. Acesso em: 11 set. 2022.
65. Picotto et al. Molecular Aspects of Vitamin D Anticancer Activity.
66. Garland, C. F.; Garland, F. C.; Gorham, E. D.; Lipkin, M.; Newmark, H.; Mohr, S. B.; Holick, M. F. The Role of Vitamin D in Cancer Prevention. *American Journal of Public Health*, vol. 96, n. 2, pp. 252-261, 2006. Disponível em: https://doi.org/10.2105/ajph.2004.045260. Acesso em: 11 set. 2022.
67. Fleet, J. C.; DeSmet, M.; Johnson, R.; Li, Y. Vitamin D and Cancer: A Review of Molecular Mechanisms. *Biochemical Journal*, vol. 441, n. 1, pp. 61-76, 2012. Disponível em: https://doi.org/10.1042/BJ20110744. Acesso em: 11 set. 2022.
68. Hargrove, L.; Francis, T.; Francis, H. Vitamin and gi Cancers: Shedding Some Light on Dark Diseases. *Annals of Translational Medicine*, vol. 2, n. 1, p. 9, 2014. Disponível em: https://doi.org/10.3978/j.issn.2305-5839.2013.03.04. Acesso em: 11 set. 2022.
69. Vuolo, L.; Di Somma, C.; Faggiano, A.; Colao, A. Vitamin D and Cancer. *Frontiers in Endocrinology*, vol. 3, n. 58, 2012. Disponível em: https://doi.org/10.3389/fendo.2012.00058. Acesso em: 11 set. 2022.
70. Chakraborti, C. K. Vitamin D as a Promising Anticancer Agent. *Indian Journal of Pharmacology*, vol.43, n. 2, pp. 113-120, 2011. Disponível em: https://doi.org/10.4103/0253-7613.77335. Acesso em: 11 set. 2022.
71. Menon, V.; Kar, S. K.; Suthar, N.; Nebhinani, N. Vitamin D and Depression: A Critical Appraisal of the Evidence and Future Directions. *Indian Journal of Psychological Medicine*, vol. 42, n. 1, pp. 11-21, 2020. Disponível em: https://doi.org/10.4103/IJPSYM.IJPSYM_160_19. Acesso em: 11 set. 2022.
72. Armstrong, D. J.; Meenagh, G. K.; Bickle, I.; Lee, A. S. H.; Curran, E.S.; Finch, M. B. Vitamin D Deficiency Is Associated with Anxiety and Depression in Fibromyalgia. *Clinical Rheumatology*, vol. 26, n. 4, pp. 551-554, 2007. Disponível em: https://doi.org/10.1007/s10067-006-0348-5. Acesso em: 11 set. 2022.

73. Parva, N. R. et al. Prevalence of Vitamin D Deficiency and Associated Risk Factors in the us Population (2011-2012). *Cureus*, vol. 10, n. 6, 2018. Disponível em: https://doi.org/10.7759/cureus.2741. Acesso em: 11 set. 2022.
74. Mithal, A. et al. Global Vitamin D Status and Determinants of Hypovitaminosis d. *Osteoporosis International*, vol. 20, n. 11, pp. 1807-1820, 2009. Disponível em: https://doi.org/10.1007/s00198-009-0954-6. Acesso em: 11 set. 2022.
75. Kumar, J.; Muntner, P.; Kaskel, F. J.; Hailpern, S. M.; Melamed, M. L. Prevalence and Associations of 25-Hydroxyvitamin D Deficiency in us Children: nhanes 2001–2004. *Pediatrics*, vol. 124, n. 3, pp. e362-e370, 2009. Disponível em: https://doi.org/10.1542/peds.2009-0051. Acesso em: 11 set. 2022.
76. Amrein, K. et al. Vitamin D Deficiency 2.0: An Update on the Current Status Worldwide. *European Journal of Clinical Nutrition*, vol. 74, n. 11, pp. 1498-1513, 2020. Disponível em: https://doi.org/10.1038/s41430-020-0558-y. Acesso em: 11 set. 2022.
77. Bradford, P. T. Skin Cancer in Skin of Color. *Dermatology Nursing*, vol. 21, n. 4, pp. 170-178, 2009. Disponível em: https://www.ncbi.nlm.nih.gov/pmc/articles/PMC2757062. Acesso em: 11 set. 2022.
78. University of Pennsylvania. Genes Responsible for Diversity of Human Skin Colors Identified. *ScienceDaily*, 12 out. 2017. Disponível em: www.sciencedaily.com/releases/2017/10/171012143324.htm. Acesso em: 11 set. 2022.
79. Ibidem.
80. Bradford, Skin Cancer in Skin of Color.
81. Brenner, M.; Hearing, V. J. The Protective Role of Melanin against uv Damage in Human Skin. *Photochemistry and Photobiology*, vol. 84, n. 3, pp. 539-549, 2008. Disponível em: https://doi.org/10.1111/j.1751-1097.2007.00226.x. Acesso em: 11 set. 2022.
82. Montagna, W.; Carlisle, K. The Architecture of Black and White Facial Skin. *Journal of the American Academy of Dermatology*, vol. 24, n. 6, pp. 929-937, 1991. Disponível em: https://doi.org/10.1016/0190-9622(91)70148-u. Acesso em: 11 set. 2022.
83. Mezza, T.; Muscogiuri, G.; Sorice, G. P.; Prioletta, A.; Salomone, E.; Pontecorvi, A.; Giaccari, A. Vitamin D Deficiency: A New Risk Factor for Type 2 Diabetes? *Annals of Nutrition & Metabolism*, vol. 61, n. 4, pp. 337-348, 2012. Disponível em: https://doi.org/10.1159/000342771. Acesso em: 11 set. 2022.
84. Martin, T.; Campbell, R. K. Vitamin D and Diabetes. *Diabetes Spectrum*, vol. 24, n. 2, pp. 113-118, 2011. Disponível em: https://doi.org/10.2337/diaspect.24.2.113. Acesso em: 11 set. 2022.
85. Marks, R. Obesity, covid-19 and Vitamin D: Is There an Association Worth Examining? *Advances in Obesity, Weight Management &*

Control, vol. 10, n. 3, pp. 59-63, 2020. Disponível em: https://doi.org/10.15406/aowmc.2020.10.00307. Acesso em: 11 set. 2022.

86. Castillo, M. E. et al. Effect of Calcifediol Treatment and Best Available Therapy versus Best Available Therapy on Intensive Care Unit Admission and Mortality among Patients Hospitalized for covid-19: A Pilot Randomized Clinical Study. *Journal of Steroid Biochemistry and Molecular Biology*, vol. 203, 2020. Disponível em: https://doi.org/10.1016/j.jsbmb.2020.105751. Acesso em: 11 set. 2022.
87. Meltzer, D. O.; Best, T. J.; Zhang, H.; Vokes, T.; Arora, V.; Solway, J. Association of Vitamin D Status and Other Clinical Characteristics with covid-19 Test Results. *jama Network Open*, vol. 3, n. 9, 2020. Disponível em: https://doi.org/10.1001/jamanetworkopen.2020.19722. Acesso em: 11 set. 2022.
88. Littlejohns et al. Vitamin D and the Risk of Dementia and Alzheimer Disease.
89. Garland et al. The Role of Vitamin D in Cancer Prevention.
90. Bilinski, K.; Boyages, J. Association between 25-Hydroxyvitamin D Concentration and Breast Cancer Risk in an Australian Population: An Observational Case-Control Study. *Breast Cancer Research and Treatment*, vol. 137, n. 2, pp. 599-607, 2013. Disponível em: https://doi.org/10.1007/s10549-012-2381-1. Acesso em: 11 set. 2022.
91. Holick, M. F. Sunlight and Vitamin D for Bone Health and Prevention of Autoimmune Diseases, Cancers, and Cardiovascular Disease. *Supplement, American Journal of Clinical Nutrition*, vol. 80, n. 6, pp. 1678S-1688S, 2004. Disponível em: https://doi.org/10.1093/ajcn/80.6.1678S. Acesso em: 11 set. 2022.
92. Brøndum-Jacobsen, P.; Benn, M.; Jensen, G. B.; Nordestgaard, B. G. 25-Hydroxyvitamin D Levels and Risk of Ischemic Heart Disease, Myocardial Infarction, and Early Death: Population-Based Study and Meta-Analyses of 18 and 17 Studies. *Arteriosclerosis, Thrombosis, and Vascular Biology*, vol. 32, n. 11, pp. 2794-2802, 2012. Disponível em: https://doi.org/10.1161/ATVBAHA.112.248039. Acesso em: 11 set. 2022.
93. Wang et al. Vitamin D Deficiency and Risk of Cardiovascular Disease.
94. Lips; Van Schoor. The Effect of Vitamin d on Bone and Osteoporosis.
95. Brehm, J. M. et al. Serum Vitamin D Levels and Markers of Severity of Childhood Asthma in Costa Rica. *American Journal of Respiratory and Critical Care Medicine*, vol. 179, n. 9, pp. 765-771, 2009. Disponível em: https://doi.org/10.1164/rccm.200808-1361OC. Acesso em: 11 set. 2022.
96. Munger, K. L.; Levin, L. I.; Hollis, B. W.; Howard, N. S.; Ascherio, A. Serum 25-Hydroxyvitamin D Levels and Risk of Multiple Sclerosis. *jama*, vol. 296, n. 23, pp. 2832-2838, 2006. Disponível em: https://doi.org/10.1001/jama.296.23.2832. Acesso em: 11 set. 2022.

97. Kriegel, M. A.; Manson, J. E.; Costenbader, K. H. Does Vitamin D Affect Risk of Developing Autoimmune Disease?: A Systematic Review. *Seminars in Arthritis and Rheumatism*, vol. 40, n. 6, pp. 512-531, 2011. Disponível em: https://doi.org/10.1016/j.semarthrit.2010.07.009. Acesso em: 11 set. 2022.
98. Anglin, R. E. S.; Samaan, Z.; Walter, S. D.; McDonald, S. D. Vitamin D Deficiency and Depression in Adults: Systematic Review and Meta-Analysis. *British Journal of Psychiatry*, vol. 202, n. 2, pp. 100-107, 2013. Disponível em: https://doi.org/10.1192/bjp.bp.111.106666. Acesso em: 11 set. 2022.
99. Armstrong et al. Vitamin D Deficiency Is Associated with Anxiety and Depression in Fibromyalgia.
100. Hansen, J. P. et al. Vitamin D3 Supplementation and Treatment Outcomes in Patients with Depression (D3-Vit-Dep). *BMC Research Notes*, vol. 12, n. 1, p. 203, 2019. Disponível em: https://doi.org/10.1186/s13104-019-4218-z. Acesso em: 11 set. 2022.
101. Lansdowne, A. T. G.; Provost, S. C. Vitamin D3 Enhances Mood in Healthy Subjects during Winter. *Psychopharmacology*, vol. 135, n. 4, pp. 319-323, 1998. Disponível em: https://doi.org/10.1007/s002130050517. Acesso em: 11 set. 2022.
102. Mead, M. N. (2008). Benefits of Sunlight: A Bright Spot for Human Health. *Environmental Health Perspectives*, vol. 116, n. 4, pp. A160-A167, 1998. Disponível em: https://doi.org/10.1289/ehp.116-a160. Acesso em: 11 set. 2022.
103. Kresser, C. Vitamin D: More Is Not Better. *ChrisKresser* (blog), 12 jun. 2021. Disponível em: https://chriskresser.com/vitamin-d-more-is-not-better/. Acesso em: 11 set. 2022.
104. Sprouse-Blum, A. S.; Smith, G.; Sugai, D.; Parsa, F. D. Understanding Endorphins and Their Importance in Pain Management. Hawaii *Medical Journal*, vol. 69, n. 3, pp. 70-71, 2010. Disponível em: https://www.ncbi.nlm.nih.gov/pmc/articles/PMC3104618. Acesso em: 11 set. 2022.
105. Fell, G. L.; Robinson, K. C.; Mao, J.; Woolf, C. J.; Fisher, D. E. Skin β-Endorphin Mediates Addiction to UV Light. *Cell*, vol. 157, n. 7, pp. 1527-1534, 2014. Disponível em: https://doi.org/10.1016/j.cell.2014.04.032. Acesso em: 11 set. 2022.
106. Smillie, S. J. et al. An Ongoing Role of α-Calcitonin Gene-Related Peptide as Part of a Protective Network against Hypertension, Vascular Hypertrophy, and Oxidative Stress. *Hypertension*, vol. 63, n. 5, pp. 1056-1062, 2014. Disponível em: https://doi.org/10.1161/HYPERTENSIONAHA.113.02517. Acesso em: 11 set. 2022.
107. Staniek, V. et al. Modulation of Cutaneous SP Receptors in Atopic Dermatitis after UVA Irradiation. *Acta Dermato-Venereo-*

logica, vol. 78, n. 2, pp. 92-94, 1998. Disponível em: https://doi.org/10.1080/000155598433386. Acesso em: 11 set. 2022.

108. Pavlovic, S. et al. Substance P Is a Key Mediator of Stress-Induced Protection from Allergic Sensitization via Modified Antigen Presentation. *Journal of Immunology*, vol. 186, n. 2, pp. 848-855, 2010. Disponível em: https://doi.org/10.4049/jimmunol.0903878. Acesso em: 11 set. 2022.

109. Holliman, G.; Lowe, D.; Cohen, H.; Felton, S.; Raj, K. Ultraviolet Radiation-Induced Production of Nitric Oxide: A Multi-Cell and Multi-Donor Analysis. *Scientific Reports*, vol. 7, n. 1, pp. 11105, 2017. Disponível em: https://doi.org/10.1038/s41598-017-11567-5. Acesso em: 11 set. 2022.

110. Lindqvist, P. G.; Epstein, E.; Nielsen, K.; Landin-Olsson, M.; Ingvar, C.; Olsson, H. Avoidance of Sun Exposure as a Risk Factor for Major Causes of Death: A Competing Risk Analysis of the Melanoma in Southern Sweden Cohort. *Journal of Internal Medicine*, vol. 280, n. 4, pp. 375-387, 2016. Disponível em: https://doi.org/10.1111/joim.12496. Acesso em: 11 set. 2022.

111. Lindqvist et al. Avoidance of Sun Exposure as a Risk Factor.

112. Aziz, I. et al. A UK Study Assessing the Population Prevalence of Self-Reported Gluten Sensitivity and Referral Characteristics to Secondary Care. *European Journal of Gastroenterology & Hepatology*, vol. 26, n. 1, pp. 33-39, 2014. Disponível em: https://doi.org/10.1097/01.meg.0000435546.87251.f7. Acesso em: 11 set. 2022.

113. Industrial Safety and Hygiene News. Another Country Bans Glyphosate Use. 21 jan. 2021. Disponível em: www.ishn.com/articles/112144-another-country-bans-glyphosate-use. Acesso em: 11 set. 2022.

114. Reuters. German Cabinet Approves Legislation to Ban Glyphosate from 2024. *Reuters*, 10 fev. 2021. Disponível em: www.reuters.com/article/us-germany-farming-lawmaking/german-cabinet-approves-legislation-to-ban-glyphosate-from-2024-idUSKBN2AA1GF. Acesso em: 11 set. 2022.

115. Samsel, A.; Seneff, S. Glyphosate, Pathways to Modern Diseases II: Celiac Sprue and Gluten Intolerance. *Interdisciplinary Toxicology*, vol. 6, n. 4, pp. 159-184, 2013. Disponível em: https://doi.org/10.2478/intox-2013-0026. Acesso em: 11 set. 2022.

116. Center for Biological Diversity. EPA Finds Glyphosate Is Likely to Injure or Kill 93% of Endangered Species. 25 nov. 2020. Disponível em: https://biologicaldiversity.org/w/news/press-releases/epa-finds-glyphosate-likely-injure-or-kill-93-endangered-species-2020-11-25. Acesso em: 11 set. 2022.

117. Wong, K. V. Gluten and Thyroid Health. *Juniper Online Journal of Public Health*, vol. 1, nº 3, 2017. Disponível em: https://doi.org/10.19080/jojph.2017.01.555563. Acesso em: 11 set. 2022.
118. Benvenga, S.; Guarneri, F. Molecular Mimicry and Autoimmune Thyroid Disease. *Reviews in Endocrine & Metabolic Disorders*, vol. 17, n. 4, pp. 485-498, 2016. Disponível em: https://doi.org/10.1007/s11154-016-9363-2. Acesso em: 11 set. 2022.
119. International Agency for Research on Cancer. IARC Monograph on Glyphosate. 2015. Disponível em: www.iarc.who.int/featured-news/media-centre-iarc-news-glyphosate/. Acesso em: 11 set. 2022.
120. Caio, G.; Volta, U.; Tovoli, F.; De Giorgio, R. Effect of Gluten Free Diet on Immune Response to Gliadin in Patients with Non-Celiac Gluten Sensitivity. *BMC Gastroenterology*, vol. 14, n. 1, p. 26, 2014. Disponível em: https://doi.org/10.1186/1471-230x-14-26. Acesso em: 11 set. 2022.
121. Hillman, M. et al. Skim Milk Powder with High Content of Maillard Reaction Products Affect Weight Gain, Organ Development and Intestinal Inflammation in Early Life in Rats. *Food and* Chemical *Toxicology*, vol. 125, n. 78-84, 2019. Disponível em: https://doi.org/10.1016/j.fct.2018.12.015. Acesso em: 11 set. 2022.
122. Fukudome, S.; Yoshikawa, M. Opioid Peptides Derived from Wheat Gluten: Their Isolation and Characterization. *FEBS Letters*, vol. 296, n. 1, pp. 107-111, 1992. Disponível em: https://doi.org/10.1016/0014-5793(92)80414-c. Acesso em: 11 set. 2022.
123. Trivedi, M.; Zhang, Y.; Lopez-Toledano, M.; Clarke, A.; Deth, R. Differential Neurogenic Effects of Casein-Derived Opioid Peptides on Neuronal Stem Cells: Implications for Redox-Based Epigenetic Changes. *Journal of Nutritional Biochemistry*, vol. 37, pp. 39-46, 2016. Disponível em: https://doi.org/10.1016/j.jnutbio.2015.10.012. Acesso em: 11 set. 2022.
124. Liu, Z.; Udenigwe, C. C. Role of Food-Derived Opioid Peptides in the Central Nervous and Gastrointestinal Systems. *Journal of Food Biochemistry*, vol. 43, n. 1, 2018. Disponível em: https://doi.org/10.1111/jfbc.12629. Acesso em: 11 set. 2022.
125. Trivedi, M. S. et al. Food-Derived Opioid Peptides Inhibit Cysteine Uptake with Redox and Epigenetic Consequences. *Journal of Nutritional Biochemistry*, vol. 25, n. 10, pp. 1011-1018, 2014. Disponível em: https://doi.org/10.1016/j.jnutbio.2014.05.004. Acesso em: 11 set. 2022.
126. ScienceDirect. Casomorphin. 2021. Disponível em: www.sciencedirect.com/topics/agricultural-and-biological-sciences/casomorphin. Acesso em: 11 set. 2022.
127. Teschemacher, H.; Koch, G.; Brantl, V. Milk Protein-Derived Opioid Receptor Ligands. *Biopolymers*, vol. 43, n. 2, pp. 99-117, 1997.

Disponível em: https://doi.org/10.1002/(SICI)10970282(1997)43:2 <99::AID-BIP3>3.0.CO;2-V. Acesso em: 11 set. 2022.

128. Goldmeier, D.; Garvey, L.; Barton, S. Does Chronic Stress Lead to Increased Rates of Recurrences of Genital Herpes — A Review of the Psychoneuroimmunological Evidence? *International Journal of STD&AIDS*, vol. 19, n. 6, pp. 359-362, 2008. Disponível em: https://doi.org/10.1258/ijsa.2007.007304. Acesso em: 11 set. 2022.

129. Mindel, A.; Marks, C. Psychological Symptoms Associated with Genital Herpes Virus Infections: Epidemiology and Approaches to Management. *CNS Drugs*, vol. 19, n. 4, pp. 303-312, 2005. Disponível em: https://doi.org/10.2165/00023210-200519040-00003. Acesso em: 11 set. 2022.

9. Saúde hormonal feminina e ansiedade

1. Tasca, C.; Rapetti, M.; Carta, M. G.; Fadda, B. Women and Hysteria in the History of Mental Health. *Clinical Practice and Epidemiology in Mental Health*, vol. 8, pp. 110-19, 2012. Disponível em: https://dx.doi.org/10.2174%2F1745017901208010110. Acesso em: 13 set. 2022.
2. Minerbi, A.; Fitzcharles, M. A. Gut Microbiome: Pertinence in Fibromyalgia. Suplemento 123, *Clinical and Experimental Rheumatology*, vol. 38, n. 1, pp. 99-104, 2020. Disponível em: https://pubmed.ncbi.nlm.nih.gov/32116215/. Acesso em: 13 set. 2022.
3. Myhill, S.; Booth, N. E.; McLaren-Howard, J. Chronic Fatigue Syndrome and Mitochondrial Dysfunction. *International Journal of Clinical and Experimental Medicine*, vol. 2, n.1, pp. 1-16, 2009. Disponível em: https://pubmed.ncbi.nlm.nih.gov/19436827. Acesso em: 13 set. 2022.
4. Bartels, E. M.; Dreyer, L.; Jacobsen, S.; Jespersen, A.; Bliddal, H.; Danneskiold-Samsøe, B. Fibromyalgi, diagnostik og praevalens. Kan kønsforskellen forklares? [Fibromyalgia, Diagnosis and Prevalence. Are Gender Differences Explainable?]. *Ugeskr Laeger*, vol. 171, n. 49, pp. 3588-3592, 2009. Disponível em: https://pubmed.ncbi.nlm.nih.gov/19954696/. Acesso em: 13 set. 2022.
5. American Thyroid Association. General Information/Press Room. Disponível em: www.thyroid.org/media-main/press-room/. Acesso em: 13 set. 2022.
6. American Thyroid Association, General Information/Press Room.
7. Harvard Health. The Lowdown on Thyroid Slowdown. 17 ago. 2021. Disponível em: www.health.harvard.edu/diseases-and-conditions/the-lowdown-on-thyroid-slowdown. Acesso em: 13 set. 2022.
8. Chiovato, L.; Magri, F.; Carlé, A. Hypothyroidism in Context: Where We've Been and Where We're Going. *Advances in Therapy*, vol. 36, pp. 47-58, 2019. https://doi.org/10.1007/s12325-019-01080-8. Acesso em: 13 set. 2022.

9. Mayo Clinic. Premenstrual Syndrome (PMS) — Symptoms and Causes. 2021. Disponível em: www.mayoclinic.org/diseases-conditions/premenstrual-syndrome/symptoms-causes/syc-20376780. Acesso em: 13 set. 2022.
10. Dodson, R. E.; Nishioka, M.; Standley, L. J.; Perovich, L. J.; Brody, J. G.; Rudel, R. A. Endocrine Disruptors and Asthma-Associated Chemicals in Consumer Products. *Environmental Health Perspectives*, vol. 120, n. 7, pp. 935-943, 2012. Disponível em: https://doi.org/10.1289/ehp.1104052. Acesso em: 13 set. 2022.
11. Peinado, F. M.; Iribarne-Durán, L. M.; Ocón-Hernández, O.; Olea, N.; Artacho-Cordón, F. Endocrine Disrupting Chemicals in Cosmetics and Personal Care Products and Risk of Endometriosis. *IntechOpen*, 25 fev. 2020. Disponível em: https://www.intechopen.com/chapters/72654. Acesso em: 13 set. 2022.
12. Patel, S. Fragrance Compounds: The Wolves in Sheep's Clothings. *Medical Hypotheses*, vol. 102, pp. 106-111, 2017. Disponível em: https://doi.org/10.1016/j.mehy.2017.03.025. Acesso em: 13 set. 2022.
13. Dodson et al. Endocrine Disruptors and Asthma-Associated Chemicals in Consumer Products.
14. Weatherly, L. M.; Gosse, J. A. Triclosan Exposure, Transformation, and Human Health Effects. Journal of Toxicology and Environmental Health. Parte B, *Critical Reviews*, vol. 20, n. 8, pp. 447-469, 2017. Disponível em: https://doi.org/10.1080/10937404.2017.1399306. Acesso em: 13 set. 2022.
15. Rowdhwal, S. S. S.; Chen, J. Toxic Effects of Di-2-ethylhexyl Phthalate: An Overview. *BioMed Research International*, 1750368, 2018. Disponível em: https://doi.org/10.1155/2018/1750368. Acesso em: 13 set. 2022.
16. Hormann, A. M. et al. Holding Thermal Receipt Paper and Eating Food after Using Hand Sanitizer Results in High Serum Bioactive and Urine Total Levels of Bisphenol A (BPA). *PLOSONE*, vol. 9, n. 10, p. e110509, 2014. Disponível em: https://doi.org/10.1371/journal.pone.0110509. Acesso em: 13 set. 2022.
17. Hayes, T. B. et al. Atrazine Induces Complete Feminization and Chemical Castration in Male African Clawed Frogs (*Xenopus laevis*). *Proceedings of the National Academy of Sciences*, vol. 107, n. 10, pp. 4612-4617, 2010. Disponível em: https://doi.org/10.1073/pnas.0909519107. Acesso em: 13 set. 2022.
18. Sanders, R. Pesticide Atrazine Can Turn Male Frogs into Females. *Berkeley News*, 1 mar. 2010. Disponível em: https://news.berkeley.edu/2010/03/01/frogs/. Acesso em: 13 set. 2022.
19. Berg, J. M.; Tymoczko, J. L.; Stryer, L. Important Derivatives of Cholesterol Include Bile Salts and Steroid Hormones. In *Biochemistry*. 5. ed. Nova York: W. H. Freeman, 2002. Disponível

em: www.ncbi.nlm.nih.gov/books/NBK22339/. Acesso em: 13 set. 2022.

20. SOLANO, M. E.; ARCK, P. C. Steroids, Pregnancy and Fetal Development. *Frontiers in Immunology*, vol. 10, 2020. Disponível em: https://doi.org/10.3389/fimmu.2019.03017. Acesso em: 13 set. 2022.
21. PICKWORTH, C. K. Women's Health and Hormonal Axes. *Women in Balance Institute*. 2016. Disponível em: https://womeninbalance.org/2016/12/13/womens-health-and-hormonal-axes/. Acesso em: 13 set. 2022.
22. SKOVLUND, C. W.; MØRCH, L. S.; KESSING, L. V.; LIDEGAARD, Ø. Association of Hormonal Contraception with Depression. JAMA *Psychiatry*, vol. 73, n. 11, pp. 1154-1162, 2016. Disponível em: https://doi.org/10.1001/jamapsychiatry.2016.2387. Errata em JAMA *Psychiatry*, vol. 74, n. 7, pp. 764, 2016. Disponível em: https://doi.org/10.1001/jamapsychiatry.2017.1446. Acesso em: 13 set. 2022.
23. ANDERL, C.; LI, G.; CHEN, F. S. Oral Contraceptive Use in Adolescence Predicts Lasting Vulnerability to Depression in Adulthood. *Journal of Child Psychology and Psychiatry*, vol. 61, n. 2, pp. 148-156, 2020. Disponível em: https://doi.org/10.1111/jcpp.13115. Acesso em: 13 set. 2022.
24. WILLIAMS, W. V. Hormonal Contraception and the Development of Autoimmunity: A Review of the Literature. *Linacre Quarterly*, vol. 84, n. 3, pp. 275-295, 2017. Disponível em: https://doi.org/10.1080/00243639.2017.1360065. Acesso em: 13 set. 2022.
25. PALMERY, M.; SARACENO, A.; VAIARELLI, A.; CARLOMAGNO, G. Oral Contraceptives and Changes in Nutritional Requirements. *European Review for Medical and Pharmacological Sciences*, vol. 17, n. 13, pp. 1804-1813, 2013. Disponível em: https://pubmed.ncbi.nlm.nih.gov/23852908. Acesso em: 13 set. 2022.
26. WILLIAMS, A.I.; COTTER, A.; SABINA, A.; GIRARD, C.; GOODMAN, J.; KATZ, D. L. The Role for Vitamin B-6 as Treatment for Depression: A Systematic Review. *Family Practice*, vol. 22, n. 5, p. 532-537, 2005. Disponível em: https://doi.org/10.1093/fampra/cmi040. Acesso em: 13 set. 2022.
27. KHALILI, H.; GRANATH, F.; SMEDBY, K. E.; EKBOM, A.; NEOVIUS, M.; CHAN, A. T.; OLEN, O. Association between Long-Term Oral Contraceptive Use and Risk of Crohn's Disease Complications in a Nationwide Study. *Gastroenterology*, vol. 150, n. 7, pp. 1561-1567, 2016. Disponível em: https://doi.org/10.1053/j.gastro.2016.02.041. Acesso em: 13 set. 2022.
28. ETMINAN, M.; DELANEY, J. A. C.; BRESSLER, B.; BROPHY, J. M. Oral Contraceptives and the Risk of Gallbladder Disease: A Comparative Safety Study. *Canadian Medical Association Journal*, vol. 183, n.

8, pp. 899-904, 2011. Disponível em: https://doi.org/10.1503/cmaj.110161. Acesso em: 13 set. 2022.

29. Benagiano, G.; Benagiano, M.; Bianchi, P.; D'Elios, M. M.; Brosens, I. Contraception in Autoimmune Diseases. *Best Practice & Research Clinical Obstetrics & Gynaecology*, vol. 60, p. 111-123, 2019. Disponível em: https://doi.org/10.1016/j.bpobgyn.2019.05.003. Acesso em: 13 set. 2022.
30. Williams, Hormonal Contraception and the Development of Autoimmunity: A Review of the Literature.
31. Zimmerman, Y.; Eijkemans, M. J.; Coelingh Bennink, H. J.; Blankenstein, M. A.; Fauser, B. C. The Effect of Combined Oral Contraception on Testosterone Levels in Healthy Women: A Systematic Review and Meta-Analysis. *Human Reproduction Update*, vol. 20, n. 1, pp. 76-105, 2014. Disponível em: https://doi.org/10.1093/humupd/dmt038. Acesso em: 13 set. 2022.
32. Zimmerman et al.; The Effect of Combined Oral Contraception on Testosterone Levels in Healthy Women: A Systematic Review and Meta-Analysis.
33. Skovlund et al.; Association of Hormonal Contraception with Depression.
34. Barthelmess, E. K.; Naz, R. K. Polycystic Ovary Syndrome: Current Status and Future Perspective. *Frontiers in Bioscience (Elite Edition)*, vol. 6, n. 1, pp. 104-119, 2014. Disponível em: https://doi.org/10.2741/e695. Acesso em: 13 set. 2022.
35. Jingjing L.; Qunhong W.; Yanhua H.; Mingli J.; Xing W.; Shengchao J.; Liyuan H. Measuring the Global Disease Burden of Polycystic Ovary Syndrome in 194 Countries: Global Burden of Disease Study 2017. *Human Reproduction*, vol. 36, n. 4, pp. 1108-1119, 2021. Disponível em: https://doi.org/10.1093/humrep/deaa371. Acesso em: 13 set. 2022.
36. Barkley, G. S. Factors Influencing Health Behaviors in the National Health and Nutritional Examination Survey, iii (nhanes iii). *Social Work in Health Care*, vol. 46, n. 4, pp. 57-79, 2008. Disponível em: https://doi.org/10.1300/J010v46n04_04. Acesso em: 13 set. 2022.
37. Franks, S.; Gharani, N.; Waterworth, D.; Batty, S.; White, D.; Williamson, R.; & McCarthy, M. The Genetic Basis of Polycystic Ovary Syndrome. *Human Reproduction*, vol. 12, n. 12, pp. 2641-2648, 1997. Disponível em: https://doi.org/10.1093/humrep/12.12.2641. Acesso em: 13 set. 2022.
38. Kasim-Karakas, S. E.; Cunningham, W. M.; Tsodikov, A. Relation of Nutrients and Hormones in Polycystic Ovary Syndrome. *American Journal of Clinical Nutrition*, vol. 85, n. 3, pp. 688-694, 2007. Disponível em: https://doi.org/10.1093/ajcn/85.3.688. Acesso em: 13 set. 2022.

39. Basu, B. R.; Chowdhury, O.; Saha, S. K. Possible Link between Stress-Related Factors and Altered Body Composition in Women with Polycystic Ovarian Syndrome. *Journal of Human Reproductive Sciences*, vol. 11, n. 1, pp. 10-18, 2018. Disponível em: https://doi.org/10.4103/jhrs.JHRS_78_17. Acesso em: 13 set. 2022.
40. Dunaif, A. Insulin Resistance and the Polycystic Ovary Syndrome: Mechanism and Implications for Pathogenesis. *Endocrine Reviews*, vol. 18, n. 6, pp. 774-800, 1997. Disponível em: https://doi.org/10.1210/edrv.18.6.0318. Acesso em: 13 set. 2022.
41. González, F. Inflammation in Polycystic Ovary Syndrome: Underpinning of Insulin Resistance and Ovarian Dysfunction. *Steroids*, vol. 77, n. 4, pp. 300-305, 2012. Disponível em: https://doi.org/10.1016/j.steroids.2011.12.003. Acesso em: 13 set. 2022.
42. Gorpinchenko, I.; Nikitin, O.; Banyra, O.; Shulyak, A. The Influence of Direct Mobile Phone Radiation on Sperm Quality. *Central European Journal of Urology*, vol. 67, n. 1, pp. 65-71, 2014. Disponível em: https://doi.org/10.5173/ceju.2014.01.art14. Acesso em: 13 set. 2022.
43. Chua, T.E.; Bautista, D. C.; Tan, K. H.; Yeo, G.; Chen, H. Antenatal Anxiety: Prevalence and Patterns in a Routine Obstetric Population. *Annals of the Academy of Medicine*, Singapura, vol. 47, n. 10, pp. 405-412, 2018. Disponível em: http://www.annals.edu.sg/pdf/47VolNo10Oct2018/MemberOnly/V47N10p405.pdf. Acesso em: 13 set. 2022.
44. Linnakaari, R.; Nelle, N.; Mentula, M.; Bloigu, A.; Gissler, M.; Heikinheimo, O.; Niinimäki, M. Trends in the Incidence, Rate and Treatment of Miscarriage — Nationwide Register-Study in Finland, 1998-2016. *Human Reproduction*, vol. 34, n. 11, pp. 2120-2128, 2019. Disponível em: https://doi.org/10.1093/humrep/dez211. Acesso em: 13 set. 2022.
45. Declercq, E.; Zephyrin, L. Maternal Mortality in the United States: A Primer. *Commonwealth Fund*, 16 dez. 2021. Disponível em: www.commonwealthfund.org/publications/issue-brief-report/2020/dec/maternal-mortality-united-states-primer. Acesso em: 13 set. 2022.
46. Centers for Disease Control and Prevention. Working Together to Reduce Black Maternal Mortality. *Minority Health and Health Equity*, cdc, 2021. Disponível em: www.cdc.gov/healthequity/features/maternal-mortality/index.html. Acesso em: 13 set. 2022.
47. Berman, J. Women's Unpaid Work Is the Backbone of the American Economy. *Marketwatch*, 15 abr; 2021. Disponível em: www.marketwatch.com/story/this-is-how-much-more-unpaid-work-women-do-than-men-2017-03-07. Acesso em: 13 set. 2022.
48. Tolbert, J.; Orgera, K.; Damico, A. Key Facts about the Uninsured Population. *kff*, 6 nov. 2020. Disponível em: https://www.kff.org/

uninsured/issue-brief/key-facts-about-the-uninsured-population. Acesso em: 13 set. 2022.

49. MENTAL Health America. The State of Mental Health in America. 2021. Disponível em: www.mhanational.org/issues/state-mental-health-america. Acesso em: 13 set. 2022.
50. FAIRBROTHER, N.; JANSSEN, P.; ANTONY, M. M.; TUCKER, E.; YOUNG, A. H. Perinatal Anxiety Disorder Prevalence and Incidence. *Journal of Affective Disorders*, vol. 200, pp. 148-155. Disponível em: https://doi.org/10.1016/j.jad.2015.12.082. Acesso em: 13 set. 2022.
51. MGH Center for Women's Mental Health. Is It Postpartum Depression or Postpartum Anxiety? What's the Difference? 30 set. 2015. Disponível em: https://womensmentalhealth.org/posts/is-it-postpartum-depression-or-postpartum-anxiety-whats-the-difference/. Acesso em: 13 set. 2022.
52. JAMIESON, D. J.; THEILER, R. N.; RASMUSSEN, S. A. Emerging Infections and Pregnancy. *Emerging Infectious Diseases*, vol. 12, n. 11, pp. 1638-1643, 2006. Disponível em: https://pubmed.ncbi.nlm.nih.gov/17283611. Acesso em: 13 set. 2022.
53. KHASHAN, A. S.; KENNY, L. C.; LAURSEN, T. M.; MAHMOOD, U.; MORTENSEN, P. B.; HENRIKSEN, T. B.; O'DONOGHUE, K. Pregnancy and the Risk of Autoimmune Disease. *PLOSONE*, vol. 6, n. 5, 2011. Disponível em: https://doi.org/10.1371/journal.pone.0019658. Acesso em: 13 set. 2022.

10. A epidemia silenciosa

1. MARTIN, C. B.; HALES, C. M.; GU, Q.; OGDEN, C. L. Prescription Drug Use in the United States, 2015-2016. NCHS Data Brief, n. 334, maio 2019. Centers for Disease Control and Prevention. Disponível em: www.cdc.gov/nchs/products/databriefs/db334.htm. Acesso em: 16 set. 2022.
2. America's State of Mind Report. *Express Scripts*, 16 abr. 2020. Disponível em: https://www.express-scripts.com/corporate/americas-state-of-mind-report. Acesso em: 16 set. 2022.
3. CHRISTENSEN, J. C. Benzodiazepines Might Be a 'Hidden Element' of the US Overdose Epidemic. *CNN*, 20 jan. 2021. Disponível em: www.cnn.com/2020/01/20/health/benzodiazepines-prescriptions-study/index.html. Acesso em: 16 set. 2022.
4. NEMEROFF, C. B. The Role of Gaba in the Pathophysiology and Treatment of Anxiety Disorders. *Psychopharmacology Bulletin*, vol. 37, n. 4, pp. 133-146, 2003. Disponível em: https://pubmed.ncbi.nlm.nih.gov/15131523/. Acesso em: 16 set. 2022.
5. LYDIARD, R. B. The Role of Gaba in Anxiety Disorders. Suplemento 3, *Journal of Clinical Psychiatry*, vol. 64, pp. 21-27, 2003. Disponível

em: https://pubmed.ncbi.nlm.nih.gov/12662130. Acesso em: 16 set. 2022.
6. Griffin III, C. E.; Kaye, A. M.; Bueno, F. R.; Kaye, A. D. Benzodiazepine Pharmacology and Central Nervous System–Mediated Effects. *Ochsner Journal*, vol. 13, n. 2, pp. 214-223, 2013. Disponível em: https://www.ncbi.nlm.nih.gov/pmc/articles/PMC3684331. Acesso em: 16 set. 2022.
7. Barnes Jr.; E. M. Use-Dependent Regulation of Gaba$_a$ Receptors. *International Review of Neurobiology*, vol. 39, p.. 53-76, 1996. Disponível em: https://doi.org/10.1016/s0074-7742(08)60663-7. Acesso em: 16 set. 2022.
8. Higgitt, A.; Fonagy, P.; Lader, M. The Natural History of Tolerance to the Benzodiazepines. *Psychological Medicine*, vol. 13, pp. 1-55, 1988. Disponível em: https://doi.org/10.1017/s0264180100000412. Acesso em: 16 set. 2022.
9. Cookson, J. C. Rebound Exacerbation of Anxiety during Prolonged Tranquilizer Ingestion. *Journal of the Royal Society of Medicine*, vol. 88, n. 9, p. 544, 1995. Disponível em: https://pubmed.ncbi.nlm.nih.gov/7562864. Acesso em: 16 set. 2022.
10. Alexander, S. Things That Sometimes Work if You Have Anxiety. *Slate Star Codex* (blog), 13 jun. 2015. Disponível em: https://slatestarcodex.com/2015/07/13/things-that-sometimes-work-if-you-have-anxiety. Acesso em: 16 set. 2022.
11. Davies, J.; Read, J. A Systematic Review into the Incidence, Severity and Duration of Antidepressant Withdrawal Effects: Are Guidelines Evidence-Based? *Addictive Behaviors*, vol. 97, pp. 111-121, 2019. Disponível em: https://doi.org/10.1016/j.addbeh.2018.08.027. Acesso em: 16 set. 2022.
12. Wilson, E.; Lader, M. A Review of the Management of Antidepressant Discontinuation Symptoms. *Therapeutic Advances in Psychopharmacology*, vol. 5, n. 6, pp. 357-368, 2015. Disponível em: https://doi.org/10.1177/2045125315612334. Acesso em: 16 set. 2022.

11. Descarregando o estresse e cultivando o relaxamento

1. Breit, S.; Kupferberg, A.; Rogler, G.; Hasler, G. Vagus Nerve as Modulator of the Brain–Gut Axis in Psychiatric and Inflammatory Disorders. *Frontiers in Psychiatry*, n. 9, 2018. Disponível em: https://doi.org/10.3389/fpsyt.2018.00044. Acesso em: 22 set. 2022.
2. Tubbs, R. S.; Rizk, E.; Shoja, M. M.; Loukas, M.; Barbaro, N.; Spinner, R. J. (orgs.). *Nerves and Nerve Injuries: Vol. 1: History,* Embryology, *Anatomy, Imaging, and Diagnostics*. Cambridge, MA: Academic Press, 2015.

3. Sengupta, P. Health Impacts of Yoga and Pranayama:A State-of-the--Art Review. *International Journal of Preventive Medicine*, vol. 3, n. 7, pp. 444-458, 2012. Disponível em: http://doi.org/10.13016/LXQD--LC0O. Acesso em: 22 set. 2022.
4. Nemati, A. The Effect of Pranayama on Test Anxiety and Test Performance. *International Journal of Yoga*, vol. 6, n. 1, pp. 55-60, 2013. Disponível em: https://doi.org/10.4103/0973-6131.105947. Acesso em: 22 set. 2022.
5. Roelofs, K. Freeze for Action: Neurobiological Mechanisms in Animal and Human Freezing. *Philosophical Transactions of the Royal Society, Series B, Biological Sciences*, vol. 372, 2017. Disponível em: https://doi.org/10.1098/rstb.2016.0206. Acesso em: 22 set. 2022.
6. Tsuji, H.; Venditti Jr.; F. J.; Manders, E. S.; Evans, J. C.; Larson, M. G.; Feldman, C. L.; Levy, D. Reduced Heart Rate Variability and Mortality Risk in an Elderly Cohort. The Framingham Heart Study. *Circulation*, vol. 90, n. 2, pp. 878-883, 1994. Disponível em: https://doi.org/10.1161/01.cir.90.2.878. Acesso em: 22 set. 2022.
7. Buccelletti, E.; Gilardi, E.; Scaini, E.; Galiuto, L.; Persiani, R.; Biondi, A.; Basile, F.; Gentiloni Silveri, N. Heart Rate Variability and Myocardial Infarction: Systematic Literature Review and Metanalysis. *European Review for Medical and Pharmacological Sciences*, vol. 13, n. 4, pp. 299-307, 2009. Disponível em: https://pubmed.ncbi.nlm.nih.gov/19694345. Acesso em: 22 set. 2022.
8. Taylor, S. E.; Klein, L. C.; Lewis, B. P.; Gruenewald, T. L.; Gurung, R. A. R.; Updegraff, J. A. Biobehavioral Responses to Stress in Females: Tend-and-Befriend, Not Fight-or-Flight. *Psychological Review*, vol. 107, n. 3, pp. 411-429, 2000. Disponível em: https://doi.org/10.1037/0033-295x.107.3.411. Acesso em: 22 set. 2022.
9. Taylor et al.; Biobehavioral Responses to Stress in Females, 412.
10. Taylor et al.; Biobehavioral Responses to Stress in Females, 413.
11. Kübler-Ross, E.; Kessler, D. *On Grief and Grieving: Finding the Meaning of Grief through the Five Stages of Loss*. Nova York: Scribner, 2014. p. 66.
12. Konopacki, M.; Madison, G. eeg Responses to Shamanic Drumming: Does the Suggestion of Trance State Moderate the Strength of Frequency Components? *Journal of Sleep and Sleep Disorder Research*, vol. 1, n. 2, pp. 16-25, 2018. Disponível em: https://doi.org/10.14302/issn.2574-4518.jsdr-17-1794. Acesso em: 22 set. 2022.
13. Drisdale III, J. K.; Thornhill, M. G.; Vieira, A. R. Specific Central Nervous System Medications Are Associated with Temporomandibular Joint Symptoms. *International Journal of Dentistry*, 2017. Disponível em: https://doi.org/10.1155/2017/1026834. Acesso em: 22 set. 2022.

14. Goodwin, A. K.; Mueller, M.; Shell, C. D.; Ricaurte, G. A.; Ator, N. A. Behavioral Effects and Pharmacokinetics of (±)-3,4-Methylenedioxymethamphetamine (MDMA, Ecstasy) after Intragastric Administration to Baboons. *Journal of Pharmacology and Experimental Therapeutics*, vol. 345, n. 3, pp. 342-353, 2013. Disponível em: https://doi.org/10.1124/jpet.113.203729. Acesso em: 22 set. 2022.
15. Fujita, Y.; Maki, K. Association of Feeding Behavior with Jaw Bone Metabolism and Tongue Pressure. *Japanese Dental Science Review*, vol. 54, n. 4, pp. 174-182, 2018. Disponível em: https://doi.org/10.1016/j.jdsr.2018.05.001. Acesso em: 22 set. 2022.
16. De Moor, M. H.; Beem, A. L.; Stubbe, J. H.; Boomsma, D. I.; De Geus, E. J. Regular Exercise, Anxiety, Depression and Personality: A Population-Based Study. *Preventive Medicine*, vol. 42, n. 4, pp. 273-279, 2006. Disponível em: https://doi.org/10.1016/j.ypmed.2005.12.002. Acesso em: 22 set. 2022.
17. Byrne, A.; Byrne, D. G. The Effect of Exercise on Depression, Anxiety and Other Mood States: A Review. *Journal of Psychosomatic Research*, vol. 37, n. 6, pp. 565-574, 1993. Disponível em: https://doi.org/10.1016/0022-3999(93)90050-p. Acesso em: 22 set. 2022.
18. Jayakody, K.; Gunadasa, S.; Hosker, C. Exercise for Anxiety Disorders: Systematic Review. *British Journal of Sports Medicine*, vol. 48, n. 3, pp. 187-196, 2014. Disponível em: https://pubmed.ncbi.nlm.nih.gov/23299048. Acesso em: 22 set. 2022.
19. Gleeson, M.; Bishop, N.; Stensel, D.; Lindley, M. R.; Mastana, S. S.; Nimmo, M. A. The Anti-Inflammatory Effects of Exercise: Mechanisms and Implications for the Prevention and Treatment of Disease. *Nature Reviews Immunology*, vol. 11, pp. 607-615, 2011. Disponível em: https://doi.org/10.1038/nri3041. Acesso em: 22 set. 2022.
20. Jackson, E. Stress Relief: The Role of Exercise in Stress Management. *ACSM's Health & Fitness Journal*, 17, vol. 3, pp. 14-19, 2013. Disponível em: https://doi.org/10.1249/fit.0b013e31828cb1c9. Acesso em: 22 set. 2022.
21. Harber, V. J.; Sutton, J. R. Endorphins and Exercise. *Sports Medicine*, vol. 1, n. 2, pp. 154-171, 1984. Disponível em: https://pubmed.ncbi.nlm.nih.gov/6091217. Acesso em: 22 set. 2022.
22. McDonagh, B. *Dare: The New Way to End Anxiety and Stop Panic Attacks*. Williamsville, NY: BMD Publishing, 2015. p. 32.
23. McDonagh, *Dare*, p. 49.

12. Sintonizando

1. Brackett, M. *Permissão para sentir:* como compreender nossas emoções e usá-las com sabedoria para viver com equilíbrio e bem-estar. Trad. Livia de Almeida. Rio de Janeiro: Sextante, 2021.

2. Miller, J. J.; Fletcher, K.; Kabat-Zinn, J. Three-Year Follow-Up and Clinical Implications of a Mindfulness Meditation–Based Stress Reduction Intervention in the Treatmentof Anxiety Disorders. *General Hospital Psychiatry*, vol. 17, n. 3, pp. 192-200, 1995. Disponível em: https://doi.org/10.1016/0163-8343(95)00025-m. Acesso em: 22 set. 2022.
3. Hofmann, S. G.; Sawyer, A. T.; Witt, A. A.; Oh, D. The Effect of Mindfulness-Based Therapy on Anxiety and Depression: A Meta-Analytic Review. *Journal of Consulting and Clinical Psychology*, vol. 78, n. 2, pp. 169-183, 2010. Disponível em: https://doi.org/10.1037/a0018555. Acesso em: 22 set. 2022.
4. Hofmann et al. *Effect of Mindfulness-Based Therapy*.
5. Creswell, J. D.; Way, B. M.; Eisenberger, N. I.; Lieberman, M. D. Neural Correlates of Dispositional Mindfulness during Affect Labeling. *Psychosomatic Medicine*, vol. 69, n. 6, pp. 560-565, 2007. Disponível em: https://doi.org/10.1097/PSY.0b013e3180f6171f. Acesso em: 22 set. 2022.
6. Singer, M. *A alma indomável*: como se libertar dos pensamentos, emoções e energias que bloqueiam a consciência. Trad. Beatriz Medina. Rio de Janeiro: Sextante, 2018.
7. Tolle, E. *Practicing the Power of Now:* Essential Teachings, Meditations, and Exercises from The Power of Now. Novato, CA: New World Library, 1999. p. 40.
8. Kini, P.; Wong, J.; McInnis, S.; Gabana, N.; Brown, J. W. The Effects of Gratitude Expression on Neural Activity. *NeuroImage*, vol. 128, pp. 1-10, 2016. Disponível em: https://doi.org/10.1016/j.neuroimage.2015.12.040. Acesso em: 22 set. 2022.
9. Whitaker, H. *Quit Like a Woman: The Radical Choice Not to Drink in a Culture Obsessed with Alcohol*. Nova York: Dial Press, 2019. p. 151.
10. Moody, L.; em conversa com Glennon Doyle. Glennon Doyle on Overcoming Lyme Disease, Hope During Hard Times, and the Best Relationship Advice. *Healthier Together* (podcast), 19 ago. 2020. Disponível em: https://www.lizmoody.com/healthiertogetherpodcast-glennon-doyle. Acesso em: 22 set. 2022.
11. Urban, M. (@melissau). Six real-life boundaries I have recently set, word for word. *Instagram*, 23 mar. 2021. Disponível em: https://www.instagram.com/p/CMx0fWwsLmN. Acesso em: 22 set. 2022.
12. Whitaker, *Quit Like a Woman*, p. 115.
13. Collignon, O.; Girard, S.; Gosselin, F.; Saint-Amour, D.; Lepore, F.; Lassonde, M. Women Process Multisensory Emotion Expressions More Efficiently Than Men. *Neuropsychologia*, vol. 48, n. 1, pp. 220-225, 2010. Disponível em: https://doi.org/10.1016/j.neuropsychologia.2009.09.007. Acesso em: 22 set. 2022.

14. Marling, B. I Don't Want to Be the Strong Female Lead. *New York Times Sunday Review*, 7 fev. 2020. Disponível em: https://www.nytimes.com/2020/02/07/opinion/sunday/brit-marling-women-movies.html. Acesso em: 22 set. 2022.
15. Kübler-Ross, E.; Kessler, D. *On Grief and Grieving: Finding the Meaning of Grief through the Five Stages of Loss.* Nova York: Scribner, 2014. p. 214.
16. Carhart-Harris, R. L. et al. The Entropic Brain: A Theory of Conscious States Informed by Neuroimaging Research with Psychedelic Drugs. *Frontiers in Human Neuroscience*, vol. 8, p. 20, 2014. Disponível em: https://doi.org/10.3389/fnhum.2014.00020. Acesso em: 22 set. 2022.
17. Casey, N. Just Don't Mention Timothy Leary. *Whole Living* jul./ago. 2012, pp. 66-71.
18. Fournier, J. C. et al. Antidepressant Drug Effects and Depression Severity: A Patient-Level Meta-Analysis. *JAMA*, vol. 303, n. 1, pp. 47-53, 2010. Disponível em: https://pubmed.ncbi.nlm.nih.gov/20051569/. Acesso em: 22 set. 2022.
19. Goldberg, S. B.; Pace, B. T.; Nicholas, C. R.; Raison, C. L.; Hutson, P. R. The Experimental Effects of Psilocybin on Symptoms of Anxiety and Depression: A Meta-Analysis. *Psychiatry Research* vol. 284, 2020. Disponível em: https://doi.org/10.1016/j.psychres.2020.112749. Acesso em: 22 set. 2022.
20. Murrough, J. et al. Antidepressant Efficacy of Ketamine in Treatment-Resistant Major Depression: A Two-Site Randomized Controlled Trial. *American Journal of Psychiatry*, vol. 170, n. 10, pp. 1134-1142, 2013. Disponível em: https://doi.org/10.1176/appi.ajp.2013.13030392. Acesso em: 22 set. 2022.
21. Mitchell, J. M. et al. MDMA-Assisted Therapy for Severe PTSD: A Randomized, Double-Blind, Placebo-Controlled Phase 3 Study. *Nature Medicine*, vol. 27, pp. 1025-1033, 2021. Disponível em: https://doi.org/10.1038/s41591-021-01336-3. Acesso em: 22 set. 2022.
22. Gasser, P.; Kirchner, K.; Passie, T. lsd-Assisted Psychotherapy for Anxiety Associated with a Life-Threatening Disease: A Qualitative Study of Acute and Sustained Subjective Effects. *Journal of Psychopharmacology*, vol. 29, n. 1, pp. 57-68, 2014. Disponível em: https://doi.org/10.1177/0269881114555249. Acesso em: 22 set. 2022.
23. Mash, D. C.; Duque, L.; Page, B.; Allen-Ferdinand, K. Ibogaine Detoxification Transitions Opioid and Cocaine Abusers between Dependence and Abstinence: Clinical Observations and Treatment Outcomes. *Frontiers in Pharmacology*, vol. 9, p. 529, 2018. Disponível em: https://doi.org/10.3389/fphar.2018.00529. Acesso em: 22 set. 2022.

24. Muttoni, S.; Ardissino, M.; John, C. Classical Psychedelics for the Treatment of Depression and Anxiety: A Systematic Review. *Journal of Affective Disorders*, vol. 258, pp. 11-24, 2019. Disponível em: https://doi.org/10.1016/j.jad.2019.07.076. Acesso em: 22 set. 2022.
25. Taylor, J. et al. Ketamine for Social Anxiety Disorder: A Randomized, Placebo-Controlled Crossover Trial. *Neuropsychopharmacology*, vol. 43, n. 2, pp. 325-333, 2017. Disponível em: https://doi.org/10.1038/npp.2017.194. Acesso em: 22 set. 2022.
26. Mitchell et al. *MDMA-Assisted Therapy.*
27. Carhart-Harris, R. et al. Trial of Psilocybin versus Escitalopram for Depression. *New England Journal of Medicine*, vol. 384, n. 15, pp. 1402-1411, 2021. Disponível em: https://doi.org/10.1056/nejmoa2032994. Acesso em: 22 set. 2022.
28. Spriggs, M. J.; Kettner, H.; Carhart-Harris, R. L. Positive Effects of Psychedelics on Depression and Wellbeing Scores in Individuals Reporting an Eating Disorder. *Eating and Weight Disorders*, vol. 26, pp. 1265-1270, 2021. Disponível em: https://doi.org/10.1007/s40519-020-01000-8. Acesso em: 22 set. 2022.
29. Brown, T.; Alper, K. Treatment of Opioid Use Disorder with Ibogaine: Detoxification and Drug Use Outcomes. *American Journal of Drug and Alcohol Abuse*, vol. 44, n. 1, pp. 24-36, 2017. Disponível em: https://doi.org/10.1080/00952990.2017.1320802. Acesso em: 22 set. 2022.
30. Hart, Carl L. *Drug Use for Grown-Ups: Chasing Liberty in the Land of Fear*. Nova York: Penguin, 2021.
31. Criminal Justice Policy Organization. Cannabis Policy (Marijuana). 2021. Disponível em: www.cjpf.org/cannabis. Acesso em: 22 set. 2022.
32. Dews, F. Charts of the Week: Marijuana Use by Race, Islamist Rule in Middle East, Climate Adaptation Savings. *Brookings*, 11 ago. 2017. Disponível em: www.brookings.edu/blog/brookings-now/2017/08/11/charts-of-the-week-marijuana-use-by-race/. Acesso em: 22 set. 2022.
33. Carhart-Harris, R. L.; Nutt, D. J. Serotonin and Brain Function: A Tale of Two Receptors. *Journal of Psychopharmacology*, vol. 31, n. 9, pp. 1091-1120, 2017. Disponível em: https://doi.org/10.1177/0269881117725915. Acesso em: 22 set. 2022.
34. Carhart-Harris, R. L. et al. Psilocybin for Treatment-Resistant Depression: fMRI-Measured Brain Mechanisms. *Science Reports*, vol. 7, 2017. Disponível em: https://doi.org/10.1038/s41598-017-13282-7. Acesso em: 22 set. 2022.
35. Inserra, A.; De Gregorio, D.; Gobbi, G. Psychedelics in Psychiatry: Neuroplastic, Immunomodulatory, and Neurotransmitter Mechanisms. *Pharmacological Reviews*, vol.73, n. 1, pp. 202-277, 2021. Dispo-

nível em: https://doi.org/10.1124/pharmrev.120.000056. Acesso em: 22 set. 2022.

36. Corne, R.; Mongeau, R. Utilisation des psychédéliques en psychiatrie: Lien avec les Neurotrophines [Neurotrophic Mechanisms of Psychedelic Therapy]. *Biologie Aujourd'hui*, vol. 213, n. 3-4, pp. 121-129, 2019. Disponível em: https://doi.org/10.1051/jbio/2019015. Acesso em: 22 set. 2022.
37. Flanagan, T. W.; Nichols, C. D. Psychedelics as Anti-Inflammatory Agents. *International Review of Psychiatry*, vol. 30, n. 4, pp. 363-375, 2018. Disponível em: https://doi.org/10.1080/09540261.2018.1481827. Acesso em: 22 set. 2022.
38. Palhano-Fontes, F. et al. The Psychedelic State Induced by Ayahuasca Modulates the Activity and Connectivity of the Default Mode Network. *PLOSONE*, vol. 10, n. 2, 2015. Disponível em: https://doi.org/10.1371/journal.pone.0118143. Acesso em: 22 set. 2022.
39. Siu, W. (@will.siu.md). Psychedelics are much more than tools for healing trauma. *Instagram*, 26 nov. 2020. Disponível em: https://www.instagram.com/p/CID_MOZBtVm. Acesso em: 22 set. 2022.
40. Ross, S. et al. Rapid and Sustained Symptom Reduction Following Psilocybin Treatment for Anxiety and Depression in Patients with Life-Threatening Cancer: A Randomized Controlled Trial. *Journal of Psychopharmacology*, vol. 30, n. 12, pp. 1165-1180, 2016. Disponível em: https://doi.org/10.1177/0269881116675512. Acesso em: 22 set. 2022.
41. Grob, C. S. et al. Pilot Study of Psilocybin Treatment for Anxiety in Patients with Advanced-Stage Cancer. *Archives of General Psychiatry*, vol. 68, n. 1, pp. 71-78, 2011. https://doi.org/10.1001/archgenpsychiatry.2010.116. Acesso em: 22 set. 2022.
42. Griffiths, R. R. et al. Psilocybin Produces Substantial and Sustained Decreases in Depression and Anxiety in Patients with Life-Threatening Cancer: A Randomized Double-Blind Trial. *Journal of Psychopharmacology*, vol. 30, n. 12, pp. 1181-1197, 2016. Disponível em: https://doi.org/10.1177/0269881116675513. Acesso em: 22 set. 2022.
43. Barrett, F. S.; Griffiths, R. R. Classic Hallucinogens and Mystical Experiences: Phenomenology and Neural Correlates. Behavioral *Neurobiology of Psychedelic Drugs*, vol. 36, pp. 393-430, 2018. Disponível em: https://doi.org/10.1007/7854_2017_474. Acesso em: 22 set. 2022.
44. Griffiths et al.; Psilocybin.
45. Davis, A. K. et al. Effects of Psilocybin-Assisted Therapy on Major Depressive Disorder. *JAMA Psychiatry*, vol. 78, n. 5, pp. 481-489, 2020. Disponível em: https://doi.org/10.1001/jamapsychiatry.2020.3285. Acesso em: 22 set. 2022.
46. Belser, A.; comunicação pessoal, ago. 2018.

13. Foi por isso que você parou de cantar

1. Eschner, K. The Story of the Real Canary in the Coal Mine. *Smithsonian*, 30 dez. 2021. Disponível em: www.smithsonianmag.com/smart-news/story-real-canary-coal-mine-180961570/. Acesso em: 22 set. 2022.
2. Chevalier, G.; Sinatra, S. T.; Oschman, J. L.; Sokal, K.; Sokal, P. Earthing: Health Implications of Reconnecting the Human Body to the Earth's Surface Electrons. *Journal of Environmental and Public Health*, 2012. Disponível em: https://doi.org/10.1155/2012/291541. Acesso em: 22 set. 2022.
3. Wilson, S. *First, We Make the Beast Beautiful: A New Journey through Anxiety*. Nova York: Dey Street, 2018. p. 165.
4. Thompson, D. Workism Is Making Americans Miserable. *The Atlantic*, 24 fev. 2021. Disponível em: www.theatlantic.com/ideas/archive/2019/02/religion-workism-making-americans-miserable/583441/. Acesso em: 22 set. 2022.
5. Moore, K. Millennials Work for Purpose, Not Paycheck. *Forbes*, 2 out. 2014. Disponível em: www.forbes.com/sites/karlmoore/2014/10/02/millennials-work-for-purpose-not-paycheck. Acesso em: 22 set. 2022.
6. Vesty, L. Millennials Want Purpose over Paychecks. So Why Can't We Find It at Work? *The Guardian*, 14 set. 2016. Disponível em: www.theguardian.com/sustainablebusiness/2016/sep/14/millennials-work-purpose-linkedin-survey. Acesso em: 22 set. 2022.
7. Bertino, J. Council Post: Five Things Millennial Workers Want More Than a Fat Paycheck. *Forbes*, 26 out. 2017. Disponível em: www.forbes.com/sites/forbescoachescouncil/2017/10/26/five-things-millennial-workers-want-more-than-a-fat-paycheck. Acesso em: 22 set. 2022.
8. Thompson. Workism.
9. Wigert, B. Employee Burnout: The Biggest Myth. *Gallup*, 13 mar. 2020. Disponível em: www.gallup.com/workplace/288539/employee-burnout-biggest-myth.aspx. Acesso em: 22 set. 2022.
10. Brown, B. (@BreneBrown). The Danger of Exhaustion as a Status Symbol and Productivity as a Metric for Self-Worth. *Twitter*, 4 mar. 2015. Disponível em: https://twitter.com/BreneBrown/status/573209964119867392. Acesso em: 22 set. 2022.
11. Klein, E., em conversa com Anne Helen Petersen e Derek Thompson. Work as Identity, Burnout as Lifestyle. *Vox Conversations* (podcast), 26 dez. 2019. Disponível em: https://podcasts.apple.com/us/podcast/work-as-identity-burnout-as-lifestyle/id1081584611?i=1000436045971. Acesso em: 22 set. 2022.
12. McKeown, G. *Essencialismo: a disciplinada busca por menos*. Rio de Janeiro: Sextante, 2015.

13. Thompson, D. How Civilization Broke Our Brains, resenha de *Work: A Deep History, from the Stone Age to the Age of Robots*, de James Suzman. *The Atlantic*, 13 dez. 2020. Disponível em: https://www.theatlantic.com/magazine/archive/2021/01/james-suzman-work/617266. Acesso em: 22 set. 2022.

14. A conexão acalma

1. Shankar, A.; Hamer, M.; McMunn, A.; Steptoe, A. Social Isolation and Loneliness. *Psychosomatic Medicine*, vol. 75, n. 2, pp. 161-170, 2013. Disponível em: https://doi.org/10.1097/psy.0b013e31827f09cd. Acesso em: 22 set. 2022.
2. Alcaraz, K. I. et al. Social Isolation and Mortality in US Black and White Men and Women. *American Journal of Epidemiology*, vol. 188, n. 1, pp. 102-109, 2018. Disponível em: https://doi.org/10.1093/aje/kwy231. Acesso em: 22 set. 2022.
3. National Academies of Sciences, Engineering, and Medicine. Risk and Protective Factors for Social Isolation and Loneliness. In: *Social Isolation and Loneliness in Older Adults: Opportunities for the Health Care System*. Washington, DC: National Academies Press, 2020. Disponível em: www.ncbi.nlm.nih.gov/books/NBK557971/. Acesso em: 22 set. 2022.
4. Teo, A. R.; Lerrigo, R.; Rogers, M. A. M. The Role of Social Isolation in Social Anxiety Disorder: A Systematic Review and Meta-Analysis. *Journal of Anxiety Disorders*, vol. 27, n. 4, pp. 353-364, 2013. Disponível em: https://doi.org/10.1016/j.janxdis.2013.03.010. Acesso em: 22 set. 2022.
5. Venniro, M. et al. Volitional Social Interaction Prevents Drug Addiction in Rat Models. *Nature Neuroscience*, vol. 21, n. 11, pp. 1520-1529, 2018. Disponível em: https://doi.org/10.1038/s41593-018-0246-6. Acesso em: 22 set. 2022.
6. ScienceDaily. Socially Isolated Rats Are More Vulnerable to Addiction, Report Researchers. 23 jan. 2013. Disponível em: www.sciencedaily.com/releases/2013/01/130123165040.htm. Acesso em: 22 set. 2022.
7. Katie, B.; Mitchell, S. *Loving What Is: Four Questions That Can Change Your Life*. Nova York: Harmony Books, 2002. p. 2.
8. Roelofs, K. Freeze for Action: Neurobiological Mechanisms in Animal and Human Freezing. *Philosophical Transactions of the Royal Society, Series B, Biological Sciences*, vol. 372, 2017. Disponível em: https://doi.org/10.1098/rstb.2016.0206. Acesso em: 22 set. 2022.
9. Abdulbaghi, A.; Larsson, B.; Sundelin-Wahlsten, V. EMDR Treatment for Children with PTSD: Results of a Randomized Controlled Trial. *Nordic Journal of Psychiatry*, vol. 61, n. 5, pp. 34-354, 2007. Dispo-

nível em: https://doi.org/10.1080/08039480701643464. Acesso em: 22 set. 2022.
10. Marcus, S. V.; Marquis, P.; Sakai, C. Controlled Study of Treatment of PTSD Using EMDR in an HMO Setting. *Psychotherapy: Theory, Research, Practice, Training*, vol. 34, n. 3, pp. 307-315, 1997. Disponível em: https://doi.org/10.1037/h0087791. Acesso em: 22 set. 2022.
11. Rosenberg, M. Requesting That Which Would Enrich Life. In: *Nonviolent Communication: A Language of Life*, 3. ed. Encinitas: Puddle Dancer Press, 2015.
12. Burdette, H. L.; Whitaker, R. C. Resurrecting Free Play in Young Children: Looking beyond Fitness and Fatness to Attention, Affiliation, and Affect. *Archives of Pediatrics & Adolescent Medicine*, vol. 159, n. 1, pp. 46-50, 2005. Disponível em: https://doi.org/10.1001/archpedi.159.1.46. Acesso em: 22 set. 2022.
13. Brown, S. L. Consequences of Play Deprivation. *Scholarpedia*, vol. 9, n. 5, p. 30449, 2014. Disponível em: https://doi.org/10.4249/scholarpedia.30449. Acesso em: 22 set. 2022.
14. Gray, P. The Decline of Play and the Rise of Psychopathology in Children and Adolescents. *American Journal of Play*, vol. 3, n. 4, pp. 443-463, 2011. Disponível em: https://www.psychologytoday.com/files/attachments/1195/ajp-decline-play-published.pdf. Acesso em: 22 set. 2022.
15. Carmichael, M. S.; Humbert, R.; Dixen, J.; Palmisano, G.; Greenleaf, W.; Davidson, J. M. Plasma Oxytocin Increases in the Human Sexual Response. *Journal of Clinical Endocrinology and Metabolism*, vol. 64, n. 1, pp. 27-31, 1987. Disponível em: https://doi.org/10.1210/jcem-64-1-27. Acesso em: 22 set. 2022.
16. Blum, K. et al. The Addictive Brain: All Roads Lead to Dopamine. *Journal of Psychoactive Drugs*, vol. 44, n. 2, pp. 134-143, 2012. Disponível em: https://doi.org/10.1080/02791072.2012.685407. Acesso em: 22 set. 2022.
17. Antonelli, M.; Barbieri, G.; Donelli, D. Effects of Forest Bathing (Shinrin-Yoku) on Levels of Cortisol as a Stress Biomarker: A Systematic Review and Meta-Analysis. *International Journal of Biometeorology*, vol. 63, n. 8, pp. 1117-1134, 2019. Disponível em: https://doi.org/10.1007/s00484-019-01717-x. Acesso em: 22 set. 2022.
18. Li, Q. Effets des foréts et des bains de forét (shinrin-yoku) sur la santé humaine: Une revue de la littérature [Effect of Forest Bathing (Shinrin-Yoku) on Human Health: A Review of the Literature]. *Santé publique S1 (HS)*, pp. 135-143, 2019. Disponível em: https://doi.org/10.3917/spub.190.0135. Acesso em: 22 set. 2022.
19. Bratman, G.; Hamilton, J.; Hahn, K.; Daily, G.; Gross, J. Nature Experience Reduces Rumination and Subgenual Prefrontal Cortex

Activation. *Proceedings of the National Academy of Sciences*, vol. 112, n. 28, pp. 8567-8572, 2015. Disponível em: https://doi.org/10.1073/pnas.1510459112. Acesso em: 22 set. 2022.

20. Berkowitz, R. L.; Coplan, J. D.; Reddy, D. P.; Gorman, J. M. The Human Dimension: How the Prefrontal Cortex Modulates the Subcortical Fear Response. *Reviews in the Neurosciences*, vol. 18, n. 3-4, pp. 191-207, 2007. Disponível em: https://doi.org/10.1515/revneuro.2007.18.3-4.191.
21. Chevalier, G.; Sinatra, S. T.; Oschman, J. L.; Sokal, K.; Sokal, P. Earthing: Health Implications of Reconnecting the Human Body to the Earth's Surface Electrons. *Journal of Environmental and Public Health*, 2012. Disponível em: https://doi.org/10.1155/2012/291541.
22. Kox, M.; van Eijk, L. T.; Zwaag, J.; van den Wildenberg, J.; Sweep, F. C.; van der Hoeven, J. G.; Pickkers, P. Voluntary Activation of the Sympathetic Nervous System and Attenuation of the Innate Immune Response in Humans. *Proceedings of the National Academy of Sciences of the United States of America*, vol. 111, n. 20, pp. 7379-7384, 2014. Disponível em: https://doi.org/10.1073/pnas.1322174111. Acesso em: 22 set. 2022.
23. Mäkinen, T. M.; Mäntysaari, M.; Pääkkönen, T.; Jokelainen, J.; Palinkas, L. A.; Hassi, J.; Leppäluoto, J.; et al. Autonomic Nervous Function during Whole-Body Cold Exposure Before and After Cold Acclimation. *Aviation, Space, and Environmental Medicine*, vol. 79, n. 9, pp. 875-882, 2008. Disponível em: https://doi.org/10.3357/asem.2235.2008. Acesso em: 22 set. 2022.
24. Wim Hof Method. Disponível em: www.wimhofmethod.com. Acesso em: 22 set. 2022.
25. Brown, B., entrevista com Barack Obama. Brené with President Barack Obama on Leadership, Family and Service. *Unlocking Us with Brené Brown* (podcast, 1:04), 7 dez. 2020. Disponível em: https://brenebrown.com/podcast/brene-with-president-barack-obama-on-leadership-family-and-service. Acesso em: 22 set. 2022.

15. Segurar e soltar

1. Wilson, S. *First, We Make the Beast Beautiful: A New Journey through Anxiety*. Nova York: Dey Street, 2018. p. 297.
2. Gilbert, E. I am willing. *Facebook*, 6 jun. 2018. Disponível em: https://www.facebook.com/227291194019670/posts/i-am-willing-dear-onesthis-picture-of-me-and-rayya-was-taken-one-year-ago-to-day-t/1850682221680551. Acesso em: 22 set. 2022.
3. Oprah, W., entrevista com Elizabeth Gilbert. Elizabeth Gilbert Says: I Came Here to Live a Life, Fully, All of It | SuperSoul Sunday. own (YouTube, 2:01), 6 jun. 2019. Disponível em: https://www.youtube.com/watch?v=q8E1gKuwS7I. Acesso em: 22 set. 2022.

4. Brach, T. A Heart That Is Ready for Anything. *Tara Brach* (blog), 15 maio 2021. Disponível em: http://blog.tarabrach.com/2013/05/a-heart-that-is-ready-for-anything.html. Acesso em: 22 set. 2022.

Apêndice: Ervas e suplementos para ansiedade

1. Williams, A. I.; Cotter, A. S. A.; Girard, C.; Goodman, J.; Katz, D. L. The Role for Vitamin B6 as Treatment for Depression: A Systematic Review. *Family Practice*, vol. 22, n. 5, pp. 532-537, 2005. Disponível em: https://doi.org/10.1093/fampra/cmi040. Acesso em: 22 set. 2022.
2. Everett, J. M.; Gunathilake, D.; Dufficy, L.; Roach, P.; Thomas, J.; Upton, D.; Naumovski, N. Theanine Consumption, Stress and Anxiety in Human Clinical Trials: A Systematic Review. *Journal of Nutrition and Intermediary Metabolism*, vol. 4, pp. 41-42, 2016. Disponível em: http://dx.doi.org/10.1016/j.jnim.2015.12.308. Acesso em: 22 set. 2022.
3. Pratte, M. A.; Nanavati, K. B.; Young, V.; Morley, C. P. An Alternative Treatment for Anxiety: A Systematic Review of Human Trial Results Reported for the Ayurvedic Herb Ashwagandha (Withania somnifera). *Journal of Alternative and Complementary Medicine*, vol. 20, n. 12, pp. 901-908, 2014. Disponível em: https://doi.org/10.1089/acm.2014.0177. Acesso em: 22 set. 2022.
4. Mukai, T.; Kishi, T.; Matsuda, Y.; Iwata, N. A Meta-Analysis of Inositol for Depression and Anxiety Disorders. *Human Psychopharmacology*, vol. 29, n. 1, pp. 55-63, 2014. Disponível em: https://doi.org/10.1002/hup.2369. Acesso em: 22 set. 2022.
5. Palatnik, A.; Frolov, K.; Fux, M.; Benjamin, J. Double-Blind, Controlled, Crossover Trial of Inositol versus Fluvoxamine for the Treatment of Panic Disorder. *Journal of Clinical Psychopharmacology*, vol. 21, n. 3, pp. 335-339, 2001. Disponível em: https://doi.org/10.1097/00004714-200106000-00014. Acesso em: 22 set. 2022.
6. National Academies of Sciences, Engineering, and Medicine. Mental Health. In: *The Health Effects of Cannabis and Cannabinoids: The Current State of Evidence and Recommendations for Research*. Washington, DC: National Academies Press, 2017. Disponível em: www.ncbi.nlm.nih.gov/books/NBK425748/. Acesso em: 22 set. 2022.

este livro, composto na fonte Fairfield,
foi impresso em papel Pólen Natural 70g/m²
na Eskenazi, Rio de Janeiro, janeiro de 2023.